COLLOQUIA BALTICA 25

Beiträge zur Geschichte und Kultur
des Ostseeraums

Marion Brandt (Hrsg.)

Solidarität mit Polen

Zur Geschichte und Gegenwart der deutschen Polenfreundschaft

Bibliografische Information der Deutschen Nationalbibliothek
Die Deutsche Nationalbibliothek verzeichnet diese Publikation
in der Deutschen Nationalbibliografie; detaillierte bibliografische
Daten sind im Internet über http://dnb.d-nb.de abrufbar.

Wydano z finansowym wsparciem
Fundacji Współpracy Polsko-Niemieckiej,
Wydziału Filologicznego Uniwersytetu Gdańskiego
i ADAMAS Stiftung Götz Hübner.

Herausgegeben mit finanzieller Unterstützung
der Stiftung für deutsch-polnische Zusammenarbeit,
der Philologischen Fakultät der Universität Danzig
und der ADAMAS Stiftung Götz Hübner.

Umschlagabbildung: Hans Mocznay „Das Hambacher Fest
am 27. Mai 1832" (Ausschnitt) © Deutsches Historisches Museum,
Berlin / A. Psille.

ISSN 2193-9594
ISBN 978-3-631-64408-9 (Print)
E-ISBN 978-3-653-02963-5 (E-Book)

© Peter Lang GmbH
Internationaler Verlag der Wissenschaften
Frankfurt am Main 2013
Alle Rechte vorbehalten.
Peter Lang Edition ist ein Imprint der Peter Lang GmbH.

Das Werk einschließlich aller seiner Teile ist urheberrechtlich
geschützt. Jede Verwertung außerhalb der engen Grenzen des
Urheberrechtsgesetzes ist ohne Zustimmung des Verlages
unzulässig und strafbar. Das gilt insbesondere für
Vervielfältigungen, Übersetzungen, Mikroverfilmungen und die
Einspeicherung und Verarbeitung in elektronischen Systemen.

Dieses Buch erscheint in der Peter Lang Edition und wurde vor
Erscheinen peer reviewed.

www.peterlang.com

Inhaltsverzeichnis

Vorwort 7

„Wo mein Sohn ist, weiß ich nicht, aber des Herrn Gubernialrat Reitzenheims Sohn ist beim polnischen Militär."
Die Begeisterung junger Männer deutscher Herkunft in Galizien für den polnischen Freiheitskampf
Isabel Röskau-Rydel 13

„Humanität, Weltbürgersinn und Freiheitsgefühl".
Polenvereine im Großherzogtum Baden 1831-1832
Gabriela Brudzyńska-Němec 39

Ludwig Börnes und Heinrich Heines Reaktionen auf den Novemberaufstand 1830/31
Karol Sauerland 65

Zwischen Konfrontation und Kooperation.
Die deutsch-polnisch-jüdischen Beziehungen in Lodz vor dem Hintergrund der Aufstände von 1830 und 1863
Frank M. Schuster 81

Die deutsche Sozialdemokratie und Polen bis zum Jahr 1914
Krzysztof Rzepa 103

Richard Roepell (1808-1893) und Jacob Caro (1836-1904) als deutsch-polnische Kulturvermittler.
Zu ihrem Briefwechsel mit polnischen Gelehrten
Barbara Widawska 125

Das Polenbild in den *Polnischen Erinnerungen* Carl-Oskar von Sodens
(1898-1943)
Maria Gierlak.. 147

Die konjunkturelle Polenfreundschaft der Nationalsozialisten
1934-1939
Karina Pryt... 171

Alternative Polenfreundschaft in der DDR
Ludwig Mehlhorn 191

Deutsche Schriftsteller und die „Solidarność"
Marion Brandt... 201

Freundschaft und Interessen in den deutsch-polnischen Beziehungen
nach 1989
Kazimierz Wóycicki 217

Zu den Autorinnen und Autoren 241

Vorwort

Das Wort „Polenfreundschaft" mag abgegriffen und vage klingen. Freundschaft schließt man mit einem Menschen, nicht mit einem Volk, einer Nation oder einem Staat. In der Politik wird dieses Wort daher leicht zur Phrase. In der Geschichte der deutsch-polnischen Beziehungen aber hat es in politischer Hinsicht einige Male eine geradezu explosive Bedeutung erhalten und vor allem um diese geht es in dem vorliegenden Buch. Ihre konkrete Prägung nahm die Solidarität mit Polen zwar durch die aktuellen Ereignisse an, in denen sie jeweils auflebte, doch hatte sie eine feste Achse, um die sie sich immer drehte: die nationale Unabhängigkeit und staatliche Souveränität Polens.

In der Zeit, als der polnische Staat durch die Aufteilung unter Preußen, Russland und Österreich für mehr als einhundert Jahre von der europäischen Landkarte verschwinden sollte, wurde die Souveränität Polens mit den Idealen der Französischen Revolution identifiziert. Die Verfassung des 3. Mai 1791 wurde von Zeitgenossen als erste bürgerliche Verfassung Europas begrüßt, die bewies, dass Veränderungen wie in Paris auch auf unblutigem Wege möglich waren. Die russische Zarin Katharina II. nahm kein Blatt vor den Mund, als sie von der „französischen Pest an der Weichsel" sprach, und ließ diese militärisch bekämpfen. Mit der Erhebung unter Tadeusz Kościuszko gegen die zweite Teilung Polens, die damals auch „Revolution in Polen" genannt wurde, fieberten ebenfalls Bürger Preußens mit.

Einige Jahrzehnte später wurde in Polen ein neuer Kampf für die Freiheit gefochten. Der Novemberaufstand von 1830/31 war nicht nur Teil der revolutionären Bewegung, die Europa ausgehend von der Julirevolution in Frankreich erfasst hatte, er richtete sich auch gegen jene europäische Großmacht, die das stärkste Bollwerk gegen das Streben der europäischen Völker nach nationaler und sozialer Freiheit bildete. In ganz Europa wurde er mit Begeisterung aufgenommen und unterstützt. Deutsche schickten Lazarettbedarf und Geld nach Polen, einige kämpften direkt am Aufstand mit, Ärzte gingen nach Warschau. Isabel Röskau-Rydel erzählt von galizischen Beamten deutscher Herkunft, die nicht wenig Unbill auf sich nahmen, um am Novemberaufstand teilzunehmen, und von denen einige wie Joseph von Reitzenheim ihr ganzes Leben lang mit Polen verbunden blieben. Zu den deutschen Ländern, in denen die Polensympathie des Vormärz am stärksten ausgeprägt war, gehörte das Großherzogtum Baden. Gabriela Brudzyńska-Němec untersucht, in welcher Weise die Solidarität mit dem polnischen Freiheitskampf dazu beitrug, dass die badischen Liberalen sich politisch organisierten, an Selbstbewusstsein und an Tatkraft gewannen. Frank Michael Schuster zeigt in seinem Beitrag, wie unterschiedlich, und auch wie pragmatisch, die deutschen Einwanderer in Łódź auf die polnischen Aufstände von 1830/31 und 1863 reagierten.

Der Völkerfrühling war die eigentliche Geburtsstunde der politischen deutschen Polenfreundschaft, und obwohl die Mehrheit der Liberalen sie in der Revolution von 1848/49 verriet, zieht sich ihre Spur doch weiter durch die zweite Hälfte des 19. Jahrhunderts und die Weimarer Republik, die das unrühmliche Erbe der preußischen und wilhelminischen negativen Polenpolitik fortsetzte. Den Kreisen und Persönlichkeiten, die sich auch in jener konfliktträchtigen Zeit für eine Verständigung mit Polen einsetzten, galt bisher wenig Interesse.[1] Zu diesen Vermittlern zwischen den Kulturen gehören die Historiker Richard Roepell und Jacob Caro, deren Briefwechsel mit polnischen Kollegen Barbara Widawska in ihrem Beitrag betrachtet. Maria Gierlak gelingt es bei ihrer Lektüre der Feuilletons, die Carl-Oskar von Soden 1927 über Polen veröffentlichte,

---

1   Vgl. dazu u.a.: Vom Junker zum Bürger. Hellmut von Gerlach – Demokrat und Pazifist in Kaiserreich und Republik. Hrsg. von Christoph Koch, München 2009; Jürgen Röhling: „Sollten wir nicht versuchen, Frau K. endlich das Handwerk zu legen?" Elga Kerns Buch Vom alten und neuen Polen und die Akte Elga Kern im Auswärtigen Amt. In: Grenzüberschreitungen. Deutsche, Polen und Juden zwischen den Kulturen (1918-1939). Hrsg. von Marion Brandt, München 2006, S. 171-186; Marion Brandt: Die Danziger Rundschau in der politischen Landschaft der Freien Stadt Danzig. In: Aufbruch und Krise. Das östliche Europa und die Deutschen nach dem Ersten Weltkrieg. Hrsg. von Beate Störtkuhl, Jens Stüben u. Tobias Weger. München 2010, S. 605-617. Zu weiteren Publikationen vgl. die Literaturangaben in den Beiträgen dieses Bandes.

das Nachwirken dieses wenig bekannten katholischen Pazifisten bis in den Kreis um die Aktion Sühnezeichen aufzuzeigen.

Die Erinnerung an die Polenbegeisterung des Vormärz lebte wieder auf, als es 150 Jahre nach dem Novemberaufstand erneut zu einer Erhebung in Polen kam, die zwar anders als 1830/31 nicht mit Waffengewalt geführt, ebenso wie jene aber militärisch niedergeschlagen wurde. Wie Ludwig Mehlhorn und die Herausgeberin zeigen, wurde die Freiheit, für die „Solidarność" kämpfte, von ihren Sympathisanten in beiden Teilen Deutschlands mit demokratischen Grundrechten wie Versammlungs- und Meinungsfreiheit, der Freiheit des Wortes und gesellschaftlicher Selbstorganisation assoziiert. So wie der Aufstand von 1830 die Liberalen in einigen deutschen Ländern in ihrem Kampf bestärkt hatte, so wirkte auch die polnische Revolution von 1980 vor allem (aber nicht nur) in der DDR auf Kritiker und Oppositionelle inspirierend und mobilisierend.

Damit ist die sich über zwei Jahrhunderte hinziehende Wahrnehmung des polnischen Freiheitskampfes als eines Kampfes um Werte, die auch für Deutsche, ja für ganz Europa von Bedeutung sind, nur angedeutet. Dieser Kampf stieß selbstverständlich auch auf Ablehnung und Unverständnis, und dies sogar bei Persönlichkeiten und in politischen Gruppierungen, von denen man es eher nicht erwarten würde. So bei Heinrich Heine, der zwar in einem seiner berühmtesten Gedichte schrieb

Verlorner Posten, in dem Freiheitskriege,
Hielt ich seit dreißig Jahren treulich aus
        (Enfant perdu),

dem polnischen „Freiheitskriege" aber wenig Gutes abgewinnen konnte. Karol Sauerland geht in seinem Beitrag den Gründen dafür nach und stellt Heine die Reaktion Ludwig Börnes auf den Novemberaufstand gegenüber.

Die deutsche Sozialdemokratie, die sich als Erbin des Frühliberalismus ansah, nahm Polen mit wenigen Ausnahmen wie Wilhelm Liebknecht und Georg Ledebour vor allem aus der Perspektive nationalen Egoismus und Pragmatismus wahr. Krzysztof Rzepa zeigt die zwiespältige Haltung der Sozialdemokraten gegenüber der Germanisierungspolitik im Kaiserreich, die einmal bekämpft, ein anderes Mal gut geheißen und schließlich gegenüber den polnischen Arbeitern selbst betrieben wurde.

Politischer Instrumentalisierung unterlag die Polensympathie der Zeit des Vormärz zunächst während des Ersten Weltkrieges, als Deutschland in Polen einen Verbündeten gegen Russland zu gewinnen hoffte, vor allem aber in den beiden Totalitarismen des 20. Jahrhunderts. Karina Pryt beschreibt in ihrem Beitrag, wie die Nationalsozialisten in aufwendig produzierten Filmen an die Solidarität deutscher Liberaler mit dem Novemberaufstand erinnerten, weil sie glaubten, Polen in Abhängigkeit von Deutschland bringen und als Juniorpartner im Kampf gegen die Sowjetunion benutzen zu können. Von Solidarität mit Polen kann hier natürlich keine Rede sein, vielmehr handelt es sich um eine weiche Variante der deutschen Kolonialpolitik gegenüber dem östlichen Nachbarn, deren Misslingen denn auch zum militärischen Überfall auf Polen führte.

In der sozialistischen Propaganda wiederum hieß es, der gemeinsame deutsch-polnische Kampf um Freiheit und Demokratie im Frühliberalismus finde seine Fortsetzung und Vollendung im Kampf für die Errichtung des Sozialismus und Kommunismus. Die neue Gesellschaft würde all die Ideale realisieren, um die im 19. Jahrhundert gerungen wurde. Diese ‚Polenfreundschaft' konnte umgehend aufgekündigt werden, sobald in Polen Kritiker des Sozialismus an Einfluss gewannen. Mehr noch: Sie wurde zur Gefahr für Polen, als die ‚Polenfreunde' aus der DDR, der Sowjetunion und anderen Staaten des Ostblocks den dortigen Sozialismus mit Gewalt aufrecht erhalten wollten. In Opposition zu dieser Polenpolitik wuchs von unten, aus der ostdeutschen Gesellschaft, eine alternative Freundschaft mit Polen, die niemand besser repräsentiert als Ludwig Mehlhorn. Es ist ein besonderes Geschenk für dieses Buch, dass er ein Jahr vor seinem Tod noch den hier publizierten Beitrag schreiben konnte.

Welche Bedeutung der Polenfreundschaft heute zukommen könnte, fragt Kazimierz Wóycicki im letzten Beitrag des Bandes. Dabei stellt er fest, dass Polenfreunde in Deutschland oftmals Wahrnehmungen und Urteile, die aus der Auseinandersetzung mit der eigenen Geschichte gewachsen sind, mit wenig Verständnis auf Polen übertragen – so wenn sie fordern, die Polen müssten sich mit ihren Verbrechen während des Zweiten Weltkrieges auseinandersetzen. Wóycicki charakterisiert nicht nur den Stand der gegenwärtigen deutsch-polnischen Beziehungen auf gesellschaftlicher Ebene, zeichnet historische Hintergründe, analysiert aktuelle Diskussionen und Diskurse, die Einfluss auf diese Beziehungen haben, sondern er versucht, Wege zu einem besseren Verständnis füreinander zu zeigen.

Polenfreundschaft heute könnte heißen, eine öffentliche Reflexion über die Kolonialpolitik Preußens und Deutschlands gegenüber dem Nachbarn im Osten anzustoßen, die in der deutschen Okkupation Polens während des Zweiten Weltkriegs ihren Höhepunkt fand. Es könnte auch heißen, sich für die konservative Liberalismus- und Modernekritik in Polen zu interessieren und ihr in Deutschland Resonanz zu verschaffen. Es könnte selbstverständlich noch vieles mehr heißen.

*

Der Band versammelt Referate eines Seminars der Academia Baltica zur Geschichte und Gegenwart der deutschen Polenfreundschaft, das im Mai 2010 in Bad Malente stattfand. Als Herausgeberin danke ich Christian Pletzing, dem Direktor der Academia Baltica, für die Möglichkeit, die Referate des Seminars, die um weitere Beiträge ergänzt wurden, in der Akademiereihe *Colloquia Baltica* zu veröffentlichen. Bei den Autorinnen und Autoren des Buches bedanke ich mich für die anregende und gute Zusammenarbeit.

Gdańsk, im Sommer 2013   Marion Brandt

„Wo mein Sohn ist, weiß ich nicht, aber des Herrn Gubernialrat Reitzenheims Sohn ist beim polnischen Militär." Die Begeisterung junger Männer deutscher Herkunft in Galizien für den polnischen Freiheitskampf

Isabel Röskau-Rydel

In polnischen Publikationen des 19. und 20. Jahrhunderts wird häufig die Teilnahme deutscher Beamtensöhne in Galizien am Novemberaufstand hervorgehoben, insbesondere jener junger Männer, deren Väter höhere Positionen in den galizischen Behörden beziehungsweise in der Zentrale selbst, im Landesgubernium in Lemberg, einnahmen.[1] In der zeitgenössischen Publizistik wurde der Umstand, dass deutsche respektive deutschösterreichische Beamtensöhne den polnischen Truppen im Kampf gegen die russischen Truppen zur Hilfe eilten, entsprechend kommentiert. Es löste damals große Freude aus, die von der Entscheidung ihrer Söhne völlig überraschten Väter – wie etwa Wilhelm von Reitzenheim oder Johann Georg von Ostermann –, an deren Loyalität gegenüber dem österreichischen Kaiserhaus kein Zweifel bestand, plötzlich mit der propolnischen Haltung ihrer Söhne konfrontiert zu sehen. Über die Anzahl der aus Galizien stammenden Teilnehmer am Novemberaufstand liegen keine genauen Angaben vor, denn es sind nur wenige Namenslisten bekannt, die von den österreichischen Behörden angefertigt wurden. Noch weniger weiß man, wie viele der Aufstandsteilnehmer deutsch-österreichischer Herkunft waren. Den Schätzungen des damaligen galizischen Landesgouverneurs August Longin Fürst von Lobkowitz zufolge, hatten

---

1 Vgl. etwa Bogdański, Henryk: Pamiętnik. Zbiór pamiętników do historii powstania 1830-31, Lwów 1882; Chołodecki, Józef [Białynia]: Lwów w czasie powstania listopadowego, Lwów 1930; Fras, Zbigniew: Szkoła polskości dla cudzoziemców, czyli o niektórych skutkach spisków galicyjskich z lat trzydziestych i czterdziestych XIX wieku. In: Genealogia (1994) Nr. 4, S. 79-92.

zwischen 1830 und 1831 etwa 3 000 Galizier das Land verlassen, um an den Kämpfen im russischen Teilungsgebiet teilzunehmen. Stefan Kieniewicz schätzt diese Zahl als zu niedrig ein und spricht von mehreren Tausend Freiwilligen aus Galizien – womit er eine Zahl zwischen drei- bis zehntausend meinen könnte –, was wohl wiederum etwas zu hoch gegriffen sein dürfte. Die in den Erinnerungen der polnischen Zeitgenossen angegeben Zahlen von 15 000 bis 30 000 Teilnehmern aus Galizien hält aber auch Kieniewicz für unrealistisch. Aus Lemberg sollen nach dessen Angaben etwa 400 Personen am Aufstand teilgenommen haben, wobei die meisten sich nach den polnischen Siegen im März und April 1831 ins Königreich Polen begeben hätten.[2]

Einige der von den Behörden angefertigten Namenslisten aus dem Archiv des Landesguberniums in Lemberg standen dem 1852 bei Lemberg geborenen Beamten und Publizisten Józef [Białynia] Chołodecki zur Verfügung, als er seine Arbeit über die Auswirkungen des Novemberaufstandes in der galizischen Hauptstadt Lemberg verfasste, die 1930 zu dessen hundertjährigem Jubiläum herausgegeben wurde.[3] Unter den in seinem Buch angeführten Teilnehmerlisten befinden sich polnische Namen in deutlicher Mehrheit, daneben gibt es aber auch ruthenische (ukrainische) und armenische Namen. Deutsche Namen machen nur einen kleinen Teil aus. Aufgrund der ihm zugänglichen Listen und weiterer Informationen aus anderen Quellen nennt Chołodecki folgende Teilnehmer deutscher Herkunft: die Gymnasiasten Ignatz Karger, Ottwein (dessen Vorname nicht bekannt ist) und Julius Trescher, den Philosophiestudenten Adolf Tettmayer [Tetmajer] (1813-1892), die Jurastudenten Karl Titz (1807-1898), Johann Schweitzer, Adolf Kornberger, sowie die nicht näher beschriebenen Krauss und Vincenz Wejde. Zu den Praktikanten beziehungsweise angehenden oder jungen Beamten in den Lemberger Behörden zählten Franz Groß, Eduard Kurzweil, Joseph Lose von Losenau, Adolf Nigroni Frhr. von Risinbach (1808-1879), Moritz Ostermann (1810-1831), Joseph Reitzenheim (1809-1883), Adolf Weber von Ehrenzweig (1805-1880), der Lemberg schon im Dezember 1830 in Richtung Warschau verlassen hatte, sowie Florian Wöber. Einige dieser Namen stehen auf den Listen, die

---

2 Kieniewicz, Stefan: Konspiracje galicyjskie (1831-1845). Warszawa 1950, S. 41.
3 Chołodecki, Józef [Białynia]: Lwów w czasie powstania listopadowego (Biblioteka Lwowska, Bd. 29). Lwów 1930.

sich im Anhang 1 und 2 dieses Beitrags befinden und auf die sich auch Chołodecki in seinen Ausführungen bezieht. Weitere Beamtensöhne waren Teofil Rechberger von Rechkron, der 1831 Lemberg verließ und in der Artilleriekompagnie bei General Girolamo Ramorino diente, Karl Schmelz (1812-1885), dessen Vorfahren aus Mainz stammten und der dem 2. Kavallerieschützenregiment unter General Józef Dwernicki angehörte, sowie Ludwig Van Roy, dessen Vater Joseph Van Roy langjähriger Gubernialrat des Lemberger Guberniums war.[4]

Zu den namhaftesten galizischen Aufstandsteilnehmern deutscher Herkunft zählt Vincenz Poll von Pollenburg (1807-1872), der als Wincenty Pol zu einem der bekanntesten polnischen Schriftsteller werden sollte. Sein aus Rössel im Ermland stammender und 1823 verstorbener Vater Franz Xaver Poll von Pollenburg war ein loyaler Beamter des österreichischen Kaiserhauses. Vincenz hatte Galizien schon im August 1830 verlassen – daher befindet er sich nicht auf den Listen –, um eine Stelle als Lektor der deutschen Sprache an der Wilnaer Universität anzutreten, so dass er im Frühjahr 1831 von Wilna aus in das Aufstandsgebiet eilte. Als sich die Lage der polnischen Einheiten unter General Dezydery Adam Chłapowski im Juli 1831 im Kampf gegen die russischen Truppen als aussichtslos erwies, überschritten diese die Grenze zu Ostpreußen, wo sie interniert wurden. Da die Repressalien der preußischen Regierung gegenüber den Polen zunahmen, erhielt Vincenz Poll von Pollenburg den Auftrag, eine Kolonne von 100-150 Soldaten im Februar 1832 nach Sachsen zu führen.[5]

Aber nicht nur Gymnasiasten oder Studenten verließen ihre Unterrichtsstätte und angehende Beamten ihre Stellen in den Behörden, um in den polnischen Freiheitskampf zu ziehen, sondern auch Soldaten quittierten unerlaubt ihren Militärdienst. Häufig war es so, dass sich nach dem Aufbruch einer Person in das Königreich Polen auch andere Personen aus dem beruflichen Umfeld und sogar direkt aus derselben Behörde

---

4   Ebenda, S. 35-38, 41-44.
5   Pol, Wincenty: Pamiętniki. Bearb. v. Karol Lewicki. Kraków 1960, S. 23. Strobel, Georg W.: Die Jugend- und Kriegsjahre des Vinzenz Poll von Pollenburg genannt Wincenty Pol. Ein Beitrag zur Geschichte der deutsch-polnischen Beziehungen im 19. Jahrhundert. In: Jahrbuch der Albertus-Universität zu Königsberg/Pr. (1963) Bd. 13, S. 104-120.

entschlossen, den Kämpfenden zur Hilfe zu eilen. Gerade bei den Beamtenanwärtern aus Lemberg ist dies zu erkennen, aber auch bei den Unterjägern der Grenzwache in Prokocim bei Krakau, von denen gleich vierzehn ihre Posten verließen, wie die beiden Listen im Anhang zeigen. Wie viele galizische Teilnehmer deutscher Herkunft sich insgesamt auf den Weg gemacht haben, um am Aufstand teilzunehmen, ist aufgrund fehlender Dokumente nicht eruierbar, aber man kann schätzungsweise von etwa 100 bis 150 Personen in ganz Galizien ausgehen. Auf der im Anhang 2 befindlichen Liste sind 48 Personen eingetragen, von denen etwa 14 Namen auf eine deutsche Herkunft hinweisen.

Was bewog die Gymnasiasten und Studenten, die Beamtenanwärter oder die Soldaten deutscher Herkunft zu einer Teilnahme am Novemberaufstand? War es der von ihren polnischen Kollegen offen gezeigte Patriotismus, zu dem sie sich nun ebenfalls bekannten, ohne auf die Stellung ihrer Väter Rücksicht zu nehmen? Viele von ihnen hatten schon in der Schule und auf der Universität enge Kontakte mit polnischen Kameraden und Kommilitonen gehabt und waren dadurch mit der polnischen Kultur vertraut. Um die Frage nach den Beweggründen für die Teilnahme am Novemberaufstand zu beantworten, ist es notwendig, ein wenig die Atmosphäre zu charakterisieren, die damals in Galizien und insbesondere in der Landeshauptstadt Lemberg herrschte. Seit 1826 residierte hier der aus einer alten böhmischen Adelsfamilie stammende Landesgouverneur August Longin Fürst von Lobkowitz (1797-1842), der sowohl mit der tschechischen als auch mit der deutschen Lebenswelt vertraut war. Aufgrund seiner liberalen Haltung und seiner durchweg positiven Einstellung den Polen gegenüber gewann er schnell Sympathie beim polnischen Adel und bei der galizischen Bevölkerung überhaupt. Damit zählte er zu den Ausnahmen, denn die vorher von Wien nach Lemberg entsandten Landesgouverneure erfreuten sich bei der einheimischen Bevölkerung nicht gerade großer Beliebtheit. Natürlich verhielt sich auch Fürst Lobkowitz gegenüber dem österreichischen Kaiserhaus loyal, aber er verlieh seiner Amtsführung in Lemberg doch eine besondere Prägung, die sich von der seiner Amtsvorgänger erheblich unterschied. Aufgrund seiner Stellung verkehrte er vornehmlich mit Beamten, von denen die deutsch-österreichischen Beamten als Angehörige der „staatstragenden Nation" eine dominierende Stellung im politischen Leben Galiziens einnahmen, auch wenn die Deutschen allgemein in Galizien nur einen geringen Anteil von etwa zwei bis drei Prozent an der Gesamtbevölkerung ausmachten.[6] Eine gesellschaftliche Rolle konnten sie aber nur dann spielen, wenn sie über ihr recht bescheidenes Beamtengehalt hinaus über entsprechende finanzielle Mittel verfügten, um mit den polnischen Adelsfamilien mithalten zu können, die im öffentlichen Leben den kulturellen und gesellschaftlichen Ton angaben. Da der Landesgouverneur als höchster Beamter über ein entsprechendes Gehalt und über entsprechende Zulagen für seine Repräsentationspflichten verfügte – im Falle Lobkowitzs stammte er sogar selbst aus einer reichen Familie –, bereiteten ihm die gesellschaftlichen Verpflichtungen keinerlei Probleme. Mit der polnischen Aristokratie pflegte er einen engen und freundschaftlichen Umgang und wurde dementsprechend zu deren Festlichkeiten eingeladen, wie etwa zur Vermählung der Tochter des Fürsten Henryk Lubomirski, Izabella, mit dem Fürsten Władysław Sanguszko in Przeworsk in Westgalizien. Ein weiteres Zeichen seiner Affinität zur polnischen Gesellschaft und Kultur war die Feier des Osterfestes nach polnischer Tradition und das Tragen der polnischen Adelstracht zu festlichen Anlässen. Letzteres ging Wien dann doch zu weit und der Wiener Polizeipräsident Joseph Graf Sedlnitzky verbot es dem Landesgouverneur 1829 bei offiziellen Anlässen. Ferner veranstaltete Lobkowitz im Gouverneurspalais Theatervorstellungen zu karitativen Zwecken, wodurch er ebenfalls seine Popularität steigern konnte.[7] In einer solchen recht lockeren Atmosphäre, die natürlich nicht gleichermaßen in allen galizischen Kreishauptstädten herrschte, sondern von den politischen Ambitionen und kulturellen Interessen der jeweiligen Beamten abhing, wuchsen die zukünftigen Teilnehmer des Novemberaufstandes auf.

Wie einer von ihnen die 1820er Jahre einschätzte, erfahren wir von Joseph Reitzenheim (1809-1883), dem Sohn eines hohen Beamten, der damals Konzeptpraktikant der Kammerprokuratur in Lemberg war. Er

---

6   Röskau-Rydel, Isabel: Niemiecko-austriackie rodziny urzędnicze w Galicji 1772-1918. Kariery zawodowe – środowisko – akulturacja i asymilacja (Uniwersytet Pedagogiczny im. KEN. Prace Monograficzne, Nr. 588). Kraków 2011, S. 81-91.

7   Litschauer, Walburga: Neue Dokumente zum Schubert-Kreis. Aus Briefen und Tagebüchern seiner Freunde. Bd. 2: Dokumente zum Leben der Anna von Revertera. Wien 1993, S. 84-85; Smarzewski, Marcin: Pamiętnik 1809-1831 (Źródła historycznoliterackie, Bd. 3). Bearb. v. Franciszka Sawicka. Wrocław – Warszawa – Kraków 1962, S. 152, 162-165.

beschreibt das Leben der Galizier in den 1820er Jahren als ruhig und melancholisch. Man habe voll Inbrunst die Kupferstiche mit der Darstellung des in der Völkerschlacht bei Leipzig 1813 gefallenen Fürsten Józef Poniatowski betrachtet, der noch 1809 gezeigte Patriotismus habe jedoch allmählich abgenommen. Die Bevölkerung habe sich zwar an den Nachrichten über die Revolution in Spanien (1820-1823), über die Freiheitsbestrebungen der Carbonari in Italien oder über den Freiheitskampf der Griechen (1821-1829) interessiert gezeigt, aber erst die Revolution in Frankreich im Juli 1830 habe – Reitzenheim zufolge – einen größeren Eindruck auf die Polen gemacht und ihnen einen neuen Impuls verliehen. Mit dem Eintreffen immer neuer Nachrichten aus Frankreich habe dann auch die Begeisterung in der galizischen Bevölkerung zugenommen, von der, wie er betont, ebenfalls ein bedeutenderer Teil der deutschen Beamten und Militärs erfasst wurde.[8] Unter den Beamten befanden sich sehr viele ehrbare und angesehene Personen, deren Stellung es aber nicht erlaubt habe, ihre patriotischen Gefühle – womit Reitzenheim die patriotischen Gefühle für ein unabhängiges Polen meinte – offen zu zeigen. Einen Grund für ihre Zurückhaltung sah er vor allem darin, dass die Beamten meist kein Vermögen besaßen und nur aufgrund ihres Dienstes für den Staat über ein Einkommen verfügten und demzufolge von diesem ganz abhängig waren. Reitzenheim schreibt weiter, dass dann Anfang August 1830 das geistige Leben in Lemberg in Aufruhr geraten sei. Als schließlich in den ersten Dezembertagen in Lemberg die Nachricht von dem am 29. November ausgebrochenen Aufstand in Warschau eingetroffen sei, hätten die ersten dreißig jungen Männer alles Nötige vorbereitet, um sich Mitte Dezember auf den Weg nach Warschau zu begeben. Um den 20. Januar 1831 seien zwanzig Studenten der Lemberger Universität aufgebrochen. Reitzenheim betont, dass die nach Polen eilenden Studenten Unterstützung seitens der deutschen Beamten und Offiziere erhielten, da diese die „polnische Angelegenheit" (*sprawa polska*) vom Standpunkt der Gerechtigkeit und Menschlichkeit aus betrachteten. So hätten gerade die Soldaten und Offiziere an der galizisch-russischen Grenze weggeschaut, wenn wieder Freiwillige die Grenze nach Russland überschritten.[9]

---

8   Galicja. Pamiętnik Józefa Reitzenheima. Paryż [1845], S. 11- 17.
9   Ebenda, S. 22.

Joseph von Reitzenheim wurde am 7. März 1809 in Krakau als Sohn des damaligen Polizeikommissärs Wilhelm von Reitzenheim und seiner Frau Josefa [Juliana] geb. Hoerding geboren. Taufpaten waren der Krakauer Polizeidirektor Alois von Persa und Barbara Hoerding, wahrscheinlich die Mutter von Josefa von Reitzenheim.[10] Anscheinend blieb Joseph das einzige Kind des Ehepaares, jedenfalls gibt es keine Hinweise auf Geschwister. Als die polnischen Truppen unter Fürst Józef Poniatowski im Frühjahr 1809 große Teile des sog. Neu- oder Westgaliziens einnahmen, flohen sämtliche österreichische Beamte in die nicht besetzten Teile Galiziens. Die Familie Reitzenheim verließ wahrscheinlich in den ersten Julitagen Krakau, denn am 15. Juli 1809 wurde die Stadt von den polnischen Truppen erobert. Wilhelm von Reitzenheim, der um 1778 geboren sein dürfte, besaß „alle Berufsstudien", also ein abgeschlossenes Jurastudium, und trat am 12. Juni 1801 seinen Dienst im Lemberger Landesgubernium als Praktikant an. Am 24. Januar 1804 wurde er zum Büroakzessisten befördert. Danach avancierte er weiter zum Gubernialkonzipisten. Wahrscheinlich wurde er Ende 1808 oder Anfang 1809 in der Eigenschaft eines Polizeikommissärs zur Polizeidirektion in Krakau versetzt. Von den Vorgesetzten wurde Reitzenheim als ein sehr fähiger und fleißiger Beamter mit „vorgerükter Bildung" bezeichnet, der eine besondere Geschicklichkeit sowohl als Gubernialkonzipist als auch bei der Zusammenarbeit mit Feldmarschall Friedrich Heinrich Graf von Bellegarde bewiesen habe (dieser wurde, wenige Tage nach dem Friedensschluss von Schönbrunn, am 19. Oktober 1809 „zum außerordentlichen Hofkommissär in Galizien und Kommandirenden der dahin befehligten Truppen"[11]) und daher eine Beförderung verdiene. Aufgrund dieser positiven Einschätzung wurde er Ende 1809 von Kaiser Franz I. zum Gubernialsekretär im Lemberger Landesgubernium ernannt.[12] Zwischen 1818 und 1823 avan-

---

10 Liber natorum et baptisatorum 1809-1813. Parafia Najświętszej Marii Panny w Krakowie, Bd. 8, Pag. 12. Alois von Persa wurde am 14. März 1805 zum Polizeidirektor in Krakau ernannt. Davor war er dirigierender Polizeikommissär der Krakauer Polizeidirektion. Archiwum Główny Akt Dawnych w Warszawie: C.K. Zjednoczona Izba Nadworna/k.k. Vereinigte Hofkanzlei, Sign. 115, Bl. 218.

11 Das Leben des Feldmarschalls Heinrich Grafen von Bellegarde. Dargestellt von Karl Freiherr von Smola. Wien 1847, S. 215.

12 Österreichisches Staatsarchiv [weiter zit. als ÖStA], Allgemeines Verwaltungsarchiv [AVA] Wien: Hofkanzlei, Kt. 337, G1 März 1809: unvollständiger Vorgang nach 1808 [d.h. aus dem Jahre 1809], unpag. Seite.

cierte Reitzenheim zum Gubernialrat und blieb in dieser Eigenschaft in Lemberg bis zu seiner Pensionierung beziehungsweise seinem Ableben im Jahre 1846 oder 1847.[13] Seine Frau Josefa starb als Gubernialratswitwe Ende November 1848 in Lemberg an der Cholera.[14]

Unter den Gubernialkonzipisten galt Wilhelm von Reitzenheim als „ein gefürchteter Mann", da er seinen Untergebenen gegenüber anscheinend sehr misstrauisch war und die von ihnen erarbeiteten Konzeptentwürfe stets kritisiert haben soll. Überhaupt scheint er den Arbeitseifer seiner subalternen Beamten ständig überprüft zu haben, wodurch er sich nicht besonders beliebt machte, wie sich einer seiner Konzipisten, Georg Benjamin von Ostermann, ebenfalls Sohn eines hochrangigen deutschen Beamten, des Sanoker Kreishauptmanns Johann Georg von Ostermann, erinnerte.[15] Gubernialrat Reitzenheim pflegte ebenso wie Kreishauptmann Ostermann enge Kontakte mit anderen deutsch-österreichischen Beamten und Beamtenfamilien, daneben aber auch mit polnischen Beamten, und nahm am polnischen Kulturleben teil. Als Gubernialrat gehörte er zudem von Amts wegen verschiedenen sozialen und kulturellen Institutionen der galizischen Hauptstadt an. Der einzige Sohn Joseph wuchs in dieser Lebenswelt auf, besuchte in Lemberg das Gymnasium und studierte nach dem obligatorischen zweijährigen Philosophiestudium von 1825-1829 Rechtswissenschaften an der Lemberger Universität. Danach erfolgte seine Anstellung als – damals üblicherweise – unbezahlter Konzeptpraktikant in der Kammerprokuratur. Angeblich hatte sein Vater für ihn die Diplomatenlaufbahn vorgesehen, für die er jedoch 1829 noch zu jung gewesen sei, wie Agaton Giller, der Joseph von Reitzenheim persönlich kannte, in seinem Buch über die Veteranen des Novemberaufstandes schreibt.[16] Während seiner Schul- und Studienzeit hatte Joseph von Reitzenheim nicht nur Kontakt mit deutsch-österreichischen Beamtensöhnen, sondern auch mit polnischen Gymnasiasten und Studenten, so dass er stets mit der

---

13 Schematismus für die Königreiche Galizien und Lodomerien für das Jahr 1824 und 1848.
14 ÖStA, Kriegsarchiv, Wien: Nachlass Professor Paul Strasser, unpag. Seite.
15 Vgl. hierzu meine Fallstudie über die Familie Ostermann in Röskau-Rydel (wie Anmerkung 6), S. 237-270.
16 Weterani Powstania Listopadowego. Obrazki, szkice i rysy biograficzne zebrane w pięćdziesięcioletnią rocznicę tegoż powstania przez Agatona Gillera. In: Wieniec pamiątkowy półwiekowej rocznicy powstania listopadowego obchodzonej 29 listopada 1880 r. Hrsg. von Agaton Giller. Rapperswyl 1881, S. 395.

polnischen Sprache und Kultur in Berührung stand. Anzunehmen ist, dass er schon in seiner Kindheit Polnisch gelernt hat, wenn auch nicht von seiner Mutter, wie in der polnischen Publizistik behauptet wird, so doch wohl von einem Kindermädchen.[17] Während des Philosophiestudiums hatte Joseph von Reitzenheim auch Unterricht bei dem für seine liberalen Ansichten bekannten Professor für Geschichte an der Lemberger Universität Joseph Mauss. Dieser allseits beliebte Professor ermutigte nach Aussagen seiner Studenten bei der Nachricht vom Ausbruch des Novemberaufstandes die noch in Lemberg verbliebenen Studenten mehr oder weniger offen dazu, an den Kämpfen teilzunehmen.[18]

Als der Novemberaufstand begann, war Joseph von Reitzenheim gerade ein Jahr lang im Staatsdienst tätig gewesen. In der Rückschau beschreibt er seine damalige persönliche Lage als eigenartig und sogar als traurig. So habe er einen großen Teil der Lemberger Jugendlichen von der Universität und die Lemberger Bürger von gesellschaftlichen Anlässen her gekannt, ihnen nie seine Sicht der politischen Dinge verheimlicht, diese aufgrund seiner familiären Lage allerdings auch nicht deutlich zum Ausdruck gebracht. Da sein Vater in Lemberg als ein dem österreichischen Staat loyal dienender Beamter bekannt war, habe ein großer Teil seiner früheren Bekannten seit der Julirevolution in Paris bei Gesprächen mit ihm eine gewisse Zurückhaltung geübt, dennoch hätten ihre Kontakte mit ihm die ganze Zeit über fortbestanden. Wenn auch die ehemaligen Kommilitonen oder damaligen Kollegen in seiner Anwesenheit nicht von ihrer Begeisterung für die revolutionären Ereignisse sprachen, so habe

---

17 Karol Lewicki gibt in seinem Biogramm im Polnischen Biographischen Wörterbuch (Polski Słownik Biograficzny (1988/89), Bd. 31, S. 41-42) über Joseph von Reitzenheim den Namen der Mutter mit Hordyk an und schließt daraus, dass sie Polin gewesen sei. Er behauptet auch, dass sie ihren Sohn „im Geiste des polnischen Patriotismus" erzogen habe, ohne einen Nachweis dafür zu geben. Der richtige Name lautet jedoch Juliana Josefa von Reitzenheim, geborene (von) Höerding, wie dies sowohl aus dem Geburtsmatrikel ihres Sohnes in der Pfarrei der Krakauer Marienkirche als auch aus der Aufschrift auf ihrem in der Bibliothèque Polonaise in Paris befindlichen Porträt deutlich hervorgeht. Lewickis Behauptung wurde als vermeintlich zuverlässige Quelle in verschiedenen Aufsätzen übernommen. Vgl. hierzu Röskau-Rydel (wie Anmerkung 6), S. 271-272.

18 Chołodecki (wie Anmerkung 3), S. 32. Vgl. auch Mannówna, Adolfina: Józef Mauss. Profesor Uniwersytetu Lwowskiego (W 80-tą rocznicę śmierci). In: Ziemia Czerwieńska (1936) Bd. 2, H. 2, S. 3-23.

ihr ungeduldiger Enthusiasmus sie doch häufig verraten.[19] Wie groß die Furcht vor ihm als Sohn eines höheren deutsch-österreichischen Beamten des Landesguberniums war, dem deshalb nicht einmal seine ehemaligen Kommilitonen vertrauten, schildert Reitzenheim recht anschaulich in seinen Erinnerungen. Als die Kunde über die Entthronung von Zar Nikolaj I. am 25. Januar 1831 durch den polnischen Sejm in Galizien eintraf, habe auch er sich dazu entschlossen, nach Warschau zu eilen, zumal er beobachten konnte, wie sich seine Bekannten in Lemberg in jenen Tagen für den Aufbruch nach Polen vorbereiteten. Eines Tages habe er daher einen von ihnen aufgesucht, um ihn um Hilfe für seine Ausreise zu bitten. Wie enttäuscht sei er gewesen, als ihm sein Bekannter, der aus einer der vornehmsten Familien stammte, geantwortet habe, dass er ihm davon abrate und selbst gar nicht an eine Ausreise denke, obwohl die im Zimmer verstreut liegenden Säbel, Pistolen und Sättel das Gegenteil verkündeten. Reitzenheim betont weiter, dass dieser Bekannte aus kluger Vorsicht so gehandelt habe, weil er nicht wusste, wie er die Erklärung des Beamtensohns deuten sollte. Reitzenheim habe sich nach dieser Erfahrung vorgenommen, sich niemandem mehr zu offenbaren. Zwei Tage nach dem Zusammentreffen mit seinem Bekannten habe er dann erfahren, dass dieser mit fünf anderen Kameraden nach Polen aufgebrochen sei. Daraufhin habe er seine Reise nach Warschau allein vorbereitet, was jedoch ohne Unterstützung und Beziehungen nicht so einfach war. Als am 8. Februar in Lemberg die Nachricht über das Eindringen der russischen Truppen in Polen eintraf, habe er sich entschlossen, zwei Tage später Galizien zu verlassen. Zufällig habe er noch am selben Tag seinen Bekannten Kazimierz Kamil in der Stadt getroffen, der als Manipulationspraktikant bei der vereinten Gefällenverwaltung tätig war, und der ihm seine Absicht mitteilte, ebenfalls nach Polen zu gehen, so dass sie schließlich am 10. Februar gemeinsam nach Warschau aufbrachen, wo sie am 20. Februar 1831 eintrafen. Reitzenheim hatte sich anscheinend eine kleinere Geldsumme zusammengespart und konnte so seine Ausrüstung zusammenstellen und die ersten Tage auf der Suche nach einem Regiment, das ihn in seine Reihen aufnehmen würde, finanziell durchstehen. Den ersten Bekannten aus Lemberg, den er in Warschau traf, war der zehn Jahre ältere Józef Grottger, der spätere Vater des bekannten Malers Artur

---

19 Galicja (wie Anmerkung 8), S. 17-18.

Grottger. Er diente beim 5. Regiment unter General Girolamo Ramorino und empfahl Reitzenheim dorthin. Hier trennten sich auch die Wege Reitzenheims und seines Lemberger Bekannten Kazimierz Kamil, der dem 8. Regiment unter General Maciej Rybiński beitrat.[20]

Das Beispiel Joseph von Reitzenheims zeigt, wie schwierig es für die deutschen Beamtensöhne war, Vertrauen bei den polnischen Kameraden zu finden. Dieses Misstrauen hielt Reitzenheim jedoch nicht davon ab, an den Kämpfen im Königreich Polen teilzunehmen und so für die Freiheit Polens und damit auch für seine politischen Ansichten einzutreten. Es war ihm natürlich bewusst, dass er mit dieser Entscheidung dem Ansehen seines Vaters im Landesgubernium schaden würde. Tatsächlich machte man sich in Lemberg schnell lustig über den Gubernialbeamten Wilhelm von Reitzenheim, der vor dem Verschwinden seines Sohnes ein Projekt ausgearbeitet haben soll, in dem er eine strenge Bestrafung derjenigen Eltern plante, deren Söhne am Aufstand teilnahmen. Dieses habe er zurückgezogen, als die Flucht seines Sohnes bekannt wurde.[21] Seit dieser Zeit hatte sich – Michał Budzyński zufolge – eine Redewendung in Galizien eingebürgert, mit der Eltern auf die Frage, wo sich ihr Sohn befinde, antworteten: „Wo mein Sohn ist, weiß ich nicht, aber des Herrn Gubernialrat Reitzenheims Sohn ist beim polnischen Militär".[22]

Joseph von Reitzenheim kehrte für kurze Zeit nach Lemberg zurück, nachdem das 5. Regiment nach der Niederlage der polnischen Truppen die Grenze zu Galizien überschritten hatte. Hier verbrachte er einige Tage bei seinen Eltern, die sicherlich alles versuchten, ihn davon zu überzeugen, wieder in den österreichischen Staatsdienst zu treten, was ihm möglich gewesen wäre, weil er in der festgesetzten Zeit zurückgekehrt war. Doch stand sein Entschluss, Galizien und überhaupt die Habsburger Monarchie zu verlassen, fest, so dass seine Eltern ihn ziehen lassen mussten, was für sie nicht einfach gewesen sein dürfte, da es sich um ihr einziges Kind han-

---

20 Bielecki, Robert: Słownik biograficzny oficerów powstania listopadowego. Bd. 2: E-K. Warszawa 1996, S. 125, 246.
21 Leon Xiąże Sapieha. Wspomnienia (z lat od 1803 do 1863). Mit einem Vorwort von Stanisław Graf Tarnowski. Hrsg. von Bronisław Pawłowski. Lwów – Poznań [o.J.], S. 186-187.
22 [Michał Budzyński] Wspomnienia z mojego życia napisał M. B. w 1860 roku. Bd. 1. Poznań 1880, S. 332: „Gdzie jest mój syn, ja nie wiem, ale pana konsyliarza Rajcenhajma jest w wojsku polskiem."

delte. Inwieweit sie in seine Pläne eingeweiht gewesen waren, wissen wir nicht, denn Joseph reiste zunächst nach Baden, um sich von den Kriegsereignissen zu erholen, kehrte von dort jedoch nicht mehr zurück, sondern begab sich in die Schweiz und schließlich nach Paris, wo er sich 1836 niederließ und in den polnischen Exilkreisen Aufnahme fand. Im Falle von Joseph von Reitzenheim haben wir es also mit einem deutschen Beamtensohn zu tun, der sich zwar erst mit Ausbruch des Novemberaufstandes offen der polnischen Gesellschaft angeschlossen hatte, diese Assimilation aber selbst noch im französischen Exil beibehielt und sich sein Leben lang für Polen in Frankreich und im Ausland überhaupt einsetzte. In Paris wurde er zu einem wichtigen Akteur des politischen und kulturellen Lebens des polnischen Exils, so im Jahr 1837 zum Mitglied des Klubs der Polnischen Emigration (*Klub Emigracji Polskiej*) sowie 1838 Mitbegründer der Polnischen Bibliothek (*Bibliothèque Polonaise*) in Paris. Er veröffentlichte mehrere Broschüren und Bücher und kümmerte sich um eine angemessene Bestattung verstorbener Kombattanten auf den Pariser Friedhöfen.[23] Als Jurist und Freund stand er dem berühmten polnischen Dichter und Schriftsteller Juliusz Słowacki (1809-1849) in seinen letzten Lebensjahren in Paris zur Seite. Nach Ausbruch der 48er Revolution wurde er Anfang April 1848 als Emissär des Provisorischen Komitees der Polnischen Emigration (*Tymczasowy Komitet Emigracji Polskiej*) nach Frankfurt geschickt, um vor Ort Kontakt mit den Polen freundlich gesinnten Abgeordneten des Frankfurter Vorparlaments aufzunehmen, die Bestrebungen der polnischen Exilkreise in Frankreich zu erläutern und für eine Unterstützung zu plädieren. Danach reiste er weiter nach Lemberg – seine Frau und drei Töchter in Paris zurücklassend – und kehrte erst einige Monate später nach Paris zurück. Seit dem Jahre 1848, das mit einer Generalamnestie für politisch Verfolgte verbunden war, konnte Reitzenheim nun auch wieder legal in die Gebiete der österreichischen Monarchie einreisen. Er nutzte diese Gelegenheit immer wieder für Reisen nach Galizien und ließ

---

23 Vgl. Reitzenheim, Joseph: La Pologne parmi les Slaves et ses rapports avec la question d'Orient. Paris 1854; ders.: L'Autriche dans la crise actuelle. Paris 1855; ders.: Les conférences de 1856 et les nationalités. Paris 1856; ders.:, La Pologne et la Russie devant le nouveau Congrés. Paris 1856; ders.: Les monuments polonais à Paris, Bd. 1: Cimetière Montmartre. Paris 1860; ders.: Les monuments polonais à Paris. Bd. 2: Cimetières Montmartre et Père Lachaise. Paris 1862; ders.: Udział piątego Pułku Ułanów wojsk polskich podczas kampanii r. 1831. Lwów 1879.

sich schließlich im Jahre 1880 in Lemberg nieder, wo er am 9. Dezember 1883 starb und in dem für die Veteranen des Novemberaufstandes reservierten Teil des Łyczakowski-Friedhofs bestattet wurde.[24]

Von den anderen Teilnehmern des Novemberaufstandes soll nur noch der 1810 geborene Beamtensohn Moritz Hugo von Ostermann erwähnt werden, dessen Schicksal besonders tragisch war. Anders als seine fast gleichaltrigen Brüder Georg Benjamin (geb. 1808) und Ernst Augustin (geb. 1811), mit denen er gemeinsam die Schul- und Studienzeit in Lemberg verbracht hatte, ergriff ihn die Begeisterung für die Kämpfe, zu denen er am 1. April 1831 aufbrach. Er fiel am 27. oder 28. August in einem Gefecht mit Kosaken, kurz vor der Schlacht bei Międzyrzec am 29. August 1831.[25]

Den im Anhang aufgeführten Listen ist zu entnehmen, dass einige der Teilnehmer an den Kämpfen im russischen Teilungsgebiet in dem von den galizischen Behörden vorgegebenen Zeitrahmen zurückgekehrt waren und zum Teil auch wieder ihren Dienst aufnahmen. Die unter der Rubrik „Anmerkungen" eingetragenen Hinweise „ediktaliter zitiert" beziehen sich auf eine amtliche Aufforderung vom 30. Dezember 1830, laut der diejenigen Galizier oder k. k. Untertanen, die sich befugt oder unbefugt im Königreich Polen aufhielten, innerhalb von vier Wochen nach Galizien zurückkehren sollten. Diese Anordnung wurde am 5. Januar 1831 in der *Lemberger Zeitung* veröffentlicht. Angesichts der andauernden Kämpfe verhallte sie jedoch ungehört. Kurz vor Beendigung der Kämpfe am 21. Oktober 1831 wurden die galizischen Untertanen erneut in einer am 18. Oktober veröffentlichten Anordnung dazu aufgerufen, innerhalb eines Monats zurückzukehren und ihren künftigen Aufenthaltsort der entsprechenden Behörde zu melden. Falls sie dieser Anordnung nicht Folge leisten würden, hätten sie mit einer entsprechenden Bestrafung zu rechnen.[26]

Die österreichischen Behörden ermöglichten demzufolge den Teilnehmern des Novemberaufstandes unter bestimmten Umständen eine straffreie Rückkehr nach Galizien und sogar die erneute Aufnahme in

---

24 Vgl. hierzu meine Fallstudie über die Familie Reitzenheim in Röskau-Rydel (wie Anmerkung 6), S. 271-287.
25 Vgl. hierzu meine Fallstudie über die Familie Ostermann in Röskau-Rydel (wie Anmerkung 6), S. 247-255.
26 Provinzial-Gesetzsammlung des Königreichs Galizien und Lodomerien für das Jahr 1831. Lemberg 1834, S. 4, 6, 394, 396.

den Staatsdienst. Alle Aufstandsteilnehmer aber konnten sich der Bewunderung der galizischen Bevölkerung sicher sein, darunter eben auch diejenigen deutscher Herkunft, deren Aufbruch nach Warschau Anfang 1831 ein so großes Erstaunen in den polnischen Kreisen hervorgerufen hatte. Die Teilnahme von Galiziern deutscher Herkunft an den Freiheitskämpfen zeigte deutlich die fortschreitende Akkulturation und Assimilation eines Teils der zweiten Generation der zugereisten Beamtenfamilien an die polnische Gesellschaft im österreichischen Teilungsgebiet. Es muss aber betont werden, dass nicht nur junge Galizier ihre Sympathie für die Kämpfenden zeigten, ebenso tat dies die erste Generation der zugereisten Galizier deutscher Herkunft, die aber aufgrund ihrer Verantwortung für ihre Familien nicht einfach alles stehen und liegen lassen konnten, um für die Freiheit Polens zu kämpfen. Daher konnte diese Gruppe ihre Empathie für das Aufbegehren nur mündlich durch ihr offenes Interesse an dem politischen Geschehen oder durch moralische und finanzielle Unterstützung der Teilnehmer bekunden.

Anhang 1
Verzeichniß Derjenigen Gefälls Individuen, welche nach dem Ausbruche der Revolution im Königreiche Pohlen sich dahin begeben haben.[27]

Pos. No	Bezirk Inspektorats	Nahmen des Individuums	dessen Charakter	dessen Dienstort	Tag an welchem derselbe den Dienst verließ.	Ob und wann derselbe die Entlassung aus dem k.k. Dienste angesucht hat.	Ob und wann derselbe die Entlassung erhalten habe.	Ob und wann derselbe in Folge der erlassenen Aufforderung zurückkehrte.	Anmerkung
1.	Caal Gefällen Verwaltung	Franz Groß	Kanzley Praktikant	Lemberg	10ten July 831	nicht	nicht		Den 8ten Dezber 831 hat derselbe gemeinschaftlich mit seinem Vater dem Kossower Salinen Kontrollor Franz Groß um die Nachsicht des Ausbleibens und um die Bewilligung zur Fortsetzung seiner Dienstleistung angesucht.
2.	"	Felix Nowina de Sroczynski	Konzepts Praktikant	"	3ten Sept 831	"	"	nicht	Ob derselbe wirklich nach Pohlen ausgewandert ist, kann nicht mit Verläßlichkeit angegeben werden, nachdem er nicht lange nach seiner

27 Lemberger Wissenschaftliche Stefanyk Bibliothek (L'vivs'ka naukova biblioteka im. V. Stefanyka), Handschriftenabteilung, Fond 141: Zbiór Aleksandra Czołowskiego, Opis I, Sign. 2078, Bl. 21, 23, 25, 27, 29. Digitalisat des Ossolineum in Breslau (Wrocław).

Pos. No	Inspektorats Bezirk	Nahmen des Individuums	dessen Charakter	dessen Dienstort	Tag an welchem derselbe den Dienst verließ	Ob und wann derselbe die Entlassung aus dem k.k. Dienste angesucht hat	Ob und wann derselbe die Entlassung erhalten habe	Ob und wann derselbe in Folge der erlassenen Aufforderung zurückkehrte	Anmerkung
									Entfernung, und auch in der letzten Zeit in Lemberg öfters gesehen wurde. [durchgestrichen und nun hinzugefügt:] Soll sich dem Vernehmen nach, nach der Rückkehr aus Pohlen in Lemberg aufhalten.
3.	"	Florian Wöber	Manipulations Praktikant	"	Anfangs May 831	"	"	"	
4.	"	Johann Kozlowski	Provisorischer Akcessist	"	30ten Augst 831	"	"	Hat sich den 4ten Dezeber 831 bey dem Jaroslauer Inspektorate gemeldet, seine eigenmächtige Entfernung entschuldigt und wird nunmehr dort verwendet.	
5.	"	Kasimir Kamil	Manipulations Praktikant	"	7ter Februar 831	"	"	nicht	Wohin sich diese beyden Individuen begeben haben, ist mit Bestimmtheit
6.	"	Franz Dobrowolski	"	"	1ten Apl 831	3ten März 831	28ten März 831	"	nicht bekannt, weil ersterer mündlich vorgab sein weiteres Fort-

Pos. No	Inspektorats Bezirk	Nahmen des Individuums	dessen Charakter	dessen Dienstort	Tag an welchem derselbe den Dienst verließ	Ob und wann derselbe die Entlassung aus dem k.k. Dienste angesucht hat.	Ob und wann derselbe die Entlassung erhalten habe.	Ob und wann derselbe in Folge der erlassenen Aufforderung zurückkehrte.	Anmerkung
7.	Wadowice	Peter Bochynski	Kommerzial Zollamts Praktikant	Prokocim	3ten Jänner 831	nicht	Zahl 9329	nicht	kom[m]en in Privatdiensten zu suchen, und weil der letztere in seinem Entlassungsgesuche erklärte, zu einer anderen Branche übertretten zu wollen. Dem Vernehmen nach soll jedoch der erstere Kamil nämlich wirklich nach Pohlen ausgewandert seyn.
8.	"	Johann Schmidt	Unterjäger	"	3ten Jänner 831	"	"	"	
9.	"	Eduard Faber	Oberjäger bey dem 1t Gränzwache Compagnie	"	11ten Jänner 831	"	"	"	
10.	"	Ignatz Maslowski	Unterjäger	"	11ten Jänner 831				
11.	Wadowice	Stanislaus Rzepka	Unterjäger	....	2ten Fber 831	nicht	nicht	nicht	
12.	"	Vinzenz Drescher	"	....	17ten März 831	"	"	"	
13.	"	Joseph Sturma	"	....	3ten May 831	"	"	"	
14.	"	Joseph Bayer	"	....	29ten May 831	"	"	"	
15.	"	Johann Cwik	"	....	1ten Juny 831	"	"	"	

Pos. No	Inspektorats Bezirk	Nahmen des Individuums	dessen Charakter	dessen Dienstort	Tag an welchem derselbe den Dienst verließ.	Ob und wann derselbe die Entlassung aus dem k.k. Dienste angesucht hat.	Ob und wann derselbe die Entlassung erhalten habe.	Ob und wann derselbe in Folge der erlassenen Aufforderung zurückkehrte.	Anmerkung
16.	"	Peter Wiłuszynski	"		6ten Juny 831	"	"	"	
17.	"	Ludwig Zurkowski	"		16ten Juny 831	"	"	"	
18.	"	Heinrich Würraz	"		11ten 7ber 831	"	"	"	
19.	Wadowice	Anton Bąkowski	Unterjäger		30ten 7ber 831	nicht	nicht	nicht	
20.	Rzeszow	Ignatz Barański	Provisorischer Aufseher	Lezaysk	26ten Juny 831	"	"	"	
[Zähl. Ver-Ges-sen]	"	Franz v. Posgay	"	Früher Maydan Jaroslauer Inspektorat bereits jetzt Rzeszow	7ten Jänner 831			4ten April 831	Wurde mit Bewilligung der Caal Gefällen Vltg am 3ten 7ber 831 Z. 34594 auf Grund der von dem Przemysler k. Kreisamte beygelegten Zeugnißen vom 19ten 7ber 831 N. 13169 daß er nach den ämtlichen Verhandlungen aus freyem Antriebe aus Pohlen zurückgekehrt ist, am 23t 7br 831 abermals als prov. Aufseher aufgenom[m]en.
21.	Tarnow	Joseph Mańkowski	Tabackaufseher	Baranow	Im Monathe May 831	"	"	nicht	Ist nicht edictaliter zur Rückkehr vorgeladen worden.
22.	"	Andreas Kamienobrodzki	Landrechtlicher Tax-	Tarnow	14ten Jänner 831	"	"	"	Ist zur Rückkehr edictaliter vorgeladen

Pos. No	Inspektorats Bezirk	Nahmen des Individuums	dessen Charakter	dessen Dienstort	Tag an welchem derselbe den Dienst verließ.	Ob und wann derselbe die Entlassung aus dem k.k. Dienste angesucht hat.	Ob und wann derselbe die Entlassung erhalten habe.	Ob und wann derselbe in Folge der erlassenen Aufforderung zurückkehrte.	Anmerkung
23.	"	Dionisius Drozeński	Verzeh: Str Commissariats Substitut	....	13ten Jänner 831	"	"	"	Ingleichen
24.	"	Karl Wilczynski	Verzeh. Steuer Kom[m]issär	Kolbuszow[a]	26ten August 831	"	"	Ist im Monathe September 831 rückgekehrt und hat sich beym Inspectorate am 19ten 8ber 831 gemeldet.	Ist nicht edictaliter vorgeladen worden und hat sich zur Untersuchung freywillig gestellt.
25.	Bochnia	Peter Smereczyński	2ten Kaal St. Amts Amtschreiber	Niepolomice	Ist seit den 24ten Hornung 831 im Amte nicht erschienen, und in den letzten Tagen des Monaths April 831/: der Tag ist nicht bestim[m]t bekannt :/ über die Gräntze nach Pohlen übergangen.	nicht	nicht	Bei Gelegenheit des Übertrittes der pohlnischen Truppen auf das k.k. öster. Gebieth ist derselbe beyläufig zu Ende 8ber dann anfangs Nober 831 rückgekehrt.	Ist sinnes[...] und in diesem Zustande begab er sich nach Pohlen; und da derselbe an der Sinneszerrüttung noch immer leidet, so dürfte wohl bald das Irrenhaus seine Bestim[m]ung werden.
26.	Brody	Martin Schmidt	Provis. Haupt-Zollamts Expedient	Brody	27ten Fbr 831	nicht	nicht	nicht	Ob diese Individuen wirklich nach Pohlen augewandert sind, läßt sich mit

31

Pos. No	Inspektorats Bezirk	Nahmen des Individuums	dessen Charakter	dessen Dienstort	Tag an welchem derselbe den Dienst verließ.	Ob und wann derselbe die Entlassung aus dem k.k. Dienste angesucht hat.	Ob und wann derselbe die Entlassung erhalten habe.	Ob und wann derselbe in Folge der erlassenen Aufforderung zurückkehrte.	Anmerkung
27.	"	Ignatz Kiss	Provis. Zollaufseher	Hrycowola	20ten May 831	"	"	"	Bestim[m]theit nicht angeben.
28.	Jaslo	Alois Fronczek	Verz. Steuer Commissions Substitut	Strzyzow	Gegen Ende April 831	"	"	"	Hat von zwey steuerflichtigen Partheyen einen Steuer Betrag à 51 f 6 kr. unbefugt erhoben und veruntreut.
29.	Żolkiew	Nikolaus Kuczynski	Tabakaufseher	....	1ten April 831	"	"	"	

Lemberg den 9ten Februar 832

[gez.] Handak

Anhang 2
Verzeichniss der in k.k. Civildiensten gestandenen Individuen und Concepts-Kandidaten, welche ohne erhaltene Erlaubniß nach Pohlen ausgewandert sind.[28]

Pos. Nro	Vor- und Zuname	Charakter	Dienstort	Anmerkung
1.	Andrusiewicz Laurenz	Strafgerichtspraktikant	Lemberg	nicht zurückgekehrt
2.	Baranski Ignaz	Prov. Gränzaufseher	Lezaysk	d°
3.	Baracz Nikolaus	Praktikant beim General-Militär-Kommando	Lemberg	ediktaliter citirt
4.	Bayer Joseph	Unterjäger der Gränzwache	Prokocim	nicht zurückgekehrt
5.	Bakowski Anton	d°	d°	d°
6.	Bochinski Peter	Komerzial-Zollamts-Praktikant	d°	mittelß Edikt zitirt, aber nicht zurückgekehrt
7.	Czaykowski Romuald	Konzeptspraktikant bei der Kammerprokuratur	Lemberg	d°
8.	Cwik Johann	Unterjäger der Gränzwache	Prokocim	nicht zurückgekehrt
9.	Dobrowolski Franz	Manipulazionspraktikant der Gefällen-Verwaltung	Lemberg	d°
10.	Drescher Vinzenz	Unterjäger der Grenzwache	Prokocim	d°
11.	Drozenski Dionisuzs	Verzehrungssteuer-Kommissariats Substitut	Tarnow	Wurde ediktaliter vorgeladen, hat sich aber bisher nicht gemeldet.
12.	Faber Edmund	Oberjäger der 1ten Gränzwach-Compagnie	Prokocim	nicht zurückgekehrt
13.	Fronczek Alois	Verzehrgsstr Komsts-Substitut	Stryzow	d°

---

28 Lemberger Wissenschaftliche Stefanyk-Bibliothek (L'vivs'ka naukova biblioteka im. V. Stefanyka), Handschriftenabteilung, Fond 141: Zbiór Aleksandra Czołowskiego, Opis I, Sign. 2078, Bl. 15 r, v. Digitalisat des Ossolineum in Breslau (Wrocław).

Pos. Nro	Vor- und Zuname	Charakter	Dienstort	Anmerkung
14.	Gross Franz	Kanzleipraktikant der kk. Gefällen Verwaltung	Lemberg	mittelß Edikt zitirt, aber nicht zurückgekehrt
15.	Kamieniobrodzki Andreas	Landrechtlicher Taxamts Praktikant	Tarnow	d°
16.	Kamil Kasimir	Manipulazions-Praktikant bei der Gefäller-Verwaltung	Lemberg	d°
17.	Kiss Ignaz	prov. Zollaufseher	Hrycowola	nicht zurückgekehrt
18.	Komarnicki Johann	Kanzleipraktikant	"	"
19.	Kozlowski Johann	Prov. Akzessist der Gefäll: Verwaltg	Lemberg	Hat sich am 4 Xber 1831 gemeldet.
20.	Kuczynski Nikolaus	Tabackaufseher	Zollkiewer Inspektorat	nicht zurückgekehrt
21.	Kulczycki Felix	Landrechts-Akzessist	Lemberg	mit Edikt zitirt, aber nicht gemeldet.
22.	Kurzweil Edmund	Appellazionsgerichts-Akzessist	d°	d°
23.	Lewandowski Karl	Kanzleipraktikant bei der Gefäll-Vwltg	d°	nicht zurückgekehrt
24.	Losenau Joseph	Baupraktikant	Sambor	mit festgesetztem Termin zurückgekehrt
25.	Mankowski Joseph	Tabackaufseher	Baranow	nicht zurückgekehrt
26.	Maslowsky Ignaz	Unterjäger der Gränzwache	Prokocim	nicht zurückgekehrt
27.	Nigroni Adolph Freiherr von Risenbach [Risinbach]	Manipulazionspraktikant bei der Gefällen-Verwaltung	Lemberg	Noch vor Ausbruch der Unruhen nach Pohlen ausgewandert und im festgesetzten Termin zurückgekehrt.
28.	Ostermann Moritz	Gubernial-Konzept-Kandidat	d°	Ediktaliter citirt, aber nicht zurückgekehrt. NB Ist vor dem Feinde geblieben.

Pos. Nro	Vor- und Zuname	Charakter	Dienstort	Anmerkung
29.	Pietrusinski Ludwig	Konzeptspktkt der Kam[m]prokuratur	d°	d°
30.	Piwko Franz	Praktkt beim Generaltaxamt	d°	d°
31.	Posgay Franz	Prov. Gränzaufseher	Rzeszow	zurückgekehrt
32.	Przetocki Franz	Strafgerichtspraktikant	Lemberg	mittelst Edikt vorgeladen aber nicht zurückgekehrt
33.	Reitzenheim Joseph	Konzeptspraktikant der Kam[m]erprokuratur		Im fortgesetzten Termin zurückgekehrt.
34.	Royoyski Karl	Gubernial-Konzepts-Praktikant	d°	d°
35.	Rzepka Stanislaus	Unterjäger der Gränzwache	Prokocim	nicht zurückgekehrt
36.	Smereczanski Cyrill	Kreisamtskonzeptspraktikant	Stryj	mittelß Edikt zitirt aber nicht zurückgekehrt
37.	Smereczanski Peter	Kam[m]l.Verwltgs-Amtsschreiber	Niepolomice	im Termin zurückgekehrt
38.	Schmidt Johann	Unterjäger der Gränzwache	Prokocim	nicht zurückgekehrt
39.	Schmidt Martin	Prov. Hauptszollamts Expedient	Brody	ediktaliter zitirt, sich aber nicht gemeldet
40.	Sroczynski Felix de Nowina	Konzeptspraktkt der Gefäl.Verwltg	Lemberg	nicht gemeldet
41.	Sturma Joseph	Unterjäger der Gränzwache	Prokocim	d°
42.	Torosiewicz Michael	Gubernial-Konzepts-Kandidat	Lemberg	mittelß Edikt zitirt aber nicht zurückgekehrt
43.	Weber von Ehrenzweig Adolph	d°	d°	zurückgekehrt
44.	Wilczynski Karl	Verzehrungssteuer-Kommissär	Kolbuszow [a]	mit Edikt vorgeladen, und im Termin zurückgekehrt
45.	Wituszynski Peter	Unterjäger der Gränzwache	Prokocim	nicht zurückgekehrt

Pos. Nro	Vor- und Zuname	Charakter	Dienstort	Anmerkung
46.	Wöber Florian	Manipulazionspktkt der Gefäll.Verwltg	Lemberg	d°
47.	Wurraz Heinrich	Unterjäger der Gränzwache	Prokocim	d°
48.	Zurkowski Ludwig	d°	d°	d°

Für die richtige Abschrift
Wien am 30ten Mai 1832
[gez.]   H. Bobinski

Copia ad Num: 14746.
672.

Verzeichniß

der in k.k. Civilarrest genommenen Individuen und Zeugen d. Brandstiftung, welche schon nachstehenden Ortschaften nach Hause nachzusenden sind.

Lauf. No.	Vor- und Zuname	Charakter	Geburtsort	Anmerkung
1.	Andrusiewicz Leopold	Beschäftigungsloser Einwohner	Lemberg	nicht zurückzuschaffen
2.	Baranski Ignatz	Fuhrmanns Aushelfer	Lezaysk	—
3.	Baraiz Nicolaus	pensionirt beim General Militair Commando	Lemberg	ad libitum zu lassen
4.	Bayer Joseph	Dienstjunge des Gränzwache	Prokocim	nicht zurückzuschaffen
5.	Bakowski Anton	—	—	—
6.	Bochinski Anton	Commerzial-Gehülfe, derzeit Bankli...	—	militair schikl zielent, nicht zurückzuschaffen
7.	Czaykowski Romuald	Bergzehn nachlibant bei dem Kämmereigeschäften	Lemberg	—
8.	Ćwik Johann	Dienstjunge des Gränzwache	Prokocim	nicht zurückzuschaffen
9.	Dobrowolski Franz	Manipulirungs-arbeiter beim Gefällen Commission	Lemberg	—
10.	Drescher Eugen	Dienstjunge des Gränzwache	Prokocim	—
11.	Drozenski Ludwig	Compagnie Senior-Kammerer nicht Civilist	Tarnow	wird ad libitum zu ge...... zelten, ist jetzt aber lassen nicht zu melden.
12.	Faber Ferdinand	Gränzjäger der k. Compagnie	Prokocim	nicht zurückzuschaffen
13.	Froniczek Clad...	Gränzforst... Cursch-Civilist	Nezyzow	—
14.	Groß Franz	Bergzehn nachlibant bei k.k. gebühr. Üben......	Lemberg	militair schikl zielent, aber nicht zurückzuschaffen
15.	Kamiencbrodzki Constantin	Landamtsischen Gerante genaklibant	Tarnow	—
16.	Xaviel Uginium	Manipulanz beim nachlibant bei den Gefällen Üben......	Lemberg	—
17.	Kijo Ignatz	ganz Hollmühlenherr	Hrycowola	nicht zurückzuschaffen
18.	Komarnicki Johann	Bergzeignachlibant	—	—
19.	Kozlowski Johann	Fuhr. Abgzgesst. des Gefäll-Umwalz	Lemberg	hat sich am 4ten am 1831 gemeldet
20.	Kuczynski Nicolaus	Tabaribaristzgefen	Zalikinium Jopoblament	nicht zurückzuschaffen
21.	Kulczycki Saloj	Landamts-Abgzgesst	Lemberg	mit schikl zielent, aber nicht zurückzuschaffen.
22.	Kurzweil Ferdinand	Agzallanegiengzisch-Abgzgesst	—	—
23.	Lewandowski Karl	Bergzeignachlibant des Gefäll-Subj.	—	nicht zurückzuschaffen.
24.	Lornau Joseph	Bergnachlibant	Sambor	mit tastengenzign Üben, mit zurückzuschaffen
25.	Mankowski Joseph	Tabaribaristzgefen	Baranow	nicht zurückzuschaffen.

Nro.	Nam- und Zuname	Charakter	Wohnstaat	Anmerkung
26.	Maslowsky Ignaz	Stabsjäger des Gemeindecreises	Prokocim	nicht zurückgekehrt
27.	Nigroni Rudolf Carl Hanns von Risenbach	Municipalgardenpublikant bei der Gefallenen-Ehrenwallung	Lemberg	nicht nur auf Anruf der Sturm fern muß festen auch immer, sondern sich im fortschreitenden Termins zurückgekehrt
28.	Ostermann Moritz	Gübermial-Buchgast-Amtsdieners	"	unterstützlich erhält, ober viel zurückgekehrt. NB. Ist von ihm Schmidt gestellten
29.	Petrusiński Ludwig	Buchgeschäftlicher des Bürger-Mitteilers	"	"
30.	Piwko Lucas	Praktikant beim Generalhauptamt	"	"
31.	Posgay Imre	Pens.- Gemeindeaufseher	Rzeszow	zurückgekehrt
32.	Przelecki Franz	Anuschreibspraktikant	Lemberg	mittelst Brief angemeldet, aber nicht zurückgekehrt
33.	Reitzenheim Joseph	Buchgeschäftlicher des Bürger-Mitteilers	"	Im fortstehenden Termin zurückgekehrt
34.	Rogoyski Carl	Gübermial-Buchgeschäftlicher	"	"
35.	Rzepka Władysław	Stabsjäger des Gemeindecreises	Prokocim	nicht zurückgekehrt
36.	Smereczanski Cyrill	Examens-Buchgeschäftlicher	Stry	mittelst Brief gibt zu, aber nicht zurückgekehrt
37.	Smereczanski Anton	Buch.- Kanzlei - Aushülfsaushülfsbeamten	Niepolomice	in Termin zurückgekehrt
38.	Schmidt Johann	Stabsjäger des Gemeindecreises	Prokocim	nicht zurückgekehrt
39.	Schmidt Martin	Pens. Hauptzollamts Expedient	Brody	unterstützlich erhält, sich aber nicht gemeldet.
40.	Prożyński Anton de Nowina	Buchgeschäftlicher des Gefäll-Amtsbg	Lemberg	nicht gemeldet
41.	Sturma Joseph	Stabsjäger des Gemeindecreises	Prokocim	"
42.	Torosiewicz Michal	Gübermial-Buchgast-Amtsdieners	Lemberg	mittelst Brief gibt zu, aber nicht zurückgekehrt
43.	Weber von Chrenzweig Adolf	"	"	zurückgekehrt
44.	Wilczynski Carl	Vorgesetzter Amts- Kommission	Kolbuszow	mit Brief angemeldet, mit im Termin zurückgekehrt
45.	Wilusynski Anton	Stabsjäger des Gemeindecreises	Prokocim	nicht zurückgekehrt
46.	Wöber Damian	Municipalgardn des Gefäll-Amtsbg	Lemberg	"
47.	Wurraz Heinrich	Stabsjäger des Gemeindecreises	Prokocim	"
48.	Zarkowski Ludwig	"	"	"

Zum die richtigen Abschrift
Wien am 30ten Mai 1832.

„Humanität, Weltbürgersinn und Freiheitsgefühl". Polenvereine im Großherzogtum Baden 1831-1832

Gabriela Brudzyńska-Němec

Das Großherzogtum Baden entstand 1806 unter dem Protektorat Napoleons als ein Gemisch mehrerer, in Folge der Mediatisierung und Säkularisierung aufgelöster Territorien und war zugleich dank eines enormen Territorial- und Bevölkerungszuwachses „die künstlichste aller napoleonischen Staatsschöpfungen".[1] Historische Verbindungen zwischen den einzelnen Gebieten, die nun als ein politischer Organismus funktionieren sollten, gab es so gut wie keine und ein protestantischer Herrscher stand einem Land vor, in dem zwei Drittel der Bevölkerung katholisch war. Der Integrationsbedarf bewog Großherzog Karl (1786-1818) im Jahre 1818 eine Landesverfassung zu erlassen, die die neue Staatsbildung endgültig festigen sollte. Großherzog Ludwig (1763-1830), der „unbeliebte Spätabsolutist",[2] versuchte dagegen während seiner Regierungszeit 1818-1830, den liberalen Abgeordneten den Weg in den Landtag zu versperren.[3] 1830 sollte diese restaurative Tendenz gebrochen werden.

Nach den dreitägigen Barrikadenkämpfen in Paris vom 27. bis zum 29. Juli 1830 zur Verteidigung der Pressefreiheit und des Wahlrechts, die als Julirevolution in die Geschichte eingegangen sind, wurde Ludwig Philipp I. zum „König der Franzosen" proklamiert und als „Bürgerkönig" bezeichnet. Heinrich Heine berichtet vom 10. August 1830 über sich selbst und den Zeitgeist in diesem Umbruchjahr:

---

1   Veit Valentin zit. nach: Hippel, Wolfgang von: Revolution im deutschen Südwesten. Das Großherzogtum Baden 1848/49. Stuttgart 1998, S. 21. 1815 hatte Baden eine Fläche von 15 000 km^2 und nahezu eine Million Einwohner.
2   Hippel (wie Anmerkung 1), S. 24.
3   Nach der Auflösung des Landtages im Jahr 1823 wurden die folgenden Wahlen bis 1830 massiv von der Regierung beeinflusst. Vgl. Becht, Hans-Peter: Vom Ständesaal zur Revolution? Kontinuitäten und Diskontinuitäten in der badischen Geschichte von 1815 bis 1848/49. In: Aufruhr und Entsagung. Vormärz 1815-1848 in Baden und Württemberg. Hrsg. von Otto Borst. Stuttgart 1992, S. 44-64.

Fort ist meine Sehnsucht nach Ruhe. Ich weiß jetzt wieder, was ich will, was ich soll, was ich muss ... Ich bin der Sohn der Revolution [...] Von jenen wilden, in Druckpapier gewickelten Sonnenstrahlen ist mir einer ins Hirn geflogen, und alle meine Gedanken brennen lichterloh. Vergebens tauchte ich den Kopf in die See. Kein Wasser löscht dieses griechische Feuer. Aber es geht den anderen nicht viel besser. Auch die übrigen Badegäste traf der Pariser Sonnenstich.[4]

Vom „Pariser Sonnenstich" war beinahe der ganze alte Kontinent betroffen. Die Auswirkungen der französischen Julirevolution in Europa erschütterten das politische System der Restauration und deckten die gespannte internationale Lage auf. Am 4. Oktober 1830 proklamierte Belgien die Unabhängigkeit. Am 29. November brach im Königreich Polen mit dem Ansturm auf die Warschauer Residenz des russischen Großfürsten Konstantin der Aufstand gegen Russland aus. Er ging in einen Krieg gegen das Zarenreich über, als im Januar 1831 Zar Nikolaj und die Romanow-Dynastie vom polnischen Thron abgesetzt wurden.

Im Baden kam es 1830 ebenfalls zum Thronwechsel. Am 30. März 1830 trat Großherzog Leopold die Regierung an. Das Volk jubelte ihm wie keinem anderen badischen Regenten zu.[5] In seiner Thronrede sprach Leopold zu den Vertretern des Landtags: „Bei meinem Fürstenwort erneuere ich die schon öffentlich verkündete Zusicherung, die Verfassung des Großherzogtums wahrhaft und treu zu beobachten, und beobachten zu lassen, Gerechtigkeit zu üben".[6] Zum Prüfstein dieser Zusicherungen wurde der Badische Landtag 1831. Die Regierung verzichtete diesmal darauf, auf die Wahlen Einfluss zu nehmen. Die Folge war der bekannte Einzug der Freisinnigen in die II. Kammer des Badischen Landtags. Dessen Tätigkeit begann im März 1831 mit einem starken Akzent. In der ersten öffentlichen Sitzung stellte der Abgeordnete Karl Theodor Welcker[7]

---

4   Heine, Heinrich: Ludwig Börne. Eine Denkschrift. In: Heines Werke in fünf Bänden. Bd. 5. Berlin 1970, S. 210.
5   Müller, Leonhard: Badische Landtagsgeschichte. Dritter Teil: 1825-1833. Berlin 1902, S. 41.
6   Aus der Thronrede Großherzog Leopolds, zit. nach: Geschichte der constitutionellen und revolutionären Bewegungen im südlichen Deutschland in den Jahren 1831-1834. Bd. 1. Charlottenburg 1845, S. 50.
7   Karl Theodor Welcker (1790-1869), seit 1822 Professor des Staatsrechts in Freiburg, war in der II. Badischen Kammer seit 1832 fast 20 Jahre als liberaler Deputierter

den Antrag auf „Aufhebung der Censur oder Einführung vollkommener Pressfreiheit", der die völlige Fürsprache der II. Kammer fand, die I. Kammer antwortete gleichfalls mit einhelliger Zustimmung.[8]

Europa war im Aufbruch und das gesamteuropäische Mächteverhältnis schien in der zeitgenössischen Wahrnehmung ins Wanken zu geraten. Ein ganz besonderes Anzeichen dafür sollte der polnisch-russische Krieg sein, der für Monate die Aufmerksamkeit der europäischen Öffentlichkeit fesselte, viel länger als die Julirevolution. Der Kampf, dem es nicht an tragischen Momenten und Wechselfällen mangelte und der mit einer dramatischen Katastrophe im September 1831 endete, wurde als ein folgenreicher Prinzipienkrieg beobachtet, in dem die neue, konstitutionelle und liberale Welt mit der alten, absolutistischen und konservativen Macht rang. Dem Krieg folgte ein einmaliges Ereignis, der Durchmarsch der geschlagenen Freiheitskämpfer durch das westliche Europa.

Der größte Teil der europäischen Völker äußerte, im Unterschied zu den meisten Regierungen, rege Sympathien für die kämpfenden Polen. Eine Unterstützung erwarteten die Aufständischen vor allem von Frankreich. Überraschenderweise kamen aber die freundlichsten Solidaritätsbekundungen aus Deutschland, bald von einem tätigen Engagement begleitet. Mobilisierend wirkte dabei der Appell der polnischen Regierung an die europäischen Nationen, bei der medizinischen Betreuung der Verwundeten in den polnischen Militärspitälern zu helfen.[9] Die erste spontane Hilfeleistung, die vor allem in der Anfertigung von Verbandsmaterial bestand, verwandelte sich, soweit es die politische Situation im jeweiligen Lande zuließ, in eine fortdauernde und geregelte Tätigkeit.[10]

---

    tätig. Mit Karl von Rotteck war er Herausgeber des „Freisinnigen" (1832) und später des „Staatslexikons oder Enzyklopädie der Staatswissenschaft" (1835-1849). 1832 wurde Welcker von der Universität entlassen. Er war Mitglied der Frankfurter Nationalversammlung. Karl Welcker und seine Frau Emma Welcker gehörten zu den tätigsten badischen Polenfreunden.

8 Vgl. Verhandlungen der Stände-Versammlung des Großherzogtums Baden im Jahre 1831, Protokolle der II. Badischen Kammer. Karlsruhe 1831, Heft 1, S. 134-154.

9 Vgl. Anfang April 1831 wandte sich der Außenminister der polnischen Regierung, Gustaw Małachowski, an die europäischen Nationen mit dem Appell zur Hilfe für die polnischen Militärspitäler. Dokumente zur Geschichte der deutsch-polnischen Freundschaft 1830-1832. Hrsg. von Helmut Bleiber und Jan Kosim. Berlin 1982, S. LII.

10 Gerecke, Anneliese: Das deutsche Echo auf die polnische Erhebung von 1830. Wiesbaden 1864, S. 112. Dokumente zur Geschichte der deutsch-polnischen Freund-

Die badische *Karlsruher Zeitung* forderte ihre Leser dazu auf, dem Beispiel anderer deutscher Städte unverzüglich zu folgen:

Sollten wir dagegen zurückstehen? Weniger Humanität, Weltbürgersinn und Freiheitsgefühl haben, wie unsere Nachbarn? Wir glauben, es gibt keinen edleren Wettkampf, als der in edlen Handlungen![11]

Diese weltanschaulichen und zugleich politischen Grundsätze erklärten die badischen Polenfreunde zu Leitgedanken ihrer Solidarität mit den polnischen Aufständischen. Die Wortwahl in diesem lokalen Blatt demonstriert dabei die sehr hoch angesetzten Erwartungen. Der im Großherzogtum entstehenden neuen Solidaritätsbewegung kommt politisch und gesellschaftlich gesehen keine marginale Rolle zu. Denn auch in den Augen der badischen Liberalen fokussierte sich im Schicksal des polnischen Volkes der politische Konflikt ihrer Zeit, an dem alle, wenn auch in verschiedenen Rollen, beteiligt seien. In den von Karl von Rotteck[12] herausgegebenen *Allgemeinen Politischen Annalen* las man in der Septemberausgabe 1831:

Die Ereignisse waren aber in Polen, und hier tritt der natürliche Anfangspunkt hervor. In Polen ist die Handlung dieser Zeit, in Polen ist der stellvertretende Krieg der europäischen Gegensätze, die Angel, um welche sich alles dreht, die concentrierte europäische Krisis.
Diese Bedeutung des polnischen Krieges wurde durchgängig eingesehen oder wenigstens gefühlt, und darum bewegt er sich auf seinem Schauplatz, wie vor einem Amphitheater der zuschauenden und mitbe-

---

schaft 1830-1832 (wie Anmerkung 9), S. 12, 14 ff. Die ersten Polenvereine entstanden in Sachsen, Württemberg (Anfang Juni), in der Bayerischen Pfalz (Mitte Juni), in Hessen-Darmstadt (v.a. Mainz, Darmstadt) und in Hessen-Kassel (Marburg, Hanau).
11 KZ vom 2. Juli 1831.
12 Karl Wenzeslaus Rodecker von Rotteck (1775-1840), Professor für Geschichte und Staatswissenschaften an der Freiburger Universität, liberaler Politiker, von 1831 bis zum Tode Abgeordneter in der II. Badischen Kammer. Mitherausgeber des „Freisinnigen" (1832) und des „Staatslexikons oder Enzyklopädie der Staatswissenschaft" (1835-1849). Über die Kontakte von Rottecks mit Polen, die in die Epoche vor der Polenfreundschaft der 30er Jahre zurückreichen, schreibt Rüdiger von Treskov: Erleuchter Vertheidiger der Menschenrechte! Die Korrespondenz Karl von Rottecks, Bd. 1. Freiburg/Würzburg 1990, S. 153-160.

rührten Völcker, und jeder Wechselfall wird von den Blicken der Besorgniß oder der Hoffnung begleitet.[13]

Der polnische Unabhängigkeitskampf gewann auf diese Weise für die Liberalen einen exemplarischen Charakter, sowohl im symbolischen als auch im realpolitischen Sinne. Die Chancen der eigenen Reformbewegung schätzten sie je nach den Auswirkungen des polnisch-russischen Krieges auf die Machtverhältnisse in Europa ein. Dazu erblickte man das Schicksal Polens in einem beinahe mystischen Licht, das seine politische Aktualität nochmals intensivierte:

Der polnische Aufstand ist nicht mit andern ähnlichen Ereignissen in- und außerhalb Deutschlands in eine Kategorie zu setzen. [...] sein Verhältniß zu den Prinzipien des Staats- und Völkerrechts der zivilisierten Welt ist klarer, die Entscheidung seines Schicksals darum auf die Bestimmung jener Prinzipien mächtiger rückwirkend; seine Beziehungen zu Europa sind mannichfaltiger und inniger, sie haben in dieser Hinsicht nur ein Seitenstück in der letzten Revolution Frankreichs. Polen ist das Volk, das in dem Herzen Europa's ruht, sein Blut wird in allen Adern des großen Körpers ausgeführt.[14]

Eine so stark emotional geladene Sprache wie im Juniband der *Annalen* ist in den Kommentaren zur aktuellen politischen Lage in anderen europäischen Ländern wie Frankreich, England, Belgien oder Italien selten zu finden.

Die Polenvereine

Ende Juni und Anfang Juli 1831 schlossen sich die meisten deutschen Polenfreunde in „Vereine zur Unterstützung der Verwundeten und Kranken in den polnischen Spitälern" zusammen, um vor allem Geld und wei-

---

13 APA, Bd. 7 (September 1831). S. 203. In der Übersicht der neuesten politischen Begebenheiten, April bis August 1831, schätzte Gihné die Bedeutung des polnisch-russischen Krieges im Frühling und Sommer 1831 ein.
14 Polen und Europa von U...*) APA, Bd. 3 (Junius 1831), S. 285. In dem Artikel wurde die Bedeutsamkeit der polnischen Geschichte für Europa und vor allem für Deutschland hervorgehoben. Den Ausgangspunkt dieser Perspektive muss man aber in der Beurteilung der aktuellen Lage Polens suchen.

terhin Verbandsmaterial zu sammeln. In den Sommermonaten 1831 entstehen auch die badischen Hilfsvereine: in Karlsruhe, Freiburg, Konstanz, Mannheim, Offenburg und Lahr. In fast jedem Ort wird Geld gesammelt und werden Charpien gezupft.[15]

Die wichtigste und eine der ersten Initiativen zur Durchführung der Sammlung für die polnischen Spitäler kam in Baden aus den Reihen der Parlamentarier. Karl Theodor Welcker, dessen Name für den Kampf um die freie Presse stand, richtete am 13. Juni eine Einladung an die II. und I. Badische Kammer, Geldbeiträge für Polen zu subskribieren.[16] Die Sammlung wurde im Landtag durchgeführt und von den Abgeordneten willig unterstützt. Von den 62 Mitgliedern der II. Kammer unterschrieben 52 die Subskription, von den 31 Mitgliedern der I. Kammer waren es 20, wobei die Namen namhafter Liberaler in beiden Kammern – Welcker, Rotteck, Duttlinger[17], Mittermaier[18], Zell[19] und Wessenberg[20] – ganz oben auf den Listen zu finden sind.[21] Den Abgeordneten folgten mehrere Einwohner von Karlsruhe und bald aus ganz Baden. Kopien der ersten prominenten

---

15 Charpie war ein Verbandsmaterial, das man durch Zerzupfen von Leinen- oder Baumwollstoff in Handarbeit herstellte.
16 Fahnenberg, STA Freiburg.
17 Johann Georg Duttlinger (1788-1841), Professor für Privat- und Wechselrecht an der Universität Freiburg, liberaler Politiker, Mitglied der II. Badischen Kammer, mit Rotteck und Welcker Mitherausgeber des „Freisinnigen" (1832).
18 Carl Joseph Anton Mittermaier (1787-1867), Jurist, seit 1821 Professor der Heidelberger Universität, seit 1831 im Badischen Landtag. Mittermaier hatte wesentlich zur Erarbeitung des badischen Pressegesetzes und der neuen Gemeindeordnung 1831 beigetragen. 1847 beteiligte er sich an der Gründung der "Deutschen Zeitung". In der deutschen Nationalversammlung in der Paulskirche war er u.a. Mitglied des Verfassungsausschusses. Vgl. Mußgnug, Dorothee: Heidelbergs Vertreter im Badischen Landtag, 1819-1918. In: Heidelberg – Stadt und Universität. Heidelberg 1997, S. 69-93.
19 Karl Zell (1793-1873), Professor für Philologie an der Universität Freiburg, von 1831 bis 1835 war Zell Vertreter der Universität in der I. Badischen Kammer.
20 Ignaz Heinrich Karl Joseph Thaddäus Freiherr von Wessenberg (1774-1860), katholischer Aufklärungstheologe und Konstanzer Generalvikar. Er gehörte neben Karl Zell zu den bekanntesten Mitgliedern der I. Kammer.
21 Am 5. Juli 1831 veröffentlichte die KZ zum ersten Mal Informationen über Beiträge zur Unterstützung der verwundeten Polen und Russen, bei denen die Namen der Abgeordneten und die Höhe der Beiträge (von zumeist 5 fl 24 kr bis 100 fl) verzeichnet wurden.

Subskriptionsliste wurden an öffentlichen Orten ausgelegt, in Museen, in Kaffeehäusern, sowie im Zeitungs-Komptoir der *Karlsruher Zeitung* zum Aufzeichnen der gespendeten Beiträge.

Durch den großen Erfolg dieser Aktion kam es zur Gründung des Polenvereins in Karlsruhe. Karl Theodor Welcker aus der II. Kammer und Ignaz von Wessenberg aus der I. Kammer standen neben dem Oberbürgermeister Klose und dem badischen Oberpostdirektor von Fahnenberg an der Spitze des Vereins und verliehen ihm so ein politisches Profil. Der Aufruf zur Gründung des Polenvereins in Karlsruhe entstand am 29. Juni, also einen Tag nach der großen Debatte über die Pressefreiheit im Landtag.[22] Kurz danach feierten die Liberalen den ersten Jahrestag der Julirevolution 1830. Diese Zusammenhänge waren für die Zeitgenossen unverkennbar. Das Unterzeichnen der Subskription für Polen war zugleich eine öffentliche Stimme zur Unterstützung der Pressefreiheit und liberaler Reformen im eigenen Land, eine willkommene Gelegenheit der politischen Meinungsäußerung auch für diejenigen, die bisher kaum eine Gelegenheit dazu hatten. Sie manifestierte sich direkt in kurzen Mottos, die von den Spendern neben der subskribierten Summe auf den Listen deklariert wurden:

Von einem ächt constitutionellen Einwohner Emmendingens, J.B. mit dem Motto: „Sieg der Freiheit und dem Recht, Untergang dem Knechtsinn und Unredlichkeit"[23]

Dem Sanitäts-Cordon gegen die Cholera, und dem Sanitäts-Cordon für das konstitutionelle Leben, nämlich den tapferen Polen[24]

Oder ganz einfach:

Ein Bauer mit dem Motto „Vor der Cholera Morbus, aber auch vor den Russen bewahre uns der liebe Gott"[25]

---

22 Veröffentlicht in der KZ vom 2. Juli 1831. Die Debatte über die Pressefreiheit fand in den Sitzungen am 27. und 28. Juni 1831 statt. Vgl. Verhandlungen der Stände-Versammlung (wie Anmerkung 8), Heft 12, S. 45-174, 186-259.
23 FZ vom 7. August 1831.
24 FZ vom 25. Juli 1831.
25 FZ vom 7. August 1831.

Die humanitären Beweggründe und die freiheitlichen politischen Überzeugungen motivierten zur tätigen Polenhilfe. Das Gefühl des eigenen nationalen Stolzes spielte hier mit hinein. Die Redaktion der Karlsruher Zeitung kommentierte den Aufruf zur Gründung des Polenvereins in Karlsruhe wie folgt:

Wir fordern alle Gegenden unseres Vaterlandes dringend auf, ihre Anstrengungen mit den unseren zu vereinen, um durch die That zu bekunden, wie hoch Deutschland Vaterlandsliebe, Freiheitssinn und Heldenmuth verehrt.[26]

Die Teilnahme an der Polenunterstützung verstand man als eine freiheitliche Demonstration gemeinsam mit allen Deutschen. Durch den oft wiederholten Hinweis auf „alle Gegenden unseres Vaterlandes", „mehrere Städte unseres Vaterlands",[27] die gleichermaßen die Polenhilfe organisierten, legitimierte man die Aktionen auf nationaler Ebene. Dies geschah auch dadurch, dass man sich auf das Nationale als einen Aspekt der Solidarität berief. Die kämpfenden Polen wurden betont als „Nation" bezeichnet, so als die „bedrängte" Nation[28], der die Bewohner „unseres deutschen Vaterlandes" (*KZ* vom 2. Juli 1831) zur Hilfe eilen sollten, auch im eigenen patriotischen Interesse. Die Polenbegeisterung trug in diesem Sinne wesentlich zur Entfaltung einer nationalen, aber zugleich auch einer europäischen Solidarität der Freiheitsfreunde bei. Dieter Langewiesche spricht im Kontext der Polenbegeisterung im deutschen Südwesten sogar von einem „neue(n) Europagefühl".[29] Das neue Europa sei ein Europa

---

26 KZ vom 2. Juli 1831.
27 Vgl. LW vom 6. Juli 1831, KZ vom 2. Juli 1831, FZ vom 30. Juni 1831; KonZ vom 27. Juni 1831.
28 „diese wackere, aber höchst bedrängte Nation" (KonZ vom 27. Juni 1831); „Die polnische Nation, [...] Dieses Volk hat sich zur Erkämpfung seiner gesetzlichen Freiheit mit solcher Kraft erhoben" (LW vom 6. Juli 1831).
29 Langewiesche, Dieter: Humanitäre Massenbewegung und politisches Bekenntnis. Polenbegeisterung in Süddeutschland 1830-1832. In: Blick zurück ohne Zorn. Hrsg. von Dietrich Beyrau. Tübingen 1999, S. 11. Langewiesche weist auch darauf hin, welche Rolle der Begriff Nation als „überparteiliche Einheit, jenseits des Politischen" in der liberalen Rhetorik spielte: „Das Verständnis der Nation als ein überparteiliches Ideal kam dieser liberalen Deutungsarbeit entgegen. In der Presse, in den vielen Reden auf Versammlungen und Festen, in der Gestaltung der Festabläufe, in der Organisation der Polenhilfe, überall versuchten die Liberalen eine Einheit herzustellen zwischen

der national und politisch unabhängigen Völker. Diese Solidarität der Nationen beruhte auf der Vorstellung, dass die politisch mündigen Völker dauerhaft in einem friedlichen Bündnis leben können.

Das praktische Ziel der Vereinstätigkeit der Polenfreunde im Sommer 1831 lag in der Sammlung von Verbandsmaterial und Geld sowie dessen Beförderung nach Polen. Die einzelnen Spenden waren in ihrer Höhe sehr unterschiedlich und reichten von 100 Gulden von einem anonymen Ständemitglied bis zu 48 Kreuzer eines Expeditors oder Registrators, die meisten betrugen dabei 2 fl 24 kr, 5 fl 24 kr.[30] Zum Vergleich sei hier angeben, dass man für ein Pfund Weißbrot ungefähr 9 kr zahlte.[31] Die in den Beitragslisten der *Karlsruher Zeitung* verzeichneten Spender gehörten meistens dem Bürgertum an. Es waren vor allem Beamte, unter ihnen mehrere Ministerialbeamte, daneben Ärzte, Geistliche, Professoren, aber auch Offiziere und Kaufleute. Aus den mittleren Schichten spendeten am meisten Büroarbeiter: Sekretäre, Praktikanten, Schreiber; während die Handwerker eine kleine Minderheit bildeten. Die Adligen blieben Einzelfälle.[32] Der Karlsruher Verein in der Hauptstadt des Großherzogtums bemühte sich, die Funktion des badischen Zentralvereins für die Polenhilfe zu übernehmen und koordinierte die Zusammenarbeit mehrerer Polenvereine

---

der humanitären Massenbewegung und ihren eigenen politischen Zielen. Das Bekenntnis zur Nation und der Appell an sie dienten als Bindeglied in dieser liberalen Konstruktion einer Einheit aus ‚Volk' und Liberalismus". Ebd. S. 25 f.

30 Vgl. Fahnenberg, STA Freiburg, veröffentlicht in KZ vom 5. Juli 1831.
31 Nach FZ vom 16. April 1832. 1 fl = 60 kr.
32 KZ vom 12., 13., 14., 16. 18. Juli 1831. Die Berufsangaben sind in den Listen unvollständig. Vgl. die soziale Zusammensetzung der Spender in Freiburg: „Wie aus der Gründungsanzeige hervorgeht, gehörte praktisch die gesamte soziale, intellektuelle und politische Führungsschicht Freiburgs zu den Initiatoren des Polenvereins. Ihrem Aufruf und Vorbild folgten Vertreter aller sozialen Schichten aus ganz Südbaden. In den Spendenlisten erscheinen Bauern und Handwerker ebenso wie Tagelöhner, Dienstmädchen, ganze Familien und Schulklassen." Lindner, Anette: "Für unsere und eure Freiheit". Die Polenfreundschaft im Großherzogtum Baden 1831/1832. In: Zeitschrift des Breisgau – Geschichtsvereins "Schau-ins-Land" 109. Jahresheft (1990), S. 139. Vgl. zu Offenburg: „Denn neben den Beamten spendeten ausschließlich Handelsmänner, Ärzte, Anwälte, Wirte und Verwalter der Stadt, die Handwerker und Gewerbetreibenden fehlten bis auf die beiden wohlhabenden Gerbermeister Franz Michael und Karl Fischer sowie den Konditor Johann Babtist Kuenzer vollständig". Schimpf, Rainer: Offenburg 1802-1847. Zwischen Reichsstadt und Revolution. Karlsruhe 1997, S. 148 f.

und Polenfreunde im ganzen Land. Im Juli 1831 gelang es dem Verein, zwei für zeitgenössische Verhältnisse sehr große Geld- und Charpiesendungen nach Warschau auf den Weg zu bringen, insgesamt 4300 Gulden und 738 Pfund Verbandsmaterial.[33]

Die Presse

Um die Polenhilfe möglichst wirkungsvoll zu organisieren, brauchten die Vereine ein Publikum, das sich für die Sache begeistern ließ und Geld spendete. Man hätte die Polenhilfe im Rahmen einer Museums- oder Lesegesellschaft durchführen können. Die Gaben dort wären wahrscheinlich ausreichend gewesen.[34] Die badischen und württembergischen Polenfreunde erkoren jedoch die lokale Zeitung zum Medium der öffentlichen Kommunikation. Die Bemühungen der Organisatoren um den öffentlichen und demokratischen Charakter der Polenhilfe band diese nachhaltig an die Presse, die als Garant der Transparenz und der Öffentlichkeit genutzt und zugleich bestätigt wurde. Die Polenfreunde bürgten für ihre Arbeit bewusst durch deren öffentlichen Charakter. Der Gründung eines Vereins folgte unmittelbar die tagtägliche und minuziöse Berichterstattung über dessen Tätigkeit im lokalen Blatt. Zwischen dem 5. und 31. Juli 1831 veröffentlichte beispielsweise die *Freiburger Zeitung* 27 Anzeigen von Spenden für den örtlichen Hilfsverein, fortlaufend in der ersten Spalte der Titelseite. Die Bekanntmachungen der Polenvereine, die mit solcher Genauigkeit und Häufigkeit veröffentlicht wurden, hatten zu diesem Zeitpunkt keine andere Entsprechung in der lokalen Presse.[35]

---

33 Vgl. KZ vom 23. Dezember 1831, Brief des Karlsruher Polenvereins an das Polnische Nationalkomitee (Komitet Narodowy Polski) am 20. Januar 1832. Brudzyńska-Němec, Gabriela: Der badische Polenverein in Karlsruhe und sein Briefwechsel mit dem Polnischen Nationalkomitee in Paris 1832. In: Zeitschrift des Breisgau-Geschichtsvereins „Schau – ins – Land" 121. Jahresheft (2002), S. 85-106.

34 In Mannheim wurde wahrscheinlich in solcher Form, ohne besonderen Presseaufruf, eine Kollekte für die Polen durchgeführt und brachte ebenfalls die ansehnliche Summe von 2 137 fl. und 5 kr. (MT vom 1. Februar 1832).

35 Parallel zu den Sammlungen der Polenfreunde wurde die von der Regierung veranlasste Sammlung für „die durch Überschwemmung Verunglückten" durchgeführt. Die anderen bürgerlichen Initiativen, wie z.B. der Rekrutenunterstützungsverein oder der Verein zur Besserung der Strafgefangenen, erreichten in der Öffentlichkeit nie ein solches Interesse und solche Unterstützung wie die Sammlungen für Polen.

Freiburger Zeitung.

Sonntag den   **Nr. 217.**   **7. August 1831.**

Meteorologische Beobachtungen vom 6. August 1831.	Zeit d. Beobachtung	Therm. nach Reaum.	Barometer	Wind	Witterung
	Morgens 7 Uhr	+ 15 — Grad	27 3. 1 1/3 L.	W.	Hell.
	Nachmittags 2 —	+ 20 —	— 8. — —	S.W.	Sonnenschein.
	Nachts 9 —	+ 16 —	— 8. — —	S.	Sternvoll.

Freiburg im Breisgau den 7. August, 1831.
Hilfs-Verein für Polen.
Neunundzwanzigste Anzeige der Gaben.
Bei Professor und Hofrath Beck: 4.

H. G.	1 fl. 40 kr.
D. u. A. F.	3 fl. 42 kr.
Einwohner Waldkirchs, einige auswärtige Vorgesetzte und Bürger	121 fl. 7 kr.
Pfarrgemeinde Glotterthal durch Hrn. Pfarrer Gamer	41 fl.
Pfarrgemeinde Untersimonswald (mit Ausschluß von Haslach-Simonswald, welche Gemeinde ihren Beitrag unmittelbar nach Freiburg überschickt hat) durch H. Pfarrer Dufner	31 fl. 12 kr.
Pfarrgemeinde Siegelau durch Hrn. Pfarrer Hauptmann nebst 23 B. Leinwand, welche bei Haußmann verrechnet werden	11 fl. 42 kr.
Hr. Pfarrer Brugger zu Gach	4 fl. 3 kr.
Elzach's Bürger und einige Brechtväter durch Hrn. Theilungs-Commissär Rothmund	16 fl. 59 kr.
Bei Hofgerichtsrath Donsbach: 3.	
Hr. Pfarrer Eiselohr in Opfingen	6 fl. 45 kr.
C. E. p. Fr.	1 fl. 21 kr.
Herder's Karte von Polen, deren Erlös für den Hilfverein durch den Herausgeber bestimmt ist, 20 Exemplare, Nro. 21 — 40.	18 fl. —
Ein Pack Charpie von Wittwe M. E. R. u. C. D. wird verrechnet bei Haußmann.	
Bei Kreisrath Dr. Kern: 2.	
Dr. v. Chr.	3 fl. 42 kr.
Eine warme Polenfreundin	2 fl. 42 kr.
Drei Kinder, die für die Polen beten, jedes 1 fl. 40 kr.	5 fl. —
Deren Mutter	2 fl. 42 kr.

Ein Bauer mit dem Motto: "Vor der Cholera Morbus, aber auch vor den Russen bewahre uns der liebe Gott!"	5 fl. 24 kr.
Bei Generalvikar Dr. v. Vicari: 3.	
Durch den Pfarrer von der Pfarrgemeinde Oberried	2 fl. 5 kr.
Statt Land — von einem Mädchen, gerne mehr den wackern Polen, deren Vorfahren treu den Teutschen vor Wiens Mauern blieben	1 fl. 21 kr.
Durch den Pfarrer von der Pfarrgemeinde F... in Amte T...	70 fl. —
Von der Pfarrgemeinde Kirchgarten	10 fl. 9 kr.
Nachtrag aus dem Landkapitel Brelsach	11 fl. 36 kr.
Von einer Pfarrgemeinde N.... im Bezirksamte Stockach	27 fl. —
Von der Nemlichen: Gluden, Compressen, Charpie 2c. 14 Pf. mit dem Motto: "Eile, wo die Pare droht. Luc. 10. V. 30 — 37. Er verband seine Wunden, er goß Oehl und Wein darein — und war ihm der Nächste." Dieser Pack wird bei Haußmann verrechnet.	
Von der Schützengesellschaft zu Langenstein mit dem Motto: "Wer Schützenglück haben will, lege Balsam auf brennende Kugelwunden." Nebst Charpie, welche bei Haußmann mit 2 Pf. verrechnet werden.	11 fl. —
Bei Professor Schneller: 8.	
Theatralische Vorstellung einiger Kunstfreunde	22 fl. 57 kr.
Herder's Karte von Polen, von dem Herausgeber für den Hilfverein als Beitrag bestimmt, 30 Exemplare, Nro. 41 — 70.	7 fl. —

1333

Staufen sendet durch Hrn. Rechts-
praktikant Sulzberger . . . . . 40 fl. 20 kr.
Verwalter Schweigert von Kichlins-
bergen . . . . 5 fl. 24 kr.
Eine Tochter Emilie, nebst einem Pack
Charpie, welcher von Hrn. Dekan
Eisenlohr an Haußmann abgegeben,
dort verrechnet wird . . . . . 1 fl. 40 kr.
Bürger H. für die Polen . . . . 4 fl. 48 kr.
Ein Handwerksmann J. D. . . . 1 fl. 12 kr.
Dem heldenmüthigen Volke der Polen
von einem Bürger in Haßlach im
Kinzingerthale, eingesandt durch Hof-
gerichtsadvokat Ruef . . . . . 5 fl. —
Geometer Wehrle . . . . 1 fl. 21 kr.
Ein Polenfreund sammt seinen Klobern
mit dem Motto: „Möge doch der Ewige
die gerechte Sache der Polen recht
bald günstig entscheiden, wodurch
unsere Freiheit und Ruhe allein gesichert wird . . . . 8 fl. 30 kr.
Bndrf. am 25. Juli und 4. August 10 fl. 48 kr.
Von einem ächt constitutionellen Einwohner Emmendingens, J. B., mit
dem Motto: „Sieg der Freiheit und
dem Recht, Untergang dem Knechts-
sinn und der Unredlichkeit". . . 2 f. 48 kr.

Zusammenziehung:
Anwachs in Geld von Heute . . 547 fl. —
Uebertrag in Geld von jüngst . 2805 fl. 46 kr.

Hauptsumme . . . 3352 fl. 46 kr.

Im Namen des Hilf-Vereins für Polen.
Professor Schneller, Hofrath.

Deutschland.
Frankfurt den 4. August. Auf die an der heutigen Börse verbreitete Angabe, der König von Holland habe den Belgiern den Waffenstillstand aufgekündigt, sind die Fonds wirklich gewichen.

Preußen.
Berlin den 31. Juli. Trotz der verheerenden Seuche, die mit fürchterlicher Schnelligkeit immer mehr und mehr unsern Mauern naht und an verschiedenen Orten unseres Staats schon Tausende von Opfern dahingerafft hat, nimmt doch die polnische Sache noch weit mehr die allgemeine Aufmerksamkeit in Anspruch. Leider sind wir über die Ereignisse fast ohne alle Nachricht; denn seit dem 28 ist keine Warschauer Post mehr eingetroffen. Sachverständige, die mit dem Terrain genau bekannt sind, versichern indeß, daß das Unternehmen des Generals Paskewitsch so wie die Lage der russ. Armee sehr gefährlich seyen, so daß wir immer noch für die Polen hoffen. Chlopizki hat in Bezug auf den Generalissimus Skrzynecki geäußert: „Er wisse, daß der Oberbefehl in den Händen des Würdigsten sey, den man finden könne; wäre er nicht von der Ueberzeugung durchdrungen, so würde er wieder zum Heere geeilt seyn, und hätte er mit einem Fuße seyn müssen, und hätte er , wie Torstensohn, sich in einer Sänfte müssen tragen lassen." Solche Gesinnungen leben in

einem Volke welches für seine Freiheit ficht. Sie stehen sehr gegen die des Generals Diebitsch ab, von dem vier die Aeußerung erzählt wird: Ein Bürgerkrieg sey ihm in seiner Praxis noch nicht vorgekommen, der Aufstand der Polen sey ihm daher recht lieb, damit er diesen auch einmal lernen lerne." Die Aeußerung dieses Feldherrn, den man sich noch immer bemüht uns als ein Muster der Humanität darzustellen, durfte, da uns die freie Presse fehlt, natürlich in keins der hiesigen Blätter aufgenommen werden; allein dafür geben solche Geschichten im Volke von Munde zu Munde und werden häufig, wie es dann immer zu geschehen pflegt, noch vergrößert und ausgeschmückt.

Ob der Antrag der bayerschen und badenschen Kammer auf völlige Preßfreiheit durchgehen wird, so wie das Benehmen derselben, im Fall er von der Regierung sollte verworfen werden, dieß zu erfahren sind wir sehr begierig. Allgemein ist hier die Ansicht, daß eine konstitutionelle Verfassung ohne freie Presse ein Schattenbild sey. Auch wir entbehren sie, so wie die uns versprochene Verfassung, und wenn wir gleich vieles Gute unserer Regierung anerkennen, so können wir uns doch nicht verhehlen, daß unser Wohl in der Hand eines Einzigen ruht, daß Derjenige, der uns Gutes thut, auch die Macht hat, uns Böses zu thun, daß wir mithin von seinem Willen und seiner Gnade abhängen, wenn gleich der Geist und die Wünsche unseres Volkes, namentlich in dieser bewegten Zeit, schon sehr berücksichtiget werden müßten.

Berlin den 31. Juli. Der wirkliche Geheimerath Ancillon ist laut Königl. Kabinetsordre zum Staatssekretär für die auswärtigen Angelegenheiten ernannt; die übrigen Verhältnisse bei diesem Ministerium bleiben dieselben wie bisher, und behält demnach Graf Bernstorff die obere Leitung sämmtlicher Angelegenheiten.

— In Danzig und Elbing macht die Cholera täglich größere Fortschritte.

Frankreich.
†⊕ Straßburg den 5. August. So eben trifft folgende sehr wichtige telegraphische Depesche aus Paris, vom 4. August hier ein.

Der Minister des Innern an den Hrn. Präfekten des Niederrheins. „Der König von Holland hat den Waffenstillstand aufgekündigt und den Wiederausbruch der Feindseligkeiten gegen die Belgier auf diesen Morgen halb 10 Uhr angekündigt. Der König hat diesen Morgen um 5 Uhr ein Schreiben des Königs der Belgier erhalten, der ihn um die Hülfsheer anspricht. Da Se. Majestät Belgiens Unabhängigkeit und Neutralität gemeinschaftlich mit England, Oestreich, Preußen und Rußland anerkannt hat, und die Umstände dringend sind, so williget derselbe in diese Begehren und wird die von den großen Mächten gemeinschaftlich eingegangene Verbindlichkeiten zu handhaben wissen. — Herr Marschall Gerard befehligt das Nordheer, das Belgien zu Hülfe kömmt."

Diese Depesche ist noch nicht geendigt, und wie das

Die ersten Seiten der *Freiburger Zeitung* vom 7. August 1831. Die Liste der Geldspenden für Polen erschien im Sommer 1831 täglich auf den ersten Seiten der Zeitung. (Universitätsbibliothek Freiburg http://www.ub.uni-freiburg.de/?id=117)

Die starke Pressepräsenz der bürgerlichen Initiative, die karitative Ziele mit einem politischen liberalen Hintergrund verband, wirkte zur Zeit des Kampfes um die Freiheit der Presse doppelt stark. Die Pressefreiheit war für die Liberalen von fundamentaler Bedeutung und Aktualität. Sie demonstrierte die politische Mündigkeit des Volkes und war zugleich ein Mittel, das Gefühl der bürgerlichen Verantwortung zu stärken.

Zugleich wurde der polnische Aufstand tatsächlich zu einem Pulsschlag, mit dem sich die Tatkraft des liberalen Badischen Landtags messen ließ. In den Verhandlungen um das Pressegesetz wird es wie bei keinem anderen Thema erkennbar: Im Frühling führte die polnische Armee einen siegreichen Kampf gegen die Russen, den sowohl die Liberalen als auch die Bundestreuen sehr aufmerksam beobachteten.[36] Die badische Regierung begann sich die liberalen Vorschläge anzusehen. Doch allmählich änderte sich die Situation in Polen. Mit der Eroberung von Warschau durch den russischen General Paskiewitsch am 7. September 1831 entschied sich das Schicksal des polnisch-russischen Krieges. L. Müller berichtet von dem Widerhall dieses Schlags in den Badischen Kammern:

Warschau fiel – von Triumphgeschrei hallte das ganze reaktionäre Lager wider. Auch die badischen Ultras frohlockten, wußten sie doch durch ihre hohen Verbindungen, daß der Großherzog mit seiner Herzensneigung auf ihrer Seite stehe und durch Otterstedt dem König von Preußen seinen Glückwunsch habe aussprechen lassen. Ja sie schmeichelten sich sogar mit dem Gedanken, daß die Zeiten für eine zweite, verbesserte Auflage des Berckheim'schen System nicht mehr fern seien.[37]

Die Umsetzung der Reformen wurde beinahe in Frage gestellt. Trotz der ungünstigen politischen Lage traten die badischen Liberalen jedoch entschieden gegen die Regierung auf und drohten am 13. Oktober 1831, das Budget zu verweigern, falls die im Frühjahr und Sommer angekündigte Zustimmung für die liberale Neugestaltung zurückgezogen würde. Das badische Pressegesetz wurde letztlich mit 46 gegen 8 Stimmen am

---

36 Die polnischen Siege bei Wawer (25. Februar 1831), Dębe Wielkie (31. März), Iganie (10. April)
37 Müller (wie Anmerkung 5), S. 100. Karl Christian von Berckheim (1774-1849) – ein konservativer, unter Großherzog Ludwig eher gegen die Rechte der Volksvertretung wirkender Innenminister Badens.

Vorabend des Weihnachtsfestes 1831 verabschiedet. Einige Zugeständnisse an die Bundesbeschlüsse ließen sich nicht vermeiden. Das Gesetz, das am 1. März 1832 ins Kraft trat, galt dennoch als ein Erfolg der Liberalen und wurde landesweit gefeiert.

Der Durchzug der Polen 1832

Der Niederlage des Aufstandes folgte die Emigration der polnischen Offiziere in Richtung Frankreich. Mitte Dezember begann der Durchmarsch der polnischen Kolonnen aus Preußen und Österreich durch mehrere deutsche Länder. Es waren insgesamt fast 10 000 Offiziere, wenige Unteroffiziere und Soldaten, auch viele Einzelreisende, Privatpersonen.[38] Der erste Anblick der Ankömmlinge war tief beeindruckend, obwohl oft der kämpferischen Glorie beraubt:

Als ich gestern Abends im Mondschein spazieren ging, begegnete mir ein schlechter Leiterwagen, vielmehr ein Mistkarren, von drei Pferden gezogen. Darin sassen acht Männer zusammengekauert, frierend und schmerzlich in ihre Mäntel gehüllt. Der Wagen fuhr langsam und knarrend über das Pflaster der Stadt, und der Mond beschien die Schmach der Erde. Es waren Polen.

  O Freundin! Der Tod ist doch besser als das Leben. Auf Mistkarren wird die Freiheit fortgeschafft. O sterbet nur ab, ihr Wälder von Norden herunter, greif nur herunter immer tiefer, du Eis der Glätscher! Doch ich unterhalte Sie da mit gar traurigen Dingen.[39]

So Nikolaus Lenau in einem Brief an Sophie und Gustav Schwab vom 16. Februar 1832 aus Heidelberg.

  Die ersten Polen reisten schon im November 1831 durch das Großherzogtum Baden, die stärksten Durchzüge fanden in den ersten Monaten des Jahres 1832 und im Sommer 1832 statt.[40] Insgesamt sollen durch das Großherzogtum ungefähr 4000 polnische Flüchtlinge gezogen sein.

---

38 Asmus, Helmut: Baden und der Beginn der Großen Emigration der Polen 1831/32. In: Arbeitsgemeinschaft für geschichtliche Landeskunde am Oberrhein e.V. Protokoll über die Arbeitssitzung am 19.10.1990, S. 4.
39 Lenau, Nikolaus: Werke und Briefe, Bd. 5, Briefe 1812-1837. Wien 1989, S. 171.
40 Rechenschaftsbericht des dahier bestandenen Vereins zur Unterstützung durchreisender Polen. KZ vom 24. August 1832.

Als in diplomatischen Kreisen bekannt wurde, dass polnische Offiziere ihre Internierungslager verlassen hatten und die meisten den Weg nach Westen einschlagen würden, traf das badische Ministerium des Inneren Anfang des Jahres 1832 trotz aller Verunsicherung und Abneigung Vorbereitungen für die bevorstehenden Durchmärsche. Aus Berlin berichtete der badische Gesandte von Frankenberg über die

freiwilligen Flüchtlinge, die den ihnen angebotenen Weg der Unterwerfung, um dann in ihr Vaterland zurückzukehren, nicht angenommen: diese Herren sind meist von allem entblößt und dabei voll Anmaßung und Prätensionen. Die Preußische Reg(ierung) suchte sich ihrer schnell zu entledigen u(nd) läßt sie in das nächste Ausland bringen.[41]

Das Großherzogtum Baden lag am Ende des deutschen Durchzugsweges, man konnte deswegen auf die Erfahrungen anderer Länder in der Organisation der Durchmärsche zurückgreifen. Am 3. Februar 1832 gab das badische Ministerium des Inneren einen Erlass bekannt, der die Rahmen der staatlichen Unterstützung für die auf den vorgeschriebenen Routen in Baden reisenden Polen bestimmte:

Die etappenmäßige Verpflegung soll bestehen für den Mann ohne Unterschied:
Frühstück
eine Suppe
Mittagessen
Eine Suppe
½ Pfd Rindfleisch
¾ Pfd Gemüse mit Beilage
1 Schoppen Wein oder ½ Maas Bier
1 Pfd Brod
Nachtessen
eine Suppe
¾ Pfd Braten und Beilage
¾ Pfd Brod
Getränke wie beim Mittagessen

---

41 Bericht der Gr. Gesandtschaft in Berlin, 3. Januar 1832. 236/8173 GLA Karlsruhe.

Für diese tägliche Verpflegung samt Quartier, Holz und Licht wird eine Verpflegung von 40 kr. pro Mann aus der Staatskasse zugesichert.[42]

Die Summe der Unterstützung pro Tag war in Baden ein wenig niedriger als in Preußen oder Sachsen. Der badische Staat übernahm ebenfalls die Reisekosten. Das Geld sollte nicht direkt ausgezahlt werden, sondern es wurde ein Bonus- und Vertragssystem mit den Wirten und Fuhrleuten vorbereitet und eine Rückerstattung der Kosten nach Abrechnung in Aussicht gestellt. Die polnischen Soldaten sollten nicht ohne Überwachung reisen. Beim Übertritt jeder Kreisgrenze „wird jede Colonne von dem [...] stationierenden Divisions Commandanten oder Wachtmeister der Gendarmerie in Empfang genommen"[43] und auf dem Weg begleitet. Die Universitätsstädte Heidelberg und Freiburg sollten gemieden werden.

Dieser gewünschte, staatlich organisierte und bewachte Ablauf der Durchmärsche war von der Realität aber weit entfernt. Die bürgerlichen Polenvereine kamen den Regierungsmaßnahmen meistens zuvor, wenn sie überhaupt Kenntnis von ihnen erhielten. Die Unterstützung der polnischen Emigranten betrachteten sie als Fortsetzung ihrer früheren Tätigkeit, zumal einige Vereine über finanzielle Reserven verfügten. Die geleistete Hilfe konzentrierte sich ebenfalls auf Verpflegung, Unterbringung und Transport, oft waren auch Geldspenden dabei. Die Polenfreunde zeigten sich großzügiger als das Innenministerium und gaben mehr für die tägliche Verpflegung aus (40-88 kr).[44]

Das im Jahre 1831 entstandene Netz der Polenvereine dehnte sich immer weiter aus, die Zusammenarbeit zwischen den Vereinen intensivierte sich. Adolf Sander aus Rastatt schrieb bereits im Januar 1832 an den Vorsitzenden des Karlsruher Polenvereins:

---

42   Ministerium des Inneren, Karlsruhe 3. Februar 1832. 236/8173 GLA Karlsruhe. Die Verfügung war an alle Kreisdirectorien und die Gendarmerie gerichtet. Die badische Regierung erwog zuerst eine unterschiedliche Unterstützung für Offiziere (1 fl) und Unteroffiziere und Soldaten (20 kr). Die Vorschläge wurden jedoch zurückgezogen.
43   Ebd.
44   Vgl. RW vom 5. Mai 1832. Nach Absprache mit dem Polenverein haben sich fünf Rastatter Wirte verpflichtet, Polen Mittags für 20 kr, Abends und Morgens für 34 kr zu verpflegen. Vgl. HW vom 24. Januar 1832. In Heidelberg hätten „zur Bewirtung polnischer Offiziere um ermäßigte Preise [...] sich fast alle angesehenen hiesigen Gastwirte auf das Zuvorkommendste erboten", hieß es in der Bekanntmachung des Polenvereins.

Es ist nicht nur die Sache von hier, es ist die Sache des gemeinsamen, deutschen Vaterlands, wir suchen hier die Honneurs von Deutschland zu machen, unser Zweck ist, daß kein Pole uns verlasse ohne nicht mit Freude und Zufriedenheit der letzten Nacht zu gedenken, die er auf deutschem Boden zubrachte, und die Zufriedenheit mit unserer Aufnahme, der es an Herzlichkeit nie fehlt, wird unser süßester Lohn sein.[45]

Die Empfehlungsschreiben für Polen, mit denen diese auf dem Weg von Verein zu Verein versehen wurden, informierten über Zahl und Wege der bevorstehenden Durchzüge, sowie über anderswo getroffene Vorbereitungen zur Unterstützung der Emigranten. Die Informationen, um die sich auch das Innenministerium auf diplomatischem Weg bemühte, kamen direkt von Betroffenen, waren zuverlässiger und vor allem aktueller als die des Ministeriums und entsprachen dem realen, nicht dem von den Behörden gewünschten Verlauf der Durchzüge. Trotz der Diskrepanz hinsichtlich der Beweggründe war die Einstellung der badischen Behörden, aber auch der Polenvereine, zu der sich in einigen Fällen bietenden Zusammenarbeit meistens pragmatisch. Das badische Innenministerium ließ die wohltätige materielle Hilfe der Einwohner zu, manchmal sogar „dankbar", wollte sie aber all ihrer politischen Komponenten entkleiden und ihren organisierten Charakter im Grunde nicht wahrnehmen. Die Vertreter der staatlichen Obrigkeit weigerten sich vehement, den in der Presse und in der Öffentlichkeit allenthalben präsenten Namen „Verein" in Bezug auf die organisierte Hilfe der Einwohner zu benutzen und die Polenvereine als solche, d.h. als Subjekte des öffentlichen Lebens, anzuerkennen, und sprachen lieber von „Privatpersonen".[46]

In Baden sollen nach Helmut Asmus in 31 Städten Polenvereine gewirkt haben, so viele wie in keinem anderen deutschen Staat.[47] Das Ausmaß der Aktivitäten hing von der Größe der jeweiligen Stadt, von der organisatorischen Stärke des Polenvereins und nicht zuletzt von der geographischen Lage ab: ob die Stadt an der Hauptdurchzugsroute oder abseits lag. Es gab Polenvereine, die sich auch 1832 nur mit Spendensammlung beschäftigten und Städte unterstützten, die von den Durchzü-

---

45 Sander an von Fahnenberg am 15. Januar 1832. Fahnenberg, STA Freiburg.
46 Vgl. Directorium des See-Kreises an das Ministerium des Inneren, Konstanz, 14. Februar 1832. 236/8173 GLA Karlsruhe.
47 Asmus (wie Anmerkung 38), S.7.

gen besonders beansprucht waren. Selbst konnten sie nur ganz sporadisch Polen aufnehmen. Trotzdem stieg im Lauf der Vereinstätigkeit im Jahre 1832 die Zahl der unterstützten Polen sogar in diesen Städten meistens auf über 100, wie in Konstanz oder Pforzheim.[48] Andere Vereine organisierten Unterstützung für Hunderte polnische Flüchtlinge. In Heidelberg leistete der Verein 426 Offizieren und 201 Soldaten Hilfe, obwohl keine offizielle Route durch die Stadt hätte führen dürfen.[49] In Rastatt schätzte der Verein die Zahl der Unterstützten auf ungefähr 1000,[50] in Karlsruhe berichtete der Vorstand von 511 „Offizieren und anderen in diese Kathegorie gehörigen Polen" sowie von 144 „Unteroffizieren und Bedienten".[51] Eine besondere von den deutschen Polenfreunden unterstützte Gruppe waren die Studenten, die ihr meist durch den Militärdienst unterbrochenes Studium in Deutschland für längere oder kürzere Zeit fortzusetzen beabsichtigten. An der Universität Heidelberg wurden sie ohne die üblichen Gebühren eingeschrieben. Der Polenverein hatte „für hier studierende Polen disponiert – 453.14 fl".[52] In den Jahren 1832 und 1833 schrieben sich an der Universität Heidelberg elf[53] und an der Universität Freiburg

---

48 In Konstanz unterstützte der Verein „116 Mann". Um die Angaben im Bericht ein wenig nach oben zu ‚korrigieren', verteilte man die längeren Aufenthalte von Polen in Konstanz auf die einzelnen Tage und so erreichte man „auf einen Tag die Anzahl von 398 Mann". Vgl. Rechenschaft des ehemaligen Polen-Comité dahier über ihm von Freunden der unglücklichen polnischen Hülfebedürftigen zugekommenen und zu deren Unterstützung anvertrauten Gelder und Effecten. Vom 13. Februar dieses Jahres bis heute. Konstanz 4. Oktober 1832. Fahnenberg, STA Freiburg. In Pforzheim erhielten 141 polnische Offiziere Unterstützung durch Bargeld. Vgl. Rechnungs-Ablegung. „Beobachter" vom 6. Dezember 1832. Der Polenverein in Offenburg, der nur einzelne polnische Offiziere zwischen dem 16. und 22. März unterstützte, war dem Anschein nach eine Ausnahme. OW vom 3. April 1832.
49 General-Bericht über die Wirksamkeit des aufgelößten Heidelberger Polen-Vereins im Jahre 1832. HW vom 11. Februar 1833.
50 Rechnungs-Ablage des dahier bestandenen Polen-Vereins. Rastatt, den 10. Januar 1833 (sic!). RW vom 11. Januar 1834.
51 Rechenschaftsbericht des dahier bestandenen Vereins zur Unterstützung durchreisender Polen. KZ vom 24. August 1832.
52 General-Bericht über die Wirksamkeit des aufgelößten Heidelberger Polen-Vereins im Jahre 1832. HW vom 11. Februar 1833.
53 Die Matrikel der Universität Heidelberg, bearbeitet von Gustav Toepke. Heidelberg 1904.

bis 1835 fünf ehemalige Aufständische ein,⁵⁴ unter ihnen Bronisław Trentowski, der 1836 dort promovierte und als einflussreicher polnischer Philosoph in Südbaden sein ganzes Leben verbrachte.⁵⁵
In den Pressemitteilungen über die polenfreundliche Tätigkeit zur Zeit der Durchmärsche überwogen aber nicht die Einzelheiten der geleisteten Hilfe, sondern Darstellungen von feierlichen Aufnahmen der Freiheitskämpfer, in denen man die erschöpften, oft mittellosen und unsicher in die Zukunft blickenden Exilanten kaum wiedererkennen konnte. Der politische Enthusiasmus der süddeutschen Polenfreunde stand diesmal im Fokus der medialen Präsenz. Schon eine kleine Probe der zeitgenössischen Rhetorik in der Schilderung der Polen macht dies ersichtlich: „diese Tapferen", „diese unglücklichen Schlachtopfer der europäischen Politik", „diese edlen Kämpfer für die Entfesselung des Vaterlands von fremder Herrschaft", „diese edlen Trümmer der polnischen Heldenwelt", „diese Vorfechter der Freiheit".⁵⁶ Der kleinste Ausdruck politisch motivierter Sympathie im kleinsten Dorf erschien der Aufmerksamkeit wert und wurde publik gemacht.⁵⁷ Dennoch – in Bezug auf die Politik fallen selten konkrete Worte. Die Berichterstatter betonten die feierliche, erhabene und enthusiastische Begeisterung der Gastgeber und die

---

Xawery Orański, Ignatz Chodkiewicz, Julian Szotarski, Felix Paul Koztowski, Marceli Sierzputowski, Konstantin Zakrzewski, Vinzenz v. Borowski, Bronislaw Trentowski, Johann Gruszczynski, Julius Mendelsohn, Carl Taege.

54 Die Matrikel der Universität Freiburg im Breisgau 1806-1870, bearbeitet von Thomas Adolph. Teil 1, 1806-1849. Freiburg 1991.
Alfred Szerlecki, Hieronym Napoleon Bonkowski, Feliks Kozlowski, Bronislaw Trentowski, Marceli Sierzputowski.

55 Bronisław Trentowski (1808-1869) sollte zu den populärsten und meistgelesenen Autoren der 1840er Jahre in Polen gehören. Was Mickiewicz für die Poesie, das sei Trentowski für die philosophische Literatur, urteilte 1842 die Posener Zeitschrift *Orędownik Naukowy*. Die Rolle eines geistigen Mentors der Nation büßte Trentowski nach seinem Tod schnell ein. Vgl. Brudzyńska-Němec, Gabriela: „Ein hellenisches Kind zur Erziehung in Deutschland." Der Philosoph Bronisław Ferdynand Trentowski in Freiburg im Breisgau. In: Grenzüberschreitende Biographien zwischen Mittel- und Osteuropa. Wirkung, Interaktion, Rezeption. Hrsg. von Tobias Weger. Frankfurt/Main 2009, S. 93-114.

56 Polenfest. FZ vom 8. Februar 1832.

57 Vgl. Beschreibung der Aufnahme eines polnischen Flüchtlings in Bonndorf, „Der Freisinnige" vom 29. Mai 1832.

bescheidene, würdige Dankbarkeit der Gäste. Die Polen wurden erwartet, die Polenfreunde fuhren ihnen entgegen, führten sie im Triumphzug in die Ortschaften hinein, wetteiferten darum, die Polen zu logieren und zu bewirten, ehrten sie mit festlichen Gastmahlen, mit einer Theatervorführung oder einem Ball. „Jubel ohne Grenze", „herzergreifende Szenen", „Tränen und Rührung" waren die Schlagzeilen. Dass diese Berichte die euphorische Begrüßung der Flüchtlinge zusätzlich anregten, liegt auf der Hand. Die Presse kreierte die Polenbegeisterung in einem starken Maße mit und offenbarte so auch ihre eigene mediale Kraft, oft wurde sie selbst mitgefeiert. Das badische Pressegesetz trat am 1. März 1832 in Kraft, was zeitlich mit dem Durchzug der Polen zusammentraf. Nicht nur das Hambacher Fest, sondern viele der kleinen Polenfeste in der süddeutschen Provinz wurden so als Volksfeste der konstitutionellen Freiheit gefeiert.

Die Frauen-Polenvereine

Aber am tiefsten erschüttert waren unsre Jungfrauen, wenn sie im Mondschein an der Heldenbrust der polnischen Märtyrer lagen und mit ihnen jammerten und weinten über den Fall von Warschau und den Sieg der russischen Barbaren ... Das waren keine frivolen Franzosen, die bei solchen Gelegenheiten nur schäkerten und lachten ... nein, diese larmoyanten Schnurrbärte gaben auch etwas fürs Herz, sie hatten Gemüt und nichts gleicht der holden Schwärmerei, womit deutsche Mädchen und Frauen ihre Bräutigame und Gatten beschworen, so schnell als möglich eine Revolution zu machen ... zum Besten der Polen.[58]

Wenn Heinrich Heine in seiner viel zitierten Beschreibung der deutschen Polenbegeisterung das Bild mit romantisch-polemischer Ironie auch bewusst verzerrt, so stellt er doch nicht zufällig die deutschen Frauen an die Seite der polnischen Emigranten. Zu den von Männern gegründeten Vereinen kamen 1832 zahlreiche Mädchen- und Frauenpolenvereine, deren Tätigkeit besonders bei Spendenaktionen sehr erfolgreich war. Von Januar bis März 1832 entstehen im Großherzogtum in Heidelberg, Mann-

---

[58] Heinrich Heine: Ludwig Börne. Eine Denkschrift. In: Heinrich Heine: Historisch-kritische Gesamtausgabe der Werke. Hrsg. von Manfred Windfuhr, Bd.11. Hamburg 1978, S. 74.

heim, Freiburg, Karlsruhe, Pforzheim, Konstanz und Lahr Frauenvereine zur Unterstützung der durchreisenden Polen, die parallel zu den Männervereinen oder selbstständig wirkten. Ihre Mitglieder waren meistens Gattinnen und Töchter von liberal gesinnten Professoren, Abgeordneten, Fabrikanten, Handelsleuten und Beamten. Bezeichnend ist aber das Engagement jüngerer Frauen.[59]

Der praktische Einsatz der weiblichen Polenvereine bestand vor allem in der Vorbereitung und Durchführung von Lotterien, deren Gewinn für die Unterstützung der Flüchtlinge bestimmt war und nicht selten die finanzielle Grundlage der Tätigkeit von männlichen Vereinen bildete. In Karlsruhe gewann der Frauenverein 1635 Gulden, davon 1600 nach dem Verkauf von 4000 Losen aus der Lotterie, die trotz des offiziellen Verbots durchgeführt wurde. Die anderen Beiträge, die der Polenverein in Karlsruhe zur selben Zeit sammelte, ergaben dagegen 216 Gulden.[60] Die badischen Polenfreunde spendeten bereits im Sommer 1831 beachtliche Summen für die Polen und es ist fraglich, ob sie die Lasten der Durchzüge ohne die Lotterien und die vielen von Mädchen und Frauen vorbereiteten Gewinnstücke mit so großer finanzieller Aufopferung getragen hätten, wie dies letztendlich geschah.[61]

Die Polen-Frauenvereine zur Zeit der deutschen Polenbegeisterung 1830-32 sind ein wichtiges Bindeglied zwischen den Aktivitäten der Frauen zur Zeit der Befreiungskriege und zur Zeit der Revolution 1848. Die patriotischen Frauenvereine der Jahre 1813-1815 entstanden allerdings auf Initiative der preußischen Prinzessinnen. Die fürstlichen Protektorinnen spielten eine entscheidende Rolle bei deren Legitimation,

---

59 Die Vereine nannten sich oder wurden in der Presse oft als Mädchenvereine bezeichnet. Es handelte sich nicht um ganz junge Mädchen, sondern eher um unverheiratete junge Frauen. Amalie von Rotteck (1809-1871), die Vertreterin der jüngeren Generation im Freiburger Frauenverein war zur Zeit ihrer Tätigkeit dreiundzwanzig Jahre alt. Nachlass Rotteck, STA Freiburg.

60 Rechenschaft des dahier bestandenen Vereins zur Unterstützung durchreisenden Polen, KZ vom 24. August 1832.

61 Die Gegenstände, die man gewinnen konnte, hatten meistens alltäglichen Charakter. In Konstanz waren es z.B. „Ein Briefbehälter, Walter Scotts Werke, Eine Handzeichnung der Herzogin St. Leu, Ein Glockenzug auf weißem Stramin, Zwei Engel, mit Kreide gezeichnet, Kinderhäubchen", ... und über 200 ähnliche. Vgl. Lotterie zur Unterstützung der Durchreisenden Polen. Konstanz den 8. Juni 1832. Fahnenberg, STA Freiburg.

dadurch wurde der Verein „zu ‚einem schicklichen Vereinigungspunkte' und damit unverdächtig".[62] Die Polenvereine gründeten dagegen fast ausnahmslos bürgerliche Frauen, die wohl zum ersten Mal in solchem Ausmaß selbstständig, aus eigener Initiative und, was zu betonen ist, ohne fürstliche Schirmherrinnen handelten. In Baden gab es zwischen den örtlichen weiblichen Wohltätigkeitsvereinen, die eine längere Tradition hatten, und den Polenvereinen kaum personelle Kontinuität. Die Legitimität der Frauen-Polenvereine lag nicht bei der Obrigkeit, sondern in der Kontrolle und Zustimmung der Öffentlichkeit, was der gesamten polenfreundlichen Bewegung ihre fortschrittliche und zivilgesellschaftliche Prägung gab.

Das Ende der Vereine

Infolge der Verschärfung der konservativen Politik im Sommer 1832, die sich nach dem Hambacher Fest gegen die liberale oppositionelle Bewegung vor allem im Südwesten richtete,[63] wurden auch die bürgerlichen Vereine in Baden nicht mehr toleriert. Die Verordnung des badischen Großherzogs vom 5. Juni 1832 verbot alle Vereine, „sie seyen öffentlich oder geheim, politischer oder nichtpolitischer Art", die ohne eine von staatlichen Behörden erteilte Genehmigung wirkten oder wirken wollten.[64] Das Verbot war in erster Linie gegen die in Baden bestehenden Filialen des Press- und Vaterlandsvereins gerichtet. Die Polenfreunde fühlten sich von dem Erlass ebenfalls angesprochen und befürchteten Angriffe des Staates gegen ihr Wirken. Dennoch blieben die Polenvereine vom Verbot zunächst verschont. Das Ministerium wies darauf hin, dass sie eine Initiative für Menschlichkeit und Wohltätigkeit seien und ließ ihre erfolgreiche

---

62 Im Aufruf zum Patriotischen Frauen-Institut in Weimar vom 11.2.1814. Zit. nach Dirk Alexander Reder: Frauenbewegung und Nation: patriotische Frauenvereine in Deutschland im frühen 19. Jahrhundert (1813-1830). Köln 1998, S. 333.
63 Verordnung vom 5. Juni 1832 in Baden – gegen Vereine, öffentliche Reden, Tragen von Abzeichen. In: Großherzoglich-Badisches Staats- und Regierungs-Blatt vom 7. Juni 1832. Bundesbeschlusse vom 28. Juni und 5. Juli 1832 „Maßregeln zur Aufrechterhaltung der gesetzlichen Ordnung und Ruhe im Deutschen Bunde" nach Österreichs und Preußens Anträgen.
64 Großherzoglich-Badisches Staats- und Regierungs-Blatt vom 7. Juni 1832.

Tätigkeit, auf die es letzten Endes ungern verzichtet hätte, weiter zu, solange die Vereine keine öffentlich bekundeten politischen Ziele verfolgten. Dass die Polenvereine in vielen Fällen eine Sammelstelle der liberalen Opposition darstellten, war offensichtlich. Weil die „oberste Behörde" aber die Existenz der Polenvereine zuließ und teilweise mit ihnen kooperierte, wollte sie deren politische Tendenz nicht durch ein Verbot bestätigen und nicht durch „Verfolgung" eine neue Welle der Unzufriedenheit in einer sowieso schon angespannten Lage in Gang setzen.

Diese für die badischen Polenfreunde erfreuliche und doch überraschende Auslegung des Erlasses vom 5. Juni galt allerdings nur kurz. Der äußere Druck auf das Großherzogtum spielte dabei die entscheidende Rolle. Der deutsche Bundestag hegte keine Zweifel über den politischen Charakter der Polenvereine. Am 10. August 1832 teilte das Innenministerium mit dem Vermerk „dringend" mit:

Da nun die Staatsregierung eine Anordnung getroffen hat, daß diese Soldaten auf Rechnung der Staatskassa verpflegt und einquartiert werden, so ist der obgedachte Zweck nicht mehr vorhanden. Darum und weil sich dann auch schon einige Polenvereine wegen Mangel an Mitteln zur ferneren Verabreichung zur Unterstützung aufgelöst haben, findet man sich bewogen, hiermit auszusprechen, daß sich sämtliche im Großherzogtum etwa noch bestehenden Polenvereine sogleich aufzulösen haben.[65]

Die Lörracher Polenfreunde kommentierten im *Freisinnigen* die staatlichen Einschränkungen der Polenvereine im Juni 1832:

Je mehr die Namen und Abzeichen patriotischer Vereine vor den schaarenweise aufmarschierenden Verordnungen verschwinden, desto inniger schließt sich der große geistige Verein aller Wohlgesinnten in ganz Europa gegenüber der gemeinsamen Gefahr, und je feindseliger die äußere Gewalt uns entgegen tritt, desto brüderlicher reichen wir uns die Hand zum gemeinsamen unermüdlichen Ringen nach Wahrheit und Menschenrecht.[66]

Die Polenbegeisterung schuf in den Polenvereinen dem nach politischen Betätigungsfeldern suchenden liberalen Bürgertum einen Wirkungsort mit breitem öffentlichen Spielraum. Für die politische Männerwelt stell-

---

65 Ministerium des Inneren, Karlsruhe 10. August 1832. 236/8172, GLA Karlsruhe.
66 „Der Freisinnige" vom 26. Juni 1832.

te die polenfreundliche Tätigkeit einen wichtigen Integrationsfaktor im Aufbau lokaler liberaler Organisationen dar, die sich zugleich mit einer größeren Gemeinschaft von Gleichgesinnten identifizieren konnten. Der „monarchisch-bürokratische Staat"[67] der Vormärzzeit konnte sich mit der bürgerlichen Selbstorganisation, welche die Polenvereine eine kurze Zeit, aber doch nachhaltig, in der Öffentlichkeit repräsentierten, trotz zeitweiser Duldung nicht abfinden. Als freiwillige bürgerliche Organisationen, die erfolgreich in die für den Staat reservierten Gebiete expandierten, wurden die Polenvereine als Anmaßung und prinzipieller Angriff auf die Grundfesten des Staates beobachtet. Die organisierten Polenfreunde verstanden sich dagegen nicht als Konkurrenten des Staates, sondern als engagierte Bürger, die im Rahmen des Verfassungssystems ihre Initiative entwickelten. Der Blick, den die vor allem liberal gesinnten Deutschen mit großem Interesse und voll Erwartung 1830-31 nach Osten richteten, profilierte auch ihre politische Identität und ließ sie manchmal die eigene politische Tatkraft entdecken. In zahlreichen Polenvereinen erprobten vor allem die süddeutschen Liberalen ihre organisatorischen Möglichkeiten und leisteten in der Mobilisierung der eigenen Kräfte gleichsam Vorarbeit für die größere politische Bewährungsprobe im Jahre 1848.

Und trotzdem bezeichnet das Jahr 1848 das Ende der vormärzlichen Polenbegeisterung. Wie bekannt, fielen die Beschlüsse der deutschen Nationalversammlung 1848 gegen den nationalen Anspruch der Polen. Vor allem das Abstimmungsverhalten der Mehrheit der Liberalen wurde von Polen als eine schmerzhafte Enttäuschung wahrgenommen. Die Polenbegeisterung hatte offensichtlich keine realpolitische Kraft in dem Sinne, dass sie die Grenzen in Europa neu abstecken konnte. Es kam zu keiner freiheitlichen Koalition zwischen Polen und Deutschen auf dem gemeinsamen Weg zur Unabhängigkeit. Ihre größte Wirkungsmacht entfaltete die Polenbegeisterung als Identifikationsfigur der deutschen Freisinnigen, die dadurch ihre eigenen freiheitlichen Bestrebungen in einem großen geistigen „Verein aller Wohlgesinnten in ganz Europa",[68] als europäisch bedeutsam und europäisch legitimiert sehen konnten.

---

67 Vgl. Gall, Lothar: Liberalismus und „bürgerliche Gesellschaft". Zu Charakteristik und Entwicklung der liberalen Bewegung in Deutschland. In: Liberalismus. Hrsg. von Lothar Gall. Königstein 1985, S. 163-186.
68 „Der Freisinnige" vom 26. Juni 1832.

Die Polenbegeisterung zeigt ebenfalls, dass der Transfer der freiheitlichen Ideen in der europäischen Geschichte des 19. Jahrhunderts nicht immer in der gleichen Richtung verlief. Der Blick nach Osten machte jedoch aus den deutschen Polenfreunden keine potenziellen Revolutionäre, wie die Ereignisse in Frankfurt 1833 deutlich zeigten.[69] Karl von Rotteck bezeichnete im März 1832 die „Polenfreunde" als den „vernünftigen, menschlich fühlenden, für Menschen- und Völker-Recht erwärmten Teil der europäischen Bevölkerung".[70] Es sollte vielleicht bei dieser Bezeichnung bleiben.

Abkürzungen

APA	Allgemeine politische Annalen
FZ	Freiburger Zeitung
HW	Heidelberger Wochenblätter
KZ	Karlsruher Zeitung
KonZ	Konstanzer Zeitung
LW	Lahrer Wochenblatt
MT	Mannheimer Tageblätter
OW	Offenburger Wochenblatt
RW	Rastatter Wochenblatt
GLA Karlsruhe	Generallandesarchiv Karlsruhe
STA Freiburg	Stadtarchiv Freiburg
Fahnenberg, STA Freiburg	Nachlass von Fahnenberg im Stadtarchiv Freiburg

---

69 Der letzten Endes gescheiterte Wachensturm am 3. April 1833 in Frankfurt war als Signal zur allgemeinen deutschen Revolution geplant. Die Unterstützng der Aufständischen durch Frankfurter Bürger blieb jedoch aus. Die Erhebung in Frankfurt sollten die polnischen Soldaten aus Besançon unterstützen. Am 19. März 1833 brach der polnische Offizier Józef Zaliwski zudem mit einer Gruppe angeworbener Soldaten aus Frankreich in das Königreich Polen auf, um dort einen Aufstand vorzubereiten, der parallel zur Frankfurter Erhebung verlaufen sollte.

70 „Der Freisinnige" vom 16. März 1832.

Ludwig Börnes und Heinrich Heines Reaktionen auf den Novemberaufstand 1830/31

Karol Sauerland

In der Nacht des 29. Novembers 1830 attackierte eine Gruppe von Verschwörern den Belvedere in Warschau, um den russischen Großherzog Konstantin, den Statthalter des Zaren Nicolai I., zu töten. Diesem gelang es aber zu fliehen. Die ärmere Bevölkerung Warschaus unterstützte den Aufstand, sie wirkte an der Befreiung der Stadt von der russischen Herrschaft tatkräftig mit. Die Verschwörergruppe rief am 1. Dezember eine provisorische Regierung ins Leben, an deren Spitze Joachim Lelewel stand,[1] der heute vor allem als ein Historiker bekannt ist. Die Aufstandsregierung lehnte alle Gespräche mit dem Zarenreich ab und forderte die Einführung von liberalen Rechten. Der Sejm erklärte am 18. Dezember den Aufstand für eine nationale Angelegenheit. Am 25. Januar 1831 wurde der Zar, der die Aufständischen aufgefordert hatte, die Waffen niederzulegen, entthront. Die Patriotische Gesellschaft, aber auch allgemein die Bevölkerung meinte, dies sei die einzig mögliche Antwort auf das Ultimatum des Zaren, womit ein eventueller Kompromiss mit der russischen Seite ausgeschlossen war. Im Februar 1831 marschierten zaristische Truppen in Kongresspolen, auch Russisch-Polen genannt, mit über 100 000 Mann ein. Die polnische Seite konnte ein Heer von etwa 50 000 Soldaten aufstellen. In mehreren kleineren Schlachten waren die Aufständischen siegreich. In der blutigen Schlacht bei Grochów konnte die polnische Armee der russischen noch standhalten, doch am 26. Mai erlitten die Aufständischen eine schwere Niederlage bei Ostrołęka, aber auch die Russen hatten große Verluste, 40 000 Soldaten fielen oder starben an der Cholera, die damals wütete. Bei besserer militärischer Führung auf polnischer Seite hätte diese Niederlage nicht zum Rückzug der Truppen führen müssen. Was möglich war, bewies die Rettungsaktion von Józef Bem, einem Mann, den wir dann als Helden der Revolutionen

---

1   Sein Großvater hieß noch Lölhöffel von Löwensprung, doch die Familie polonisierte sich in der Folge, was sich in der Namensänderung niederschlug.

von 1848/49 kennenlernen sollen, als er an der Spitze der ungarischen Aufständischen stand. Nach der Schlacht bei Praga am 6. und 7. September, das unter der Führung von Jan Paweł Lelewel verteidigt wurde, musste Warschau am 8. September kapitulieren. Zuvor, Mitte August, hatte es in Warschau Tumulte gegeben, die dazu führten, dass eine Reihe von Polen, die mit den Russen kollaboriert hatten, von der Warschauer Bevölkerung getötet wurden. Ihre Aktionen erinnerten an die Taten der Jakobiner. Nach der Kapitulation am 8. September flohen Regierung und Reichstag aus Warschau und führten noch ein kurzes Schattendasein außerhalb der Stadt, Teile der Aufständischen kämpften sogar noch bis in den Oktober hinein, ehe sie auf preußischem Gebiet die Waffen niederlegten, doch war mit dem Fall Warschaus jede Hoffnung verloren.

Derjenige, der als Deutscher von Anfang an am energischsten und eifrigsten für die polnische Sache Stellung nahm, war Ludwig Börne. Nach anfänglichen kurzen Bemerkungen berichtet er am 25.12.1830 nicht ohne Schadenfreude in seinen *Briefen aus Paris*:

Was mir an der polnischen Revolution am besten gefällt, ist, daß man in Warschau den Chef der geheimen Polizei gehenkt hat und daß man die Liste aller Polizeispione drucken läßt. Das wird, hoffe ich, den Spionen anderer Länder zur Warnung dienen. Diese geheime Polizei gibt einer despotischen Regierung weit mehr Sicherheit, als es ihre Soldaten tun, und ohne sie wäre die Freiheit schon in manchem andern Lande festgestellt. Die geheime Polizei hat in Warschau täglich 6000 Gulden gekostet. Diese Notizen und andere Papiere, die sich auf die Polizei beziehen, hat man in Konstantins Schlosse gefunden. Dreißig junge Leute von der Kadettenschule drangen in das Schloß. Die Hälfte davon ist geblieben. Drei Generale wurden im Vorzimmer Konstantins getötet. Dieser rettete sich mit Mühe. Die Verschwornen begegneten Konstantins Frau, vor der sie sich sehr artig verneigten und sagten, mit ihr hätten sie nichts zu schaffen, sie suchten nur ihren Mann. Ich fürchte aber, den armen Polen wird es schlecht gehen. Der Kaiser Nikolaus zieht ihnen mit Macht entgegen, und ich weiß nicht, wie sie widerstehen können. Doch verlasse ich mich auf Gott.[2]

---

[2] Börne, Ludwig: Sämtliche Schriften. Neu bearbeitet und herausgegeben von Inge und Peter Rippmann. Bd. 3. Düsseldorf 1964, S. 98 f.

Drei Tage später hofft er, dass sich die Polen durchsetzen werden. Man gewinne immer, „wenn man keine andere Wahl hat als zwischen Sieg oder Tod". Vom Zaren sei schließlich keine Gnade zu erhoffen, im Gegenteil die Polen werden „*ihn* begnadigen" müssen.[3]

Und am letzten Tag des Jahres verweist Börne auf den Anteil der Juden am Aufstand. Er weiß auch, dass sie sich 1794 aktiv am Kościuszko-Aufstand beteiligt hatten.

Am 8.1.1831 überlegt sich Börne, wie sich Frankreich und England gegenüber Russland verhalten werden. Er meint optimistisch, dass es in ihrem Interesse läge, den polnischen Aufstand zu unterstützen, etwa durch Geldüberweisungen, Waffenlieferungen und die Bekämpfung der russischen Flotte, evtl. auch durch die Unterstützung der rebellierenden Völker im Zarenreich. Man bedenke, dass das Zarenreich in dieser Zeit die kaukasischen Völker zu unterwerfen suchte. Viele der später ins russische Reichsinnere deportierten Aufständischen wurden ins zaristische Militär eingezogen, und so mancher nach dem Westen geflüchtete Aufständische versuchte, die Russen im Kaukasus zu bekämpfen. Es gab auch Polen, die von der zaristischen Armee zu den Kaukasiern, u.a. zu den Tschetschenen, überliefen.[4]

Börne geht in seinen *Briefen aus Paris* auch auf das Problem ein, „daß die polnische Revolution von dem Adel ausgegangen" ist. Aber das bedeute nicht, „daß das Volk gleichgültig dabei geblieben" wäre. „Die Armee, die den größten Enthusiasmus" zeige, bestünde ja aus Bauern, „übrigens" fügt er hinzu,

sind die Bürger in den Städten keine Leibeigne, und auf diese kömmt alles an. Denn die Polen können sich in keine Gefechte auf dem offnen Lande einlassen, sie müssen sich in den Städten verschanzen und wehren; tun sie das nur standhaft, sind die Russen, wenn auch noch so mächtig, verloren. Ich hoffe das beste; denn ich zähle auf die Weisheit Gottes und auf die Dummheit seiner sogenannten Stellvertreter.[5]

---

3 Ebd. S. 104 (im Original kursiv).
4 Siehe hierzu meinen Artikel: „Tschetschenien aus polnischer Sicht". In: Europa im Tschetschenienkrieg. Zwischen politischer Ohnmacht und Gleichgültigkeit. Hrsg. von Martin Malek, Anna Schor-Tschudnowskaja. Stuttgart 2008, S. 181-190.
5 Börne (wie Anmerkung 2), S. 112 f.

Börne berichtet immer wieder über Hilfsaktionen in Frankreich und anderswo für die Aufständischen, die natürlich nur einen Tropfen auf den heißen Stein bedeuteten.
Am 2. Februar 1831 schreibt er:

Aber ist die Begeisterung der Polen nicht höchst erhaben, höchst rührend? Gab es je etwas Großes, das zugleich so schön war? [...] Die Polen haben jetzt alle nur ein Geschlecht, nur ein Alter. Weiber, Kinder, Greise, alles rüstet sich; viele gaben ihr ganzes Vermögen hin und nannten sich nicht und gaben keine Spur, auf der man ihre Namen entdecken konnte. Einen silbernen Löffel im Hause zu haben, ist eine Schmach, man gebraucht nur hölzerne. Die Frauen liefern ihre Trauringe in die Münze und erhalten dafür kleine silberne Medaillen mit der Schrift: La patrie en échange. Ist das nicht schön? Im Polnischen lautet das wahrscheinlich noch schöner. Aber ach! das ernste Schicksal liebt die Kunst nicht. Die Polen können untergehen trotz ihrer schönen Begeisterung. Aber geschieht es, wird so edles Blut vergossen, dann wird es den Boden der Freiheit auf ein Jahrhundert befeuchten und es tausendfältige Früchte tragen. Die Tyrannen werden nichts gewinnen als einen Fluch mehr. Wer jetzt einen Gott hat, der bete, und wer beten kann, der bete nur für die Polen. Die sind oben im Norden, und die Freiheit, wie jede Bewegung, kommt leichter herab, als sie hinaufsteigt.[6]

Doch am Ende der Aufzeichnung drückt Börne seine Furcht um das Schicksal der Polen aus:

Ich zittere, wie Sie, für die Polen und bin auf das Schlimmste gefaßt. Aber den Russen würde dieser Sieg verderblicher sein, als es ihnen eine Niederlage wäre. Der erhabene Nikolaus würde dann übermütig werden und glauben, mit Frankreich wäre ebenso leicht fertigzuwerden als mit den Polen, man brauche nur energisch aufzutreten. Wehe dem armen Deutschland, wenn die Russen siegen.[7]

Und am 5.3.1831 heißt es:

Die armen Polen werden wohl jetzt gestorben sein. Sie sind glücklicher als ich. Dem entsetzlichen Schauplatz näher, wissen Sie schon das Schlimmste. Seit vorgestern habe ich keine Kraft, eine Feder zu führen,

---

6   Ebd., S. 163.
7   Ebd., S. 210.

ich konnte nicht lesen, nicht denken, ich konnte nicht einmal weinen und beten; nur fluchen konnte ich. Gesiegt haben die Polen schon vier Tage lang, aber entschieden ist noch nichts, und gestern sind gar keine Nachrichten gekommen. Man sprach von einem Kuriere, den der russische Gesandte erhalten; die Russen wären in Warschau eingerückt. Aber wenn das wahr wäre, hätte man schon den Jubel der besoffenen Knechte gehört an den Festtagen ihrer Herren, und die deutschen Blätter von gestern erzählen nichts. Nicht wie Menschen, wie Kriegsgötter selbst haben die Polen gekämpft. Sie jagten singend den Feind, wie Knaben nach Schmetterlingen jagen; sie stürzten sich auf die Kanonen und nahmen sie, wie man Blumen bricht. Männer, Kinder, Greise, drei Geschlechter, drei Zeiten waren in der Schlacht, und die Russen, wie feige Meuchelmörder, schossen aus dem Dickicht der Wälder heraus. Was wird es helfen? Jeder Sieg bringt die Polen ihrem Untergange näher. Sie sind zu schwach, zu arm an Menschen. Der reiche Kaiser Nikolaus haut immer neue Soldaten heraus, wie Steine aus Brüchen, und das geht so immer unerschöpflich fort; was sind einem Despoten die Menschen? Seine Wälder schont er mehr. Nicht Gottes Weisheit, nur die Dummheit des Teufels allein kann noch die Polen retten.[8]

Und zu den Reaktionen in Deutschland:

Der Londoner Kurier sagte: »Wenn Polen wird besiegt sein, wenn, was die Schlacht verschont, auf dem Schafotte bluten wird, dann werden die deutschen Zeitungen die weise Gerechtigkeit des russischen Kaisers rühmen, und wenn der Tyrann nur einem einzigen Besiegten das armselige Leben schenkt, werden die deutschen Blätter die Milde des hochherzigen Nikolaus bis in die Wolken erheben«. Unter allen Völkern der Erde erwartet man solche feige hündische Kriecherei nur von uns! Ja, es schwebt schon vor meinen Augen, ich lese es und höre es, wie das viehische Federvieh in Berlin von jedem Misthaufen, von jedem Dache herab den großen erhabenen Nikolaus ankräht. Wie hat dieser Despot in seinen Proklamationen gesprochen! Vielleicht glaubt es die Nachwelt, was die Despoten unserer Tage getan; aber was sie geredet, das kann sie nicht glauben. Vielleicht glaubt die Nachwelt, was die alten Völker geduldet, aber was sie angehört und dazu geschwiegen, das kann sie nicht glauben. Das Schwert zerstört bloß den Besitz und mordet den Leib; aber das Wort zerstört das Recht und mordet die Seele. Zu solchen Reden, solches

---

8   Ebd., S. 212 f.

Schweigen! Und wenn die Polen vertilgt sind, dann voran die deutschen Hunde, gegen den Sitz der Freiheit, gegen Frankreich! dann stellt man sie zwischen das Schwert der Franzosen und die Peitsche der Russen, zwischen Tod und Schande! ... Ist es nicht schmachvoll für uns, daß der Kaiser von Rußland, Herr über sechzig Millionen Sklaven, keinen derselben knechtisch genug gefunden hat, die Freiheit der Polen zu ermorden als den Diebitsch allein, einen Deutschen?[9]

Hans Karl Friedrich Anton Graf von Diebitsch-Sabalkanski war der General der russischen Truppen; im Sommer 1831 sollte er an der Cholera sterben. Er entstammte einem alten schlesischen Adelsgeschlecht.

Nach der Niederschlagung des Aufstandes durch die russischen Truppen nimmt sich Börne der geflohenen Polen an, die zum großen Teil nach Paris gegangen waren. Dort entsteht am 5.12.1831 das Nationalkomitee mit Lelewel an der Spitze, das von den französischen Republikanern unterstützt wird. Ein Jahr später sollte es allerdings aufgelöst werden, die politischen Optionen der verschiedenen Mitglieder waren zu unterschiedlich. Die Geschichte der sogenannten Großen Emigration ist ein Kapitel für sich – unter den Emigranten befanden sich übrigens die drei berühmtesten Dichter der polnischen Romantik: Mickiewicz, Słowacki und Krasiński. Die politische Einstellung des letzteren war allerdings eine weniger revolutionäre als die der zwei zuerst genannten.

*

Heinrich Heine äußert sich zum Novemberaufstand erst, als er – bereits in Paris weilend – von dessen Niederlage erfährt.[10] Er fügt diese Nachricht in seinen Frankreichbericht über die Ausstellung zeitgenössischer Kunst im Louvre ein. Als er sich die Bilder von Hippolyte Delaroche anschaut, findet er, er könne sich nicht konzentrieren, denn von draußen dringe der Lärm des Volkes hinein: „Warschau ist gefallen! Unsere Avantgarde ist gefallen! Nieder mit den Ministern! Krieg den Russen! Tod den

---

9 Ebd., S. 213 ff.
10 Recht ausführlich und auch ein wenig verwundert behandelt Ernst Jozef Krzywon in seinem Buch „Heinrich Heine und Polen. Ein Beitrag zur Poetik der politischen Dichtung zwischen Romantik und Realismus" (Köln, Wien 1972) die Zurückhaltung des Dichters den polnischen Ereignissen gegenüber (siehe S. 266 ff.).

Preußen".[11] Er wagt sich nicht hinaus, denn er ist schließlich ein Preuße, so dass es irgendeinem „Juliheld" einfallen könnte, ihm „das Gehirn" einzudrücken. Er erinnert sich, wie er vor einigen Jahren den Zaren in Berlin gesehen hatte,

als er neben dem Könige von Preußen auf dem Balkone stand und diesem die Hand küßte. Dreyßigtausend schaulustige Berliner jauchzten Hurrah, und ich dachte in meinem Herzen: Gott sey uns allen gnädig! Ich kannte ja das sermatische Sprichwort: die Hand, die man noch nicht abhauen will, die muß man küssen.[12]

Es ist ein wohl von Heine selber geprägtes Sprichwort. Mit dem polnischen Handkuss lässt sich gut spielen. Er wünscht sich, dass der preußische König die eine Hand des Zaren küsse und die andere mit dem Schwert abhaue, aber er fürchtet, es wird beim nächsten Zarenbesuch eher nur zum Handkuss kommen.

Obgleich Heine die Niederlage bei Warschau erschüttert, ist er nicht gewillt, die Haltung der deutschen Liberalen, der sogenannten Polenschwärmer, zu teilen. Man hat den Eindruck, die Geschichte mit dem Aufstand und dessen Niederschlagung kommt ihm ungelegen, sie stört seine Kunstberichte und sein poetisches Schaffen. Außerdem hat er für nationale Freiheitskämpfe nicht allzu viel übrig, auch nicht für den Freiheitskampf der Polen, den er immerhin als einen Versuch der Wiederherstellung eines Staats mit großer historischer Tradition hätte interpretieren können.

Er braucht fast zehn Jahre, bis er bereit ist, zum Novemberaufstand prinzipiell Stellung zu nehmen: in dem 1840 publizierten Buch *Ludwig Börne. Eine Denkschrift.* Der Aufstand der Polen, schreibt er dort, habe ihn zwar anfänglich begeistert, in Wirklichkeit sei er aber eine schlecht vorbereitete und durchgeführte Unternehmung gewesen. Polen sei durch „Verwirrung" und „Unzuverlässigkeit" zu Grunde gegangen, gleichsam durch eigene Schuld. Für die Begeisterung, die die Deutschen – d.h. die Nicht-Preußen – den durch ihre Städte ziehenden geschlagenen polnischen Revolutionären entgegenbrachten, hat er nur Spott übrig:

---

11 Heine, Heinrich: Historisch-kritische Gesamtausgabe der Werke. Bd. 12/1. Bearbeitet von Jean-René Derré und Christiane Giesen. Hamburg 1980, S. 44.
12 Ebd., S. 45.

Die deutschen Mütter schlugen angstvoll die Hände über den Kopf, als sie hörten, daß der Kaiser Nikolas, der Menschenfresser, alle Morgen drey kleine Polenkinder verspeise, ganz roh, mit Essig und Oehl. Aber am tiefsten erschüttert waren unsre Jungfrauen, wenn sie im Mondschein an der Heldenbrust der polnischen Märtyrer lagen, und mit ihnen jammerten und weinten über den Fall von Warschau und den Sieg der russischen Barbaren... Das waren keine frivolen Franzosen, die bey solchen Gelegenheiten nur schäkerten und lachten ... nein, diese larmoyanten Schnurrbärte gaben auch etwas fürs Herz, sie hatten Gemüth, und nichts gleicht der holden Schwärmerey, womit deutsche Mädchen und Frauen ihre Bräutigame und Gatten beschworen, so schnell als möglich eine Revoluzion zu machen ... zum Besten der Polen.[13]

Mit einem Wort, so schlimm stand es mit der russischen Herrschaft nun auch wieder nicht. Und vor allem hätte man klüger vorgehen müssen, wenn man erfolgreich sein wollte. Heine warnt daher die Deutschen, aus bloßer Sentimentalität im fremden Interesse und so spontan und undurchdacht wie die Polen eine Revolution zu entfachen. Prinzipiell stelle zwar jede Revolution „ein Unglück dar, aber ein noch größeres Unglück sei eine verunglückte Revoluzion".[14] Heine hält somit an dem Gedanken fest, den er schon 1822 geäußert hatte, dass nichts schlimmer sei, als die Freiheit mit einem Schlag erringen zu wollen. Für die Deutschen habe die polnische Revolution jedoch den Vorteil gehabt, fügt er seinen Ausführungen hinzu, dass sie den Russenhass ins deutsche Gemüt übertragen hat. Er werde in ihm fortwuchern und die Deutschen „mächtig vereinigen", wenn „die große Stunde" schlagen wird,

wo wir uns zu vertheidigen haben gegen jenen furchtbaren Riesen, der jetzt noch schläft und im Schlafe wächst, die Füße weitausstreckend in die duftigen Blumengärten des Morgenlands, mit dem Haupte anstoßend an den Nordpol, träumend ein neues Weltreich ... Deutschland wird einst mit diesem Riesen den Kampf bestehen müssen, und für diesen Fall ist es gut, daß wir die Russen schon früh hassen lernen, daß dieser Haß in uns gesteigert wurde, daß auch alle andren Völker daran Teil nehmen ... das ist ein Dienst, den uns die Polen leisten, die jetzt als Propaganda des

---

13 Heine, Heinrich: Historisch-kritische Gesamtausgabe der Werke. Bd. 11. Bearbeitet von Helmut Koopmann. Hamburg 1978, S. 74.
14 Ebd.

Russenhasses in der ganzen Welt herumwandern. Ach, diese unglücklichen Polen! sie selber werden einst die nächsten Opfer unseres blinden Zornes seyn, sie werden einst, wenn der Kampf beginnt, die russische Avantgarde bilden, und sie genießen alsdann die bitteren Früchte jenes Hasses, den sie selber gesät. Ist es der Wille des Schicksals, oder ist es glorreiche Beschränktheit, was die Polen immer dazu verdammte, sich selber die schlimmste Falle und endlich die Todesgrube zu graben ... seit den Tagen Sobieskis, der die Türken schlug, Polens natürliche Alliirte, und die Österreicher rettete ... der ritterliche Dummkopf![15]

Polen ist nun nicht mehr – wie in dem Bericht *Über Polen* von 1823 – das Land, das als erstes das Schicksal aller Nationen teilt, in einer brüderlich gesinnten, sich liebenden Welt aufzugehen, sondern ein Vorbote, die Avantgarde des großen Kampfes zwischen Deutschland und den westlichen Völkern einerseits und Russland andererseits, dem Gendarmen Europas, dem Despoten an sich. Polen lehrte die Deutschen und andere freiheitsliebende Völker den Hass, an dem die Sarmaten leider zugrundegehen werden.

Dass Polen „ritterliche Dummköpfe" waren, versteht sich nach Heine von selber, denn im Grunde gehören sie alten Zeiten an, in denen der Adel noch ein und alles bedeutete. Sie sind, wie es Heine ausdrückt,

ihrem heimathlichen Mittelalter entsprungen, und, ganze Urwälder von Unwissenheit im Kopf tragend, stürmten sie nach Paris, und hier warfen sie sich entweder in die Sekzionen der Republikaner oder in die Sakristeyen der katholischen Schule: denn um Republikaner zu sein, dazu braucht man wenig zu wissen, und um Katholik zu seyn, braucht man gar nichts zu wissen, braucht man nur zu glauben. Die Gescheutesten unter ihnen begriffen die Revolution nur in Form der Emeute, und sie ahndeten nimmermehr, daß namentlich in Deutschland durch Tumult und Straßenauflauf wenig gefördert wird.[16]

Um dieses harte Urteil etwas abzuschwächen, beendet Heine seine Polenausführungen in *Ludwig Börne. Eine Denkschrift* mit der Feststellung, dass viele Polen immerhin ihre „schreckliche Muße des Exils zum Studium der Zivilisation benutzen" und „etwas Tüchtiges lernen" konnten.

---

15   Ebd., S. 75.
16   Ebd., S. 75 f.

Sie werden dann in ihre Heimat zurückzukehren, aber, wie der Leser hätte erwarten können, nicht um ein neues Polen aufzubauen, sondern um das Feuer in den „fernsten Nordosten", sprich Russland,[17] zum Wohl Deutschlands, zu tragen. Das ist gleichsam ihre historische Mission, so dass Heine ausrufen kann:

Nein, Polen ist noch nicht verloren ... Mit seiner politischen Existenz ist sein wirkliches Leben noch nicht abgeschlossen. Wie einst Israel nach dem Falle Jerusalems, so vielleicht nach dem Fall Warschaus erhebt Polen sich zu den höchsten Bestimmungen. Es sind diesem Volke vielleicht noch Taten vorbehalten, die der Genius der Menschheit höher schätzt, als die gewonnenen Schlachten und das ritterthümliche Schwertergeklirre, nebst Pferdegetrampel seiner nazionalen Vergangenheit! Und auch ohne solche nachblühende Bedeutung wird Polen nie ganz verloren seyn ... Es wird ewig leben auf den rühmlichsten Blättern der Geschichte!!![18]

Polen wollten verständlicherweise nicht zum Buchstaben beziehungsweise zu einem Kapitel auf den Blättern der Geschichte herabgewürdigt – oder wenn man will – erhoben werden. Sie fragten vielmehr, welche Rolle ihnen in Zukunft zugewiesen werden könnte. Mickiewicz war es, der nach 1831 sehr schnell sowohl dichterisch wie auch publizistisch das Wort ergriff und die entsprechenden Metaphern fand. Die wichtigste war, dass Polens Leidensweg nicht umsonst gewesen sei, so wie auch Christi Martyrium und das der frühen Christen es nicht war.[19] Polens Kampf um die Freiheit sei in den Freiheitskampf aller unterdrückten Völker einzureihen; zwar habe es zur Zeit den Anschein, als würden die Despotien für immer das Sagen haben, aber so sah es ja auch im ersten Jahrhundert unserer Zeitrechnung aus. Keiner gab damals den Christen eine Chance,

---

17 Russland lag für den Westeuropäer bis ins 19. Jahrhundert hinein im Nordosten mit St. Petersburg als Zentrum.
18 Heine, Gesamtausgabe. Bd. 11 (wie Anmerkung 13), S. 76 f.
19 Hier müsste auch noch der jüdische Messianismus genannt werden, ohne den der polnische nicht denkbar ist. Das Leiden des jüdischen Volkes eignet sich aber schlecht für ein Aktionsprogramm, wie es Mickiewicz vor Augen hat. Vgl. hierzu Stefanowska, Zofia: Historia i profecja. Studium o »Księgach Narodu i Pielgrzymstwa Polskiego« Adama Mickiewicza [Geschichte und Prophetentum. Eine Studie über die „Bücher des Polnischen Volkes und der polnischen Pilgerschaft" von Adam Mickiewicz]. Warszawa 1962, S. 76 ff.

doch sollte alles anders kommen. Auch jetzt werde die Freiheit siegen. Mickiewicz verleiht dem Kampf der Völker um ihre Eigenständigkeit einen universellen Sinn, indem er ihn als ein Ringen um ein befreites Europa – die Europaidee eines Novalis, die ja auch eine universalistische ist, lebt hier in veränderter Form fort – auslegt, bei dem die slawischen Völker eine besondere Mission zu erfüllen haben, da die gut situierten, ja satten westlichen Völker nichts mehr von ihrem Elan besitzen. Das Ziel bildet für Mickiewicz – in gut politischer Romantik – eine allgemeine europäische Föderation, die aber ohne Opfer nicht zu haben ist. Ein Vorbild dieser Föderation stellt für ihn die einstige Union zwischen Polen und Litauen dar. Sie sei „eine Figur der künftigen Vereinigung der christlichen Völker im Namen des Glaubens und der Freiheit".[20]

Eine besondere Rolle weist er den Exilierten und Emigranten zu, die er Ritter der Freiheit oder auch Pilger der Freiheit nennt – in unseren Zeiten sprach man von Dissidenten –, welche dem Ziel der doppelten Freiheit, der des eigenen Volkes und der aller Völker, zustreben:

Derjenige, der im Vaterland bleibt, um sein Leben zu erhalten, wird das Vaterland und das Leben verlieren; derjenige, der das Vaterland verläßt, um die Freiheit unter Lebensgefahr zu verteidigen, wird das Vaterland verteidigen und ewig leben,[21]

heißt es in den im Herbst 1832 in Paris erschienenen *Księgi Narodu Polskiego i Pielgrzymstwa Polskiego* (Büchern des polnischen Volkes und der polnischen Pilgerschaft).[22] Die Pilger sind im fremden Land zwar Reisende, Gestrandete, aber auch das, was Gottes Volk in der Wüste war. Mickiewicz nennt sie am Ende Apostel der Freiheit. Er stand unter dem großen Eindruck der Begeisterung, mit der die Polen bei ihrem Durchmarsch durch Deutschland begrüßt worden waren. Sie erschienen als Freiheits-

---

20 Mickiewicz, Adam: Dzieła [Werke]. Bd. V. Warszawa 1996, S.18. (alle polnischen Zitate in meiner Übersetzung).
21 Ebd., S. 30.
22 Dieses Werk war nicht ohne Einfluss auf Lamennais' „Paroles d'un croyant", die Börne noch im Jahr ihres Erscheinens 1834 ins Deutsche übersetzt hatte, um einen großen Teil der Auflage deutschen Handwerkern in Paris zukommen zu lassen. – Auf die Frage, wie groß der Einfluss von Mickiewicz auf Lamennais war, geht Zofia Stefanowska ausführlich in dem Kapitel über die romantische biblische Prosa in ihrem Buch „Historia i profecja" (wie Anmerkung 19, S. 94 ff.) ein.

boten, was den polnischen Romantiker hoffen ließ, dass die Deutschen die Fackel der Freiheit übernehmen werden, weswegen ihm so sehr an der Übertragung seiner *Bücher des polnischen Volkes und der polnischen Pilgerschaft* lag.[23] Er verfolgte die deutschen Ereignisse sehr genau. Wahrscheinlich stand er mit den Initiatoren des Sturms auf die Frankfurter Wache in Verbindung.[24] Auch später beschränkte er sich nicht auf das Dichten, sondern versuchte immer wieder in konkreten Aktionen für die Sache der Freiheit zu fechten.[25]

Heine, der in Paris polnische Emigranten kennenlernte, beobachtete ihr Treiben mit Misstrauen und auch mit Spott. Dafür erfand er sogar die neue Bezeichnung, das neue Stereotyp, „ritterlicher Dummkopf". Sein Spott sollte in dem Gedicht *Zwei Ritter* aus dem *Romanzero* seinen literarischen Gipfelpunkt erreichen:

Zwey Ritter

Crapülinski und Waschlapski,
Polen aus der Polackey,
Fochten für die Freiheit, gegen
Moskowiter=Tyranney.

Fochten tapfer und entkamen
Endlich glücklich nach Paris –
Leben bleiben, wie das Sterben
für das Vaterland ist süß.

---

23 Die Übersetzung erschien 1833. Als Übersetzer war P. J. B. Gauger angegeben. Vgl. hierzu Skwarczyńska, Stefania: „„Mickiewicz a rewolucja frankfurcka w 1833 roku (O nowe oblicze Mickiewicza w latach 1832-1833)" [Mickiewicz und die Frankfurter Revolution im Jahre 1833 (Über ein neues Antlitz von Mickiewicz zwischen 1832 und 1833)]. In: dies.: W kręgu wielkich romantyków polskich [Im Umkreis der großen polnischen Romantiker]. Warszawa 1966, S. 172 ff.
24 Ausführlich schreibt hierüber Skwarczyńska in dem genannten Aufsatz „Mickiewicz a rewolucja frankfurcka w 1833 roku" (wie Anmerkung 23).
25 Siehe hierzu auch: Legion Mickiewicza. Wybór źródeł [Die Mickiewicz-Legion. Quellenauswahl]. Wrocław 2004.

Wie Achilles und Patroklus,
David und sein Jonathan,
Liebten sich die beiden Polen,
Küßten sich: Kochan! Kochan!

Keiner je verriet den Andern,
Blieben Freunde, ehrlich, treu,
Ob sie gleich zwei edle Polen,
Polen aus der Polackey.

Wohnten in derselben Stube,
Schliefen in demselben Bette!
Eine Laus und eine Seele,
Kratzten sie sich um die Wette.

Speisten in derselben Kneipe,
Und da keiner wollte leiden,
Daß der Andre für ihn zahle,
Zahlte Keiner von den Beiden.

Auch dieselbe Henriette
Wäscht für beide edle Polen;
Trällernd kommt sie jeden Monat –
Um die Wäsche abzuholen.

Ja, sie haben wirklich Wäsche,
Jeder hat der Hemden zwey,
Ob sie gleich zwey edle Polen,
Polen aus der Polackey.

Sitzen heute am Kamine,
Wo die Flammen traulich flackern;
Draußen Nacht und Schneegestöber
Und das Rollen von Fiakern.

Eine große Bowle Punsch,
(Es versteht sich: unverzückert,
Unversäuert, unverwässert)
Haben sie bereits geschlückert.

Und von Wehmut wird beschlichen
Ihr Gemüthe; ihr Gesicht
Wird befeuchtet schon von Zähnen,
Und der Crapülinski spricht:

Hätt' ich doch hier in Paris
Meinen Bärenpelz, den lieben
Schlafrock und die Katzfell=Nachtmütz',
Die im Vaterland geblieben!

Ihm erwiderte der Waschlapski:
O du bist ein treuer Schlachtzitz
Denkest immer an die Heimath
Bärenpelz und Katzfell=Nachtmütz'.

Polen ist noch nicht verloren,
Unsre Weiber, sie gebären,
Unsre Jungfraun thun dasselbe,
Werden Helden uns bescheren,

Helden, wie der Held Sobieski,
Wie Schelmufski und Uminski,
Eskrokewitsch, Schubiakski,
Und der große Eselinski.[26]

Bei den letzten sechs slawischen beziehungsweise slawisch klingenden Namen handelt es sich um zwei berühmte Männer der polnischen Ge-

---

26 Heine, Heinrich: Historisch-kritische Gesamtausgabe der Werke. Bd.3/1. Bearbeitet von Frauke Bartelt, S. 38 f. Crapülinski ist abgeleitet vom französischen crapule, was soviel heißt wie Lump, Schurke. Als Varnhagen von Ense sich Heines *Romanzero* anschaute, das er gerade zugeschickt bekommen hatte, konnte er sich nicht des folgenden Kommentars enthalten: „Heine's Hohngedicht gegen die Polen, sein Ausfall gegen Amerika, und noch einiges der Art, ist Folge eines heimlichen schlechten Gelüstes, auch auf der anderen Seite der Gegner Beifall zu finden. Dies kleidet ihn schlecht, und er hat nicht einmal richtig berechnet, ob jener elende Beifall das gerechte Mißfallen aufwiegt, das auf der andern Seite, auf der eigenen nämlich, erweckt wird" (Karl August Varnhagen von Ense: Tageblätter. Hrsg. von Konrad Feilchenfeldt. Frankfurt/Main 1994, S. 583).

schichte (König Sobieski und General Umiński), um den Titelhelden der amüsanten romanhaften Reisebeschreibung *Schelmuffskys wahrhafftige curiöse und sehr gefährliche Reisebeschreibung zu Wasser und Lande* – ein deutscher Name mit polnischem Schwanz, wie es Eberhard Haufe formulierte[27] – sowie um drei Erfindungen von der Art wie sich ein Preuße oder Reichsdeutscher (im Unterschied zu den mit slawischen Benennungen besser vertrauten Österreichern) polnische Namen vorstellen. Ein Zeugnis davon hatte Heine ja bereits in den unvollendeten *Memoiren des von Schnabelewopski* gegeben, die mit den Sätzen beginnen:

Mein Vater hieß Schnabelewopski; meine Mutter hieß Schnabelewopska; als beider ehelicher Sohn wurde ich geboren am ersten April 1795 zu Schnabelewops. Meine Großtante, die alte Frau von Pipitzka, pflegte meine erste Kindheit [...] Unser Bedienter hieß Prrschtzztwitsch. Man muß dabey niesen, wenn man den Namen richtig aussprechen will. Unsere Magd hieß Schwurtszska, welches im Deutschen etwas rauh, im Polnischen aber äußerst melodisch klingt [...] Mein Großvater, mütterlicher Seite, war der alte Herr von Wlrssrnski, [...].[28]

Wahrscheinlich werden solche Stellen von Nichtkennern des Polnischen genussvoll zitiert. In der Heineliteratur pflegt man diese Art von Humor zu übergehen. Es interessiert sie auch nicht, dass Heine immer wieder aus Polen das ferne kalte Land mit den Pelzmützen (und Läusen) macht. Im Festgedicht, das gegen den Intimfeind Meyerbeer gerichtet ist, stehen auch die Zeilen:

Und Berliner Studiosen
Gaffend stehn mit feuchten Hosen,
Wie die Weichsel, wo da hausen
Edle Polen und sich lausen
Singend ihre Heldenleiden
Bey des Ufers Trauerweiden [...][29]

---

27 Im Nachwort zu Christian Reuter: Schelmuffskys wahrhaffte curiöse und sehr gefährliche Reisebeschreibung zu Wasser und Lande. Hrsg. von Eberhard Haufe. Leipzig 1972, S. 252.
28 Heine, Heinrich: Historisch-kritische Gesamtausgabe der Werke. Bd. 5. Bearbeitet von Manfred Windfuhr. Hamburg 1994, S. 149 f.
29 Heine, Gesamtausgabe. Bd. 3/1 (wie Anmerkung 26), S. 242.

Heines Einstellung zum polnischen Patriotismus wird entweder damit erklärt, es gehe ihm im Grunde nicht um Polen, sondern um Deutschland (bei kritischen Äußerungen polnischer Schriftsteller über Deutschland müsste es dann heißen, es gehe ihnen ja eigentlich nicht um Deutschland, sondern um Polen), oder damit, Heine gehöre zu den wenigen, die Sinn für „Realpolitik" hatten. Er habe den Interpreten zufolge befürchtet, in Deutschland könnte zu früh losgeschlagen werden, man könnte sich nur aus Mitleid für eine fremde Sache hinreißen lassen. Aus diesem Grunde habe er nicht viel für die Polenbegeisterung in Süddeutschland übrig gehabt. Es sah damals so aus, meinte er, dass schon ein Pole in jeder Stadt genüge, um dort die Bevölkerung zu einem Umsturz zu animieren.

Jost Schneider meint, dass Heine „bedenkenlos mit Nationalstereotypen spielen" konnte, weil er sich „über nationales Denken [...] schon lange hinweggesetzt hatte und deshalb vom Standpunkt des »Genius der Menschheit« herab spöttisch-satirisch mit nationalistischen Klischees spielen konnte".[30] Hinzu käme, dass Heine, wie Martin Bollacher in der Analyse der Börne-Denkschrift zeigte, ein Gespür für „die im Medium der Kunst artikulierten Harmonie-Sehnsüchte" gehabt habe.[31] Ein echter Kosmopolitismus kennt die Zerrissenheit, die ein „engstirnig-nationales Denken" auszeichnet, nicht mehr. Davon hätten, meint Schneider, die beiden „Pseudopatrioten" des Gedichts *Zwey Ritter* „nicht die geringste Ahnung".[32] Er fügt allerdings hinzu, dass diese Interpretation eventuell „um den wirkungs- und ideologiegeschichtlichen Hinweis auf eine gewisse Kurzsichtigkeit und Leichtfertigkeit Heines im Umgang mit leicht zu mißbrauchenden und zu mißverstehenden Nationalstereotypen ergänzt werden" müsste.[33] Dieses gilt es tatsächlich zu bedenken, denn wenn ein Dichter solch stereotype Wendungen wie schmutziger und sich lausender Pole, ritterlicher Dummkopf und anderes mehr gebraucht, wird man kaum an dessen kosmopolitische Haltung denken können.

---

30 Schneider, Jost: „Widersprüche in Heines Werk und Inkonsequenzen in der Heine-Forschung. Methodologische Überlegungen am Beispiel von »Ueber Polen« und »Zwey Ritter«". In: Heine-Jahrbuch 1998, S. 89-106, hier S. 103 f.
31 Bollacher, Martin: „Die Pariser Prosa: Frankreich und Deutschland". In: Heinrich Heine. Epoche – Werk – Wirkung. Hrsg. von Jürgen Brummack. München 1980, S. 140-202, hier S. 199.
32 Schneider (wie Anmerkung 30), S. 104.
33 Ebd.

Zwischen Konfrontation und Kooperation.
Die deutsch-polnisch-jüdischen Beziehungen in Lodz vor dem Hintergrund der Aufstände von 1830 und 1863

Frank M. Schuster

Die Begegnung zwischen Polen und Deutschen oder genauer: Deutschen, Polen und Juden in einer Stadt, die zwar mitten in polnischem Gebiet lag, aber auf Grund dieser Begegnung keineswegs eine nur polnische Stadt war, war eine Begegnung von Fremden. Dabei ist, mit Georg Simmel gesprochen „der Fremde nicht in dem [...] Sinn gemeint, als der Wandernde, der heute kommt und morgen geht, sondern als der, der heute kommt und morgen bleibt [...]."[1] Er kann innerhalb seiner Umgebung durch seinen ambivalenten Status sogar als *in-* und *outsider* zugleich fungieren. Sein Verhältnis zu seiner Umgebung ist nicht gesichert und auch des Loyalitätsverhältnisses zum Staat, in den er eingewandert ist, muss er sich permanent versichern.[2] Nach Herrschaftswechseln aber stellt sich die Frage nach der Loyalität immer wieder neu; und dort, wo auf Grund fortgesetzter Immigration bald schon nicht mehr klar ist, wer die Alteingesessenen und wer die Einwanderer sind, ist die sich vor allem in Krisensituationen stellende Frage, wer Freund und wer Feind ist, nur schwer zu beantworten. Die polnischen Aufstände von 1830/1831 und von 1863 stellten zum ersten Mal in der Lodzer Stadtgeschichte solche Krisensituationen dar.

Die Voraussetzungen:
Die Entstehung der Industriestadt Lodz 1820-1830

Die zentralpolnische Stadt Łódź vollzog zwischen 1820 und 1914 „de[n] beispiellose[n] Aufstieg von einem unbedeutenden Nest zur bedeutend-

---

1 Simmel, Georg: Exkurs über den Fremden. In: ders.: Soziologie. Untersuchungen über die Formen der Vergesellschaftung. Berlin 1908, S. 509-512, hier S. 509.
2 Vgl. u.a. Brubaker, Rogers: Ethnizität ohne Gruppen. Hamburg 2007.

sten Industriemetropole Ostmitteleuropas".³ Dies verdankte sie vor allem der einmaligen Mischung der lokalen Bevölkerung, in der neben den einheimischen und vom Lande zugewanderten Polen und Juden vor allem Immigranten aus deutschen Landen eine bedeutende Rolle spielten.

Die Stadt war also nicht nur ein Industriezentrum, sondern auch, wie beispielsweise das galizische Lemberg, „[...] eine Kontaktzone, die ein dauerhaftes Zusammenleben von Angehörigen verschiedener Ethnien, Kulturen und Religionen in einer Grossstadt einschliesst."⁴ Daher müsste man eigentlich Łódź, Lodz, לודז׳, Лодзь sagen beziehungsweise schreiben.⁵ Ähnliche Phänomene finden sich sonst nur in Grenzregionen, weshalb der Historiker und Publizist Karl Schlögel Lodz als „Grenzstadt – mitten in Polen"⁶ bezeichne. Doch während sich das Mit- und Nebeneinander in Grenzbereichen natürlich ergibt, war es in Lodz künstlich.

Die Industrialisierung von Lodz begann unmittelbar nach 1815, als auf dem Wiener Kongress die politische Entscheidung gefallen war, einen polnischen Staat mit dem russischen Zaren als polnischem König an der Spitze zu errichten, der „über eine auch am europäischen Maßstab gemessen liberale Verfassung verfügte, dazu über ein eigenes Parlament, eine eigene Regierung in Form eines Staatsrates, einen polnischen Beamtenapparat und ein eigenes Heer."⁷ Daher benötigte man neue Wirtschafts- und Industriezentren, zu denen ab 1820 auch Lodz gehören sollte. Die neuentstandene Verwaltung des Königreichs Polen bemühte sich aus diesem Grunde umgehend intensiv um die Anwerbung von Fachkräften. Da die technisch weit überlegene britische Industrie nach

---

3 Schlögel, Karl: Lodz – Suche nach dem ‚Gelobten Land'. In: Die Zeit v. 13.9.1996, wiederabgedruckt in: ders.: Promenade in Jalta und andere Städtebilder. Frankfurt/Main 2003, S. 126-138, hier S. 127.
4 Pacholkiv, Svjatoslav: Zwischen Einbeziehung und Ausgrenzung. Die Juden in Lemberg 1918-1919. In: Binnenkade, Alexandra; Emeliantseva, Ekaterina; Pacholkiv, Svjatoslav: Vertraut und fremd zugleich. Jüdisch-christliche Nachbarschaften in Warschau – Lengau – Lemberg. Köln, Weimar, Wien 2009, S. 155-216, hier S. 155. Orthographie so im Original, da es sich um die Schweizer Rechtschreibung handelt.
5 Vor allem aus pragmatischen Gründen verwende ich im Weiteren – analog beispielsweise zum im Deutschen gebräuchlichen Stadtnamen Warschau – den deutschen Namen in der bis 1939 regional wie überregional gängigen Form: Lodz.
6 Schlögel (wie Anmerkung 3), S. 127.
7 Jaworski, Rudolf; Lübke, Christian; Müller, Michael G.: Eine kleine Geschichte Polens. Frankfurt/Main 2000, S. 260.

dem Ende der Napoleonischen Kriege die kontinentaleuropäischen Märkte mit billigen Textilprodukten überschwemmte, war die dortige Industrie nicht mehr konkurrenzfähig und stürzte in eine ökonomische Krise. Für diejenigen, die in ihrer Heimat keine Zukunft mehr sahen, stellte die Möglichkeit der Auswanderung in das gerade entstehende kongresspolnische Industriegebiet eine willkommene Alternative dar. Spinner, Weber, Färber und Textilunternehmer aus dem nun zu Preußen gehörenden Posener Gebiet und den Industrieregionen Schlesiens überschritten die Grenze. Auch Fachleute aus so gut wie allen anderen deutschen, respektive österreichischen Textilgewerberegionen, wie Sachsen, dem Rheinland oder Böhmen, ließen sich mit ihren Familien auf das Abenteuer der Auswanderung ein. Die Zahl der Einwanderer übertraf dabei schnell alle Erwartungen und überstieg bald schon die aller anderen europäischen Industriestädte.[8] Lebten 1821 800 Menschen in Lodz, waren es 1828 schon fast 5 000, 1836 fast 6 000 und 1865 rund 40 000. Kurz vor dem Ersten Weltkrieg hatte die Stadt schließlich über eine halbe Million Einwohner.[9] Die Neuankömmlinge wurden ab 1821 südlich der weiterhin vor allem von Polen und Juden bewohnten Altstadt in extra für sie errichteten Stadtvierteln angesiedelt, die sich bis in die 1870er Jahre immer weiter nach Süden ausdehnten. Bis Mitte des Jahrhunderts kann man von einer Zweiteilung der Stadt entlang der Grenze zwischen Alt- und Neustadt sprechen.

Die jeweiligen Einwohnergruppen waren allerdings alles andere als homogen. Am ehesten verstanden sich noch die Polen vor allem auf Grund der gemeinsamen Sprache und Konfession als eine Gruppe, obwohl zu der ursprünglichen Stadtbevölkerung immer mehr Zuwanderer vom Lande hinzukamen – in Massen allerdings erst nach Aufhebung der

---

8 Vgl. Schlögel (wie Anmerkung 3), S. 127, sowie u.a. Bieńkowska, Danuta; Kamińska, Maria: Das Zusammenleben verschiedener Nationalitäten im Lodz der Vorkriegszeit aus linguistischer Sicht. In: Stadt und Öffentlichkeit in Ostmitteleuropa 1900-1939. Beiträge zur Entstehung moderner Urbanität zwischen Berlin, Charkiv, Tallinn und Triest. Hrsg. von Andreas R. Hofmann u. Anna Veronika Wendland. Stuttgart 2002, S. 171-181, hier S. 172.

9 Vgl. zu den generell alles andere als verlässlichen Einwohnerzahlen: Janczak, Julian: Ludność Łodzi przemysłowej 1820-1914 Łódź 1982; ders: Ludność. In: Łódź. Dzieje Miasta. Tom I. Do 1918 r. Hrsg. von Ryszard Rosin, Bohdan Baranowski u. Jan Fijałek. Warszawa, Łódź ²1988, S. 192-220.

Leibeigenschaft ab Mitte der 1860er Jahre. Die ursprünglich nur wenige Familien umfassende orthodox-chassidische jüdische Gemeinde sollte durch Zuwanderung nicht nur wachsen, sondern sich immer stärker ausdifferenzieren. Die angeworbenen Immigranten verbanden trotz aller teils gravierender regionaler beziehungsweise dialektaler Unterschiede die deutsche Sprache und die handwerklich-zünftigen Traditionen. Es ist daher kein Zufall, dass sie bereits 1824 eine Bürgerschützengilde gründeten, und sich zur selben Zeit gemäß heimatlicher, nun in die Fremde übertragener Traditionen die Innungen der Tuchmacher und Weber formierten. Zugleich aber spielte ihre unterschiedliche Herkunft für das Selbstverständnis der meisten Familien noch lange eine entscheidende Rolle. Konfessionell waren sie ebenfalls nicht homogen. Zwar war die Mehrheit der deutschsprachigen Einwanderer tatsächlich evangelisch, sie gehörten aber unterschiedlichen konfessionellen Strömungen an: Neben den dominierenden Lutheranern gab es noch Calvinisten, Pietisten u.a.m. Ein beträchtlicher Teil der Zuwanderer war zudem katholisch.[10] Die weit verbreitete und bis heute nachwirkende Gleichsetzung von Polnisch = Katholisch, Katholisch = Polnisch sollte erst ab Mitte des 19. Jahrhunderts unter Polen Verbreitung finden.[11] Die daraus resultierende gängige Gleichung Deutsch = Evangelisch, Protestantisch = Deutsch, die vor allem auf die Gleichsetzung von Preußen mit Deutschland zurückgeht, spielt daher in Lodz noch keine nennenswerte Rolle. Gerade das macht aber einen Blick auf das Verhältnis der Einwohner zueinander interessant, das insbesondere in Krisenzeiten, wie 1830/1831 und 1863 deutlich wurde.

---

10 Laut einer auf Rückschlüssen basierenden und daher nur halbwegs zuverlässigen Berechnung, waren 1836 von den fast 6 000 Einwohnern rund 44 % Protestanten und 45 % Katholiken, 14 % davon polnische, sowie 11 % Juden. Vgl. Kossmann, Oskar: Das alte deutsche Lodz auf Grund der städtischen Seelenbücher. In: Das ostdeutsche Jahrtausend. Zeitschriftenaufsätze des Verfassers 1929-1995. Viersen 1997. Bd. 1, S. 190-216, hier Tabelle 4, S. 198.

11 Vgl. u.a. Hahn, Hans Henning: Die Gesellschaft im Verteidigungszustand. Zur Genese eines Grundmusters der politischen Mentalität in Polen. In: Gesellschaft und Staat in Polen. Historische Aspekte der polnischen Krise. Hrsg. von dems. u. Michael G. Müller. Berlin 1988, S. 15–48, S. 27.

Der Novemberaufstand 1830/1831

Alteingesessene und Neueinwanderer lebten in der Anfangsphase der industriellen Entwicklung der Stadt vor allem nebeneinander. Konflikte gab es höchstens unterschwellig. Probleme waren für die Verwaltung, abgesehen von ökonomischen Anfangsschwierigkeiten, daher auch nicht erkennbar, so dass beispielweise der Verwaltungsbericht vom Herbst 1829 zum Zustand der Stadt Lodz entsprechend optimistisch ausfällt.[12] Lodz schien sich ökonomisch prächtig zu entwickeln und nichts sprach dafür, dass sich die politischen Ereignisse des Jahres 1830 auch hier auswirken würden.

Als sich 1830 in Europa die Hoffnung auf eine Liberalisierung der politischen Zustände anzudeuten begann,[13] wurden auch die Polen von der revolutionären Stimmung erfasst, so dass es zum Aufstand von Warschauer Kadetten kam, da Zar Nikolaj I. (1796-1855) jegliche liberale Bestrebungen suspekt waren. Das führte letztlich zum Konflikt mit dem polnischen Parlament, dem Beamtenapparat und der Armeeführung, die ebenfalls auf Reformen hofften. Nachdem der Sejm den nicht kompromissbereiten Zaren am 25. Januar 1831 für abgesetzt erklärte hatte, war aus einer Konfrontation, die als Aufstand begonnen hatte, ein russisch-polnischer Krieg geworden. Dieser sollte wegen mangelnder Unterstützung v. a. aus dem Ausland, aber auch dem Inland, im September mit der Niederlage der aufständischen Polen enden. Die polnische Armee und der Sejm wurden zwar aufgelöst, die Verwaltung aber blieb – weiterhin mit polnischer Amtssprache – bestehen.

Obwohl nicht allzu weit von Warschau entfernt, wurde Lodz nicht vom Novemberaufstand selbst erfasst und blieb weitgehend vom polnisch-russischen Krieg verschont. Allerdings war auch in Lodz zumindest die Verwaltung um Bürgermeister Karl Tangermann (1799-1844)[14] über

---

12 Vgl. Archiwum Państwowe w Łodzi. Akta (Magistratu) miasta Łodzi 3842, Bl. 145-150.
13 Vgl. u.a. Berding, Helmut; Hahn, Hans-Werner: Reformen, Restauration und Revolution 1806-1848/49. Stuttgart 2010, S. 42 f.
14 Vgl. Podolska, Joanna; Waingertner, Przemysław: Presidenci miasta Łodzi. Łódź 2008, S. 6-9, Jaskulski, Mirosław: Władze administracyjne Łodzi do 1939 r. Łódź 2001, S. 67-69; Skrzydło, Leszek: Rody fabrykanckie I. Łódź 2000, S. 70 f.

die Vorgänge schon bald informiert.[15] Die Administrationen der Städte der Umgebung standen in relativ engem Kontakt zueinander. Anfang Dezember trafen sich Bürgermeister und Honoratioren der Stadt, darunter einige Fabrikanten und der evangelische Pfarrer der erst einige Jahre zuvor entstandenen St. Trinitatis Gemeinde, Friedrich Metzner (1797-1852)[16], um die Lage zu besprechen. Es wurde entschieden, sich dem Aufstand nicht anzuschließen, vorläufig an keine Seite Steuern zu zahlen und abzuwarten. Pastor Metzner, der aus Chemnitz stammte, in Leipzig Theologie studiert hatte und als Fremder kein Polnisch sprach, informierte am 19. Dezember die evangelische Gemeinde und predigte von der Kanzel zum Thema: „Verflucht sei die Hand, die sich gegen den Kaiser aufhebt."[17] Zur selben Zeit allerdings waren die Lodzer bereits aktiv geworden: Eine Bürgerwehr, die Neutralität wahren wollte und der sowohl deutschsprachige Immigranten als auch Polen angehörten, wurde zum Schutz der Stadt aufgestellt. Der Fabrikant Karl Gottlieb Sänger, der zu den ersten Einwanderern nach Kongresspolen gehört hatte, übernahm das Kommando in der Neustadt und der aus dem schlesischen Schmiedeberg stammende, 1828 zugewanderte Fabrikant Titus Kopisch (1801-1847)[18] das in den Weber- und Spinnersiedlungen weiter südlich. Das mag auf die polnischen Einwohner wie eine zusätzliche Separation gewirkt haben, zumindest kamen kurz darauf latent vorhandene Spannungen voll zum Ausbruch. Die polnischen Bewohner der Stadt fühlten sich

---

15 Vgl. zum Folgenden: Witanowski, Michał Rawita: Łódź w czasie rewolucji 1831 roku. In: Rocznik Łódzki I (1928), S. 213-216. Powstanie listopadowe w świetle dokumentów łódzkich. Hrsg. von Aleksander Hoefig. In: Rocznik Łódzki I (1928), S. 217-230; Rynkowska, Anna: Działalność gospodarcza władz Królestwa Polskiego na terenie Łodzi przemysłowej w latach 1821-1831. Łódź 1951, S. 218-220; Barszczewska, Alina: Z badań nad dziejami powstania listopadowego na terenie Łodzi i okręgu łódzkiego. In: Rocznik Łódzki 1 (4) (1958), S. 25-55; Kula, Witold: Niemieccy Koloniści przemysłowi wobec powstania Listopadowego. In: Przeglad Historyczny LVIII (1957), S. 751-767.
16 Vgl. u.a. Budziarek, Marek: Łodzianie. Łódź 2000, S. 15-18; Schedler, Gustav: Eben-Ezer, eine Jahrhundertgeschichte der evangelischen St. Trinitatisgemeinde zu Lodz. Lodz 1929.
17 Zit. n. Rynkowska, Anna: Ulica Piotrkowska. Łódź 1970, S. 24, siehe auch: dies.: Działalność (wie Anmerkung 15), S. 218.
18 Vgl. Rynkowska: Działalność (wie Anmerkung 15), S. 67-80. Siehe auch: Skrzydło (wie Anmerkung 14), S. 5-7.

offensichtlich gegenüber den Neueinwanderern mit ihren Privilegien im Nachteil. Deren – trotz mehrerer Aufrufe der neuen polnischen Regierung an die eingewanderten Siedler – weiterhin zögerliche Haltung stieß auf Unverständnis und wurde als antipolnisch ausgelegt. Als in der Heiligen Nacht mehrere Häuser der Altstadt aus ungeklärten Gründen Feuer fingen, lastete man dies den Fremden an. Am ersten Weihnachtstag versammelten sich mit Picken und Sicheln bewaffnete Polen auf dem Altmarkt, dem Zentrum der Altstadt, und zogen zum Neumarkt weiter südlich. Dort war die evangelische Gemeinde gerade zum Gottesdienst in der Trinitatis-Kirche versammelt. Angesichts der gespannten Situation wurde dieser unterbrochen. Bürgermeister Tangermann trat vor die aufgebrachte Menge und erklärte ihr, es läge ein Missverständnis vor, denn die Neuansiedler seien keineswegs polenfeindlich eingestellt. In der benachbarten Stadt Zgierz werde beispielsweise gerade eine ‚deutsche Legion' aufgestellt,[19] an der sich auch die Lodzer beteiligen würden. Die Situation entspannte sich. Dabei war es kein Zufall, dass es gerade Tangermann gelang, die Menge zu beruhigen. Auf Grund seiner Herkunft und Sozialisation sprach er nicht nur Deutsch und Polnisch fließend, sondern war auch mit den jeweiligen Mentalitäten gut vertraut – eine Kompetenz, die ihm insbesondere in dieser Situation, aber auch bei seinem Amt allgemein zugutekam.[20] Obwohl er auf dem Papier nur über relativ geringe Befugnisse verfügte, war er als Bürgermeister in einer Phase der Stadtentwicklung, in der die Muttersprache der Mehrheit der Lodzer Einwohner das Deutsche war, doch sehr erfolgreich.

---

19 Dass die deutschen Freiwilligen sich in Zgierz sammelten, ist kein Zufall, denn die Stadt war damals noch Zentrum des Industriegebiets. Die dortigen Tuchmacher produzierten außerdem vorrangig für die Armee, verfügten daher bereits über gute Kontakte zum Militär.

20 Karl Tangermann stammte aus einer deutschen Beamtenfamilie, war in der Kolonistensiedlung Budzisław bei Konin geboren, hatte das Gymnasium in Kalisch besucht und anschließend selbst die Beamtenlaufbahn eingeschlagen. Seit 1825 in Lodz in der Stadtverwaltung tätig, übernahm er schon 1826 kommissarisch und ab 1828 regulär das Amt des Bürgermeisters. Mit der Aufwertung der Stadt zur Gouvernementsstadt im Jahr 1841 wurde auch sein Amt aufgewertet und er wurde Stadtpräsident; dieses Amt hatte er bis zu seinem Tod inne. Vgl. Podolska, Waingertner (wie Anmerkung 14), S. 6-9.

Ab 1831 engagierten sich tatsächlich etliche Lodzer Einwanderer schließlich auf Seiten der polnischen Armee – teils als Soldaten, teils indem sie Geld spendeten und teils dadurch, dass viele von ihnen Militäraufträge übernahmen und unter anderem Uniformtuche produzierten. Das Misstrauen blieb aber weiterhin bestehen. Im Februar 1831, nachdem russische Truppen die Grenze zum Königreich überschritten hatten, marschierten polnische Truppen kurzzeitig in die Stadt ein. Unter anderem wurden – allerdings ohne größeren Erfolg – etliche Weberhäuser nach Waffen durchsucht, da man ihre Bewohner der Unterstützung der russischen Seite verdächtigte. Darunter war auch Bürgermeister Tangermann, gegen den man zudem den Vorwurf erhob, den Aufstand nicht ausreichend zu unterstützen. Deswegen wurde er, obwohl die Vorwürfe keineswegs erwiesen waren, abgesetzt. Zu seinem Nachfolger ernannte die Führung der Aufständischen den bisherigen polnischen Magistratsschöffen[21] Teodor Duczyński (18??-1832)[22]. Unter anderen wurde auch Titus Kopisch als verdächtig angesehen und festgenommen. Er kam aber schnell wieder frei. Da seine Fabriken ohnehin stillstanden, zog er mit den Truppen mit, um als Marketender sein Glück zu machen. Dabei geriet er allerdings zwischen die Fronten und flüchtete daraufhin zurück nach Breslau, wo er bis zum Ende des Aufstandes blieb. Er war nicht der einzige, der versuchte, die Kriegssituation zu seinem geschäftlichen Vorteil zu nutzen. Auch der aus dem sächsischen Neugersdorf stammende Ludwig (Louis) Geyer (1805-1869)[23] beispielsweise verließ Lodz und seine halbfertige Fabrik und begab sich nach Warschau, wo er – bedenkt

---

21 Der Begriff Schöffe ist hier im Sinne eines Mitglieds des Stadtrates zu verstehen und nicht im heutigen Sinne eines Beisitzers und Laienrichters bei Gericht.
22 Vgl. Jaskulski (wie Anmerkung 14), S. 69.
23 Vgl. Komar, Mieczysław: Powstanie i rozwój zakładów przemysłowych Ludwika Geyera 1828-1847. In: Rocznik Łódzki III (1933), S. 187-268; Rynkowska, Anna: Przedsiębiorstwo Ludwika Geyera w latach 1828-1870. In: Centralne Muzeum Włókiennictwa. Hrsg. von Krystyna Kondratiukowa. Łódź 1975, S. 61-98; Jaworski, Piotr; Maćkowiak-Kotkowska, Lidia; Łebek, Katarzyna: Dawne zakłady Ludwika Geyera 1828-2002. Ludzie. Produkcja. Wzornictwo. Łódź 2006; Jaworski, Piotr: Biała Fabryka Ludwika Geyera w Łodzi. Łódź 2005; Waszkiewicz, Ludwik: Geyer Ludwik (1805-1869). Polski Słownik Biograficzny Bd. VII. Kraków 1948-1958, S. 414-415; Skrzydło (wie Anmerkung 14), S. 25-33. Daneben existiert noch eine populärwissenschaftliche Biographie: Berkowicz, Andrzej: Geyerowska legenda. Łódź 1961.

man, dass er nach 1831 zum bekanntesten und erfolgreichsten Unternehmer von Lodz aufsteigen sollte – offensichtlich lebhaft Handel trieb.[24]

Als sich im Frühjahr abzuzeichnen begann, dass der Aufstand scheitern würde, nahmen einige der Fabrikanten Kontakt zur russischen Armee auf und bemühten sich erfolgreich um gute Beziehungen zu ihr. Hunderte der aus deutschen Ländern nach Polen Immigrierten schlossen sich nun den russischen Truppen an.[25] Nach der Niederschlagung des Aufstandes bescheinigte ihnen die russische Armeeführung ein „vorbildliches und lobenswertes" Verhalten.[26] Bürgermeister Tangermann hatte da sein Amt bereits wieder übernommen. Duczyński floh Anfang September vor den russischen Truppen vorübergehend aus der Stadt, kehrte kurz darauf wieder zurück und konnte auch sein Schöffenamt wieder übernehmen, das er ausübte, bis er im Januar 1832 – vermutlich an der Cholera – starb.

Schon allein die Tatsache, dass Tangermann bereits vor Duczyńskis Flucht aus Lodz wieder als Bürgermeister fungierte, und Duczyński nach Ende des polnisch-russischen Krieges wieder Magistratsschöffe wurde, zeigt, dass eine klare Trennlinie zwischen Anhängern und Gegnern des Aufstandes nicht zu ziehen ist. Ein Schwarz-Weiß-Schema von polnischen Anhängern des Aufstandes auf der einen und den fremden, für Russland optierenden Einwanderern auf der anderen Seite – wie es die polnische, aber auch die ältere deutsche Forschung zum Teil gerne hätte[27] – greift hier nicht. Vergleichbares gilt auch für die Reaktion der Zugewanderten, die erst wenige Jahre in Kongresspolen lebten, auf den Aufstand, die – wie gesehen – bereits ihre polnischen Nachbarn irritierte und bis heute schwer erklärlich erscheint. Die Irritation der Nachwelt, die auch auf die historische Forschung fortwirkt, ergibt sich meiner Ansicht nach vor allem aus mythisierenden Rückprojektionen.

Die polnischen Lodzer sahen in den neuankommenden Fremden eine weitgehend einheitliche Masse, auch weil die Mehrheit von ihnen

---

24 Vgl. Komar (wie Anmerkung 23), S. 205.
25 Vgl. Kula (wie Anmerkung 15), S. 761.
26 Zitert nach Rynkowska: Działalność (wie Anmerkung 15), S. 219 f.
27 Vgl. u.a. Kula (wie Anmerkung 15) oder Breyer, Richard; Kenéz; Csaba János: Das russische Teilungsgebiet 1815-1914. In: Land der großen Ströme. Von Polen bis Litauen. Hrsg. von Joachim Rogall. Berlin 1996, S. 281-340, hier S. 291 f.

Deutsch sprach. Während die Woiwodschaftskommission und die lokale Verwaltung eindeutig nach Herkunftsstaaten und -regionen der angeworbenen Textilspezialisten unterschieden, sah die höhere – insbesondere die russische – Verwaltung in den meisten von ihnen auf Grund ihrer Herkunft kollektiv Deutsche. Die Heterogenität der Gruppe wurde dagegen – wie später auch bei der jüdischen Bevölkerung – meist nicht wahrgenommen. Dass die Einstellungen zum Novemberaufstand damit ebenfalls unterschiedlich sein konnten, wurde daher leicht übersehen. Nationale Vorstellungen der eigenen und der fremden Nation, wie sie im 20. Jahrhundert gängig waren, wurden auf die frühere Zeit übertragen. Eine Rolle bei der späteren Interpretation des Novemberaufstands spielt dabei auch, dass die damalige relativ große Selbstständigkeit des Königreichs von polnischer wie deutscher Seite negiert wird. Die bis heute in Polen fortwirkende Vorstellung von einem russisch besetzten Land wird auf diese Epoche zurückprojiziert. Auch spätere Bewertungen der Haltung der ‚Deutschen' zu Aufstand und Krieg sagen damit meist mehr über die Einstellung der jeweiligen Autoren aus, als über die Zeit der Ereignisse selber. So kam Alexander Hoefig, der in den 1930er Jahren sowohl in den Lodzer historischen Zeitschriften auf Polnisch, wie in der auf eine deutsch-polnische Verständigung ausgerichteten *Neuen Lodzer Zeitung* veröffentlichte, zu dem Schluss, die deutschen Siedler seien insbesondere in Lodz für ein freies Polen gewesen.[28] Autoren wie die Lodzer Journalisten und späteren Lokalhistoriker Otto Heike oder Richard Beyer, die sich damals eher für die deutsche Sache einsetzten, neigten dagegen zu der Ansicht, die Deutschen hätten sich neutral verhalten oder den Aufstand sogar abgelehnt.[29] Die polnische Forschung unterstrich ebenfalls meist deren ablehnende Haltung.[30] Löst man sich aber von vorgefertigten Mustern, ist es meiner Meinung nach gar nicht so schwer, die geschilderte Haltung der Einwanderer zu erklären.

Die Position der Einwanderer war damals noch nicht gesichert, so dass die abwartende Haltung durchaus verständlich ist. Dass diese sich aus einer verbreiteten Unkenntnis der Lage und der Ziele der Aufständischen erklärt, wie gelegentlich in der polnischen und der deutschen Forschung

---

28 Vgl. Hoefig (wie Anmerkung 15), S. 233.
29 Vgl. Breyer, Kenéz (wie Anmerkung 27), S. 291 f.
30 Vgl. Kula (wie Anmerkung 15), S. 761.

quasi entschuldigend als Erklärung angeführt wird, ist nicht wirklich überzeugend. Nur für den November 1830 dürfte es mit Sicherheit zutreffen, aber zu jenem Zeitpunkt wusste faktisch niemand außerhalb Warschaus, was vor sich ging. Die Stadtverwaltung war schon bald gut informiert, die polnische Regierung und das Militär wandten sich in Aufrufen auch auf Deutsch an die Einwohner. Dass diese also nichts wussten, ist unwahrscheinlich, da selbst die, die nicht lesen konnten, in einer damals noch überschaubaren Gemeinschaft lebten, wo sie von Ausrufern, von anderen oder während der Gottesdienste vom Pfarrer informiert wurden. Wie die Zusammensetzung der Bürgerwehr zeigt, bestanden auch Verbindungen zur polnischen Einwohnerschaft. Da die Auswanderer oft noch enge Kontakte zu ihren Herkunftsgebieten hatten und man die Ereignisse in Kongresspolen in deutschen Ländern mit Spannung verfolgte, ist es unwahrscheinlich, dass ihnen die dortigen Diskussionen gänzlich entgangen sein sollen. Die Zurückhaltung liegt also wohl weniger in der Unkenntnis der Situation begründet, als vielmehr in deren Unübersichtlichkeit. Alles sieht danach aus, als wollte man erst einmal abwarten, wer die neuen Machthaber werden würden.

Diese Haltung erklärt sich aber nicht nur aus der sozial und ökonomisch noch ungesicherten Lage der Fremden heraus. Diese waren zudem überwiegend Protestanten. Der Konflikt, der zu Weihnachten 1830 zu eskalieren drohte, betraf nicht die Gesamteinwohnerschaft der Stadt, sondern kulminierte in einer Konfrontation zwischen polnischen Katholiken der Altstadt und der evangelischen St. Trinitatis-Gemeinde. Dass deren Mitglieder Lutheraner waren, ist dabei von entscheidender Bedeutung. Anders als andere protestantische Strömungen wie Calvinisten oder Puritaner waren die Lutheraner keineswegs revolutionär und erkannten in der Regel die jeweilige Obrigkeit als gottgegeben an. Pfarrer Metzners Predigt ist vor diesem Hintergrund möglicherweise anders zu deuten als in einem zeitgenössischen Bericht in den Akten der polnischen Regierung. Dort wurde die Predigt auf Grund des Themas nämlich als prorussisch und damit antipolnisch ausgelegt,[31] eine Interpretation, der die

---

31 AGAD Sekretariat Stanu Królestwa Polsiego [Staatssekretariat des Königreichs Polen] Sign. 277, zit. bei Rynkowska, Anna: Ulica Piotrkowska. Łódź 1970, S. 24, siehe auch: dies.: Działalność (wie Anmerkung 15), S. 218.

polnische Forschung bis heute weitgehend gefolgt ist.[32] So eindeutig, wie das auf den ersten Blick scheint, ist es möglicherweise aber nicht, denn es ist – zumindest anhand der überlieferten Informationen – durchaus wahrscheinlich, dass hier die Obrigkeit als solche und nicht der konkrete russische Imperator gemeint ist. Dieser war zu dem Zeitpunkt offiziell außerdem als polnischer König Herrscher des Landes. Die Verwaltung, mit der die Neuansiedler in Kontakt kamen, war vor allem die polnische und nicht die russische. Abgesehen davon wäre es auch verwunderlich, wenn die Immigranten die Legitimität derjenigen in Frage stellen würden, die sie ins Land geholt hatten. Die Wahrnehmung als russisch besetztes Land war damals auch polnischerseits noch nicht die dominierende Selbstwahrnehmung. Erst nach der Niederschlagung des Aufstandes und der Flucht vieler polnischer Intellektueller ins Exil sollte sich dieses Narrativ endgültig durchsetzen. Die Erhebung gegen die legitime Obrigkeit zu verurteilen, erscheint für Metzner außerdem nicht nur als lutherischer Theologe naheliegend und legitim, sondern auch aus der Situation heraus, denn noch waren die Aufständischen nur selbstlegitimiert und die Aufstellung von Bürgerwehren galt vorrangig der eigenen Absicherung nach allen Seiten. Zum Zeitpunkt der Predigt war der Sejm gerade erst zusammengetreten, der mit seiner Entscheidung, sich auf die Seite der Aufständischen zu stellen, dem Aufstand die nötige Legitimität verleihen sollte. Kurz darauf war diese Parlamentsentscheidung mit Sicherheit bereits in Lodz bekannt. Zwischen Metzners Predigt und Tangermanns Position nur sechs Tage später besteht also nur scheinbar ein krasser Widerspruch. Dieser lässt sich nicht nur – wie in der polnischen Forschung geschehen – aus der persönlichen Haltung der beiden erklären. Ebenso wenig ist es sinnvoll, Tangermann Unaufrichtigkeit zu unterstellen und anzunehmen, er habe bewusst gelogen, um die Situation zu entschärfen, als er sagte, auch Lodzer würden sich an der ‚deutschen Legion' beteiligen. Wäre dies der Fall, hätte er damit allerdings Fakten geschaffen, da der anwesenden evangelischen Gemeinde – wollte sie keine erneute Konfrontation heraufbeschwören – nichts anders übrig

---

32 Vgl. z.B. noch jüngst die von der Lodzer Stadtverwaltung in Fortsetzung als Beilage zu ihrem kostenlosen touristischen Stadtmagazin *Piotrkowska 104* herausgebrachte populärwissenschaftliche illustrierte Stadtgeschichte: Ilustrowana Encyklopedia Historii Łodzi. Hrsg. von Arkadiusz Grzegorczyk. Łódź 2009-2010, Heft 4, S. 102 f.

blieb, als sich tatsächlich dem Aufstand anzuschließen. Doch war es wahrscheinlich gar nicht so kompliziert, denn inzwischen waren die Aufständischen als Obrigkeit legitimiert und so sprach nichts mehr dagegen, sich ihnen anzuschließen. Dies galt erst recht, nachdem Nikolaj I. als polnischer König für abgesetzt erklärt war. Aus derselben Denkweise heraus wird auch das Umschwenken auf die russische Seite einsichtig, sobald sich abzeichnete, dass die polnische Seite den Krieg verlieren würde, denn das konnte nur heißen, dass deren Herrschaft nicht gottgewollt war. Das Verhalten des lutherischen Teils der Lodzer Bevölkerung ist daher durchaus erklärlich und aus der Innensicht konsequent. Der protestantische Teil der Lodzer Einwohnerschaft war demnach aber auch alles andere als revolutionär eingestellt,[33] ganz abgesehen davon, dass für die Einwanderer allgemein ein gewisser Pragmatismus charakteristisch war.

Der Januaraufstand 1863

Der Amerikanische Bürgerkriegs 1861-1865 führte im Vereinigten Königreich zur sogenannten Cotton Famine,[34] aber nicht nur dort, auch auf dem europäischen Kontinent griff, wie es damals hieß, die ‚Baumwollnot' um sich, so dass in Lodz die Produktion in der ersten Hälfte der 1860er Jahre mehr und mehr zum Erliegen kam. 1864, als die meisten Baumwollfabriken in Lodz und Umgebung bereits seit langem stilllagen, musste sogar Ludwig Geyer Konkurs anmelden.[35] Die große Ausnahme

---

33 Daraus erklärt sich meiner Ansicht nach unter anderem, dass die politischen Ereignisse nicht wie anderenorts, beispielsweise 1830 in Aachen und 1831 in Lyon, mit gewalttätigen Protesten gegen die Industrialisierung einhergingen. Übersehen werden darf dabei indes nicht, dass die Mechanisierung des Gewerbes in Lodz weit weniger fortgeschritten war als dort, wo es bereits 1830 und 1831 zu heftigen Ausschreitungen kam.

34 Vgl. u.a. Arnold, R. Arthur: The History of the Cotton Famine. London 1864; Watts, John: The Facts of the Cotton Famine, London 1866; Longmate, Norman: The hungry mills. London 1978, sowie allgemeiner Blackett, Richard J.: Divided hearts. Britain and the American Civil War. Baton Rouge/LO 2001.

35 Seine Firmen gingen in den Besitz des Staates und von Banken über, die Führung allerdings durfte er behalten. Vgl. Rynkowska: Przedsiębiorstwo Ludwika Geyera (wie Anmerkung 23), S. 74-98; Jaworski, Maćkowiak-Kotkowska, Łebek (wie Anmerkung 23), S. 8-15.

war Carl Wilhelm Scheibler (1820-1881)[36], der als einziger über genug Rohmaterialien verfügte, um die ganze Zeit über weiter produzieren zu können.[37]

Angesichts dieser ökonomischen Probleme war der polnische Januaraufstand 1863[38] für die Lodzer von zweitrangiger Bedeutung. Dessen Vorgeschichte reicht mindestens bis ins Jahr 1861 zurück. Ende Februar dieses Jahres war es zu einer Demonstration im Gedenken an den 30 Jahre zurückliegenden Novemberaufstand gekommen, die russischerseits gewaltsam beendet worden war, wobei mehrere Demonstranten zu Tode kamen. Deren Beerdigung wenig später am 2. März 1861 wurde zu einer nationalen Demonstration der Einheit. An dem feierlichen Begräbnis nahm nicht nur der katholische Erzbischof Antoni Melchior Fijałkowski (1778-1861) teil, sondern auch Pastor Julius Ludwig (1808-1876) der rationale Superintendent der evangelischen Kirche in Polen und der konservative evangelische Pfarrer Leopold Otto (1819-1882) sowie der orthodoxe Oberrabbiner Warschaus Dov Ber Meisels (1798-1871) und der zum Reformflügel des Judentums gehörende Rabbiner Markus Jastrow (1829-1901). Für einen kurzen Moment sah es aus, als käme in Kongresspolen eine überkonfessionelle Einheit zu Stande. Nicht unbeeindruckt davon, zeigte sich der Zar kompromissbereit.[39] Reformen in Russland nährten unter den Polen ebenfalls die Hoffnung auf eine Liberalisierung der russischen Politik gegenüber Kongresspolen – nicht zu Unrecht, denn schließlich

---

36 Vgl. Ramm, Hans Joachim: Scheibler, Karl Wilhelm. In: Neue Deutsche Biographie. Bd. 22. Berlin 2005, S. 627, Pustuła, Zbigniew: Scheibler Karol Wilhelm (1820-1881). In: Polski Słownik Biograficzny Bd. XXXV Kraków 1994, S. 426-430; Bartczak, Mirosław: Scheiblerowie (historia rodu). Łódź 1999; Scheibler, Walter: Die Auswanderung aus Monschau nach Osten im 19. Jahrhundert. Dortmund 1962, S. 24-33; Skrzydło (wie Anmerkung 14), S. 35-51
37 Vgl. zu Scheiblers Erfolg z. B. Lodzer Zeitung, Jubiläumsbeilage 1863-1888, S. 28.
38 Vgl. immer noch grundlegend: Kieniewicz, Stefan: Powstanie styczniowe. Warszawa 1972, sowie zu den Folgen: Rodkiewicz, Witold: Russian Nationality Policy in the Western Provinces of the Empire (1863-1905). Lublin 1998.
39 Vgl. Opalski, Magdalena; Bartal, Israel: Poles and Jews. A Failed Brotherhood. Hanover/NH, London 1992, sowie Haumann, Heiko: Jüdische Nation – Polnische Nation? Zur gesellschaftlichen Orientierung von Juden in Polen während des 19. Jahrhunderts. In: Kontexte der Schrift. Bd. 1: Text, Ethik, Judentum und Christentum, Gesellschaft. Ekkehard W. Stegemann zum 60. Geburtstag. Hrsg. von Gabriella Gelardini. Stuttgart 2005, S. 442-457.

kam es auch dort zur Bauernbefreiung, zur Liberalisierung der Judengesetzgebung und Polen erhielten wieder ein größeres Mitspracherecht in der Verwaltung. Die nationale Bewegung radikalisierte sich allerdings zusehends,[40] so dass es im Januar 1863 zu einem weiteren Aufstand zur Erlangung der nationalen Unabhängigkeit kam, der erneut vor allem vom Adel getragen wurde.

Lodz war wie dreißig Jahre zuvor wieder kein Zentrum des Aufstandes,[41] was wohl mit dem weitgehenden Fehlen einer adligen und Führungsschicht in der Stadt zu erklären ist, die nationale Unabhängigkeitsbestrebungen im Untergrund hätte fördern und kanalisieren können. Vereinzelte Mitglieder der Stadtverwaltung und einige Geistliche allein konnten dies nicht leisten, obwohl sie sich engagierten. Das Fehlen einer Mittelschicht, aus der sich anderen Orts die Anhänger der Unabhängigkeitsbewegung rekrutierten, machte sich bemerkbar. Dennoch hatte es unter den polnischen Fabrikangestellten schon im Vorfeld des Aufstandes geheime Zirkel zu dessen Vorbereitung gegeben. Im Januar und Februar 1863 wurden dann überall in Zentralpolen Freiwilligenverbände gebildet, so auch in Lodz. Nachdem sie sich vor der Stadt formiert hatten, zogen die Freiwilligen, von denen einige wenige dem Namen nach möglicherweise jüdischer Herkunft waren, unter Führung des Lodzer Priesters Józef Czajkowski (1837-1907?) in der Nacht vom 31. Januar zum 1. Februar nach Lodz. Dort wurden sie von einem Teil der Einwohner, die immer noch auf den Beinen waren, freudig empfangen. Sie versorgten sich mit Lebensmitteln, Geld und Pferden und requirierten die 72 Gewehre des 1824 gegründeten Lodzer Schützenvereins, der, anders als die polnischen Vereine, nach 1831 nicht nur hatte weiterbestehen, sondern auch seine Waffen hatte behalten dürfen. Anschließend zog man weiter, um sich in der Umgegend mit weiteren Freiwilligenverbänden zu vereinigen und dann zu einem der Hauptverbände zu stoßen. Dies sollte aber nur wenigen gelingen, da sie schon bald in ein Scharmützel mit russischen Truppen verwickelt wurden und viele nach Lodz zurückflohen. Dort kümmerte sich unter anderem der jüdische Arzt Adolf Wollberg (1825-1902) um die Verletzen, die auch weiterhin in den Folgemonaten

---

40 Vgl. Rodkiewicz (wie Anmerkung 39).
41 Vgl. im Weiteren insbes. zu Lodz den dem Januaraufstand gewidmeten Band des Rocznik Łódzki 8 (1963) 11, S. 9-313.

nach diversen Schlachten und Scharmützeln nach Lodz gebracht wurden. Ob er sich dabei vor allem von seinem ärztlichen Ethos leiten ließ, von der religiösen Überzeugung, dass man den Bedürftigen ohne Ansehen von Herkunft und Stand Hilfe leisten müsse, oder ob er sich tatsächlich mit dem Aufstand identifizierte, sich vielleicht sogar als Pole verstand, lässt sich allerdings nicht entscheiden.[42] Russischerseits wurde er zumin-

---

42 Leider liegen dazu nicht genügend Quellen vor, aus denen sich die Biographie des Arztes und damit seine Motivation rekonstruieren ließe. Daher könnte auch noch ein ganz anderer Aspekt eine Rolle gespielt haben: Zwei Jahre zuvor war es in Lodz zu einem Maschinensturm unter anderem auf die Fabrik Carl Scheiblers gekommen. Begonnen hatte dieser allerdings, wie es in einer Quelle explizit heißt, als eine sogenannte „Katzenmusik" – als traditionelle, in deutschen Landen weit verbreitete, denn niederen Schichten offenstehende handgreifliche Protestform zur Bloßstellung von Personen, die gegen die Regeln der sozialen Gemeinschaft verstoßen hatten. Gerichtet war sie ausgerechnet gegen Wollberg. Etwa 500 Weber, Spinner und weitere Handwerker hatten sich am Abend des 20. April 1861 gegen 11 Uhr in der Altstadt versammelt, um dessen Haus zu demolieren. Warum es gerade den Arzt traf, geht aus den erhaltenen Quellen nicht hervor, so dass in der Forschung vielfach über die Gründe spekuliert wurde. So wird z. B. angenommen, er habe sich für die Ausweitung der Mechanisierung eingesetzt. Oder es wurde vermutet, der erfolgreiche Arzt habe sich in den vorangegangenen Cholera- und Krisenzeiten geweigert, bedürftige Patienten zu behandeln. Ihm wurde so mangelnde Hilfsbereitschaft, Geiz und implizit sogar Zurschaustellung von Reichtum unterstellt. All das passt allerdings nicht zu Wollbergs späterem Verhalten während des Januaraufstands. Ganz auszuschließen ist es allerdings nicht, dass sein Verhalten 1863 erst eine Folge der Ereignisse vom April 1861 war. Aber es gibt zumindest eine Überlieferung, die aus meiner Sicht eine einleuchtendere Erklärung für die Katzenmusik und die Verwüstung des Hauses liefert: So soll der Doktor ein Anhänger der modernen Aufklärung gewesen sein, der sich nicht nur für die Gleichberechtigung der Juden einsetzte, sondern auch den Feldschern und Barbieren, die vor allem die ärmere Bevölkerung medizinisch behandelten, welche sich keinen Arzt leisten konnte, den Kampf angesagt haben. Er soll sogar mehrere von ihnen wegen Pfusch und falschen Behandlungen vor Gericht gebracht haben. Beides konnte und wollte die in Lodz entstandene zugewanderte christliche Gemeinschaft nicht so einfach hinnehmen. Zum einen war sie ohnehin darauf bedacht, die jüdische Bevölkerung aus ihren Kreisen fernzuhalten, und zum anderen war sie auf die Dienste der Feldscher gerade in Krisenzeiten, in denen es an Geld mangelte angewiesen. Den protestierenden christlichen Handwerkern musste also Wollbergs eigentlich auf eine Verbesserung der medizinischen Situation ausgerichtetes Verhalten als eine Verschlechterung ihrer eigenen Situation erscheinen. Vgl. Fijałek, Jan; Indulski, Janusz: Opieka zdrowotna w Łodzi do roku 1945. Łódź 1990, S. 60 f.; Strzałkowski, Jacek: Heinzlowie. Z dziejów wielkiej kariery i filantropii łódzkich przemysłowców. Łódź

dest als Anhänger des Aufstandes angesehen und daher nach dessen Niederschlagung nach Sibirien deportiert, woher er erst 1866 nach Lodz zurückkehren konnte.[43]

In einem weiteren, im Februar 1863 zusammengekommenen Aufgebot von 400-500 Menschen, waren 76 Lehrlinge, 39 Arbeiter und 20 Meister aus Lodz, die zwar mehrheitlich, aber nicht ausschließlich Polen waren. Dass die Loyalitäten noch weit weniger als 1830 deutlich klar waren, zeigt sich z. B. an dem evangelischen Pfarrer Karl Gustav Manitius (1823-1904)[44]: Hatte Pastor Metzner 1830 noch die luthersche Position der Obrigkeitstreue vertreten, so sprach sich sein Nachfolger, der im zwar zu Preußen gehörenden aber polnisch geprägten Płock zur Welt gekommen war und wie etliche andere der Lodzer Pastoren in Dorpat Theologie studiert hatte,[45] 1863 für die Aufständischen aus, da ihm die polnische Kultur und Geschichte vertraut war. Daraufhin musste er auf Befehl des russischen Statthalters 1865 Lodz verlassen und wurde in die Kleinstadt Łomża versetzt. Aber auch dort bemühte er sich wie schon in Lodz aus der Kenntnis beider Kulturen heraus um die Verständigung zwischen zugewanderten Protestanten und den mehrheitlich polnischen Katholiken.[46] Die Einstellung der beiden Lodzer Pastoren zu den jeweiligen Auf-

---

2004, S. 19 und 50 Anm. 35; Ajnenkiel, Eugeniusz: Pierwszy bunt robotników łódzkich w roku 1861. Rocznik Łódzki II (1931), S. 367-388, insbes. S. 375 f.
43 Vgl. Fijałek, Indulski (wie Anmerkung 43), S. 60 f.
44 Vgl. Schedler (wie Anmerkung 16), S. 45 f.
45 Vgl. Donnert, Erich: Die Universität Dorpat-Jur'ev 1802-1918. Ein Beitrag zur Geschichte des Hochschulwesens in den Ostseeprovinzen des Russischen Reiches. Frankfurt/Main, Bern, New York et al.: 2007. Zu den Dozenten und Absolventen, die aus dem gesamten Russischen Reich kamen, siehe auch: Hasselblatt, Arnold: Album Academicum der Kaiserlichen Universität Dorpat. Dorpat 1889.
46 Dieser Verständigungsbemühungen waren auch der Grund, warum die evangelische Kirchenleitung ihn 1867 auf eine Pfarrstelle in Warschau berief, wo die Verhältnisse nicht zuletzt wegen des starken kulturellen Einflusses der überwiegend katholischen polnischen Inteligencija und der Präsenz der russischen Verwaltung kompliziert waren. Letztere konnte mit dem Argument, dass eine Annäherung zwischen den Konfessionen nur zu einer Verringerung der allgemeinen politischen und gesellschaftlichen Spannungen führen könnte, überzeugt werden, kein Veto gegen die Berufung einzulegen. Von 1878 bis 1895 stand Metzner deshalb erst an der Spitze der Warschauer Diözese und anschließend sogar bis 1904 als Generalsuperintendent an der der Evangelisch-Augsburgischen Kirche in Polen.

ständen spiegelt aber nicht nur das veränderte Verhältnis zu den Polen wieder, auch der sich verändernde Charakter der Aufstände kommt darin zum Ausdruck. Der Januaraufstand unterschied sich nämlich stark vom Novemberaufstand. War dieser in einen regelrechten polnisch-russischen Krieg übergegangen, so hatte die spätere Erhebung eher den Charakter eines Partisanenkriegs. Die auf Luther zurückgehende, sozusagen an Völkerrecht, Staatsraison und -loyalität orientierte Sicht, die 1830/1831 noch das Verhalten der Lutheraner prägte, entfällt 1863. Wer die legitime Obrigkeit war, war angesichts des Verhaltens beider Seiten nicht mehr so eindeutig wie zuvor. Die Einstellung zum polnischen Aufstand ist aus meiner Sicht vor allem durch die individuelle Haltung zu Polen und der polnischen Kultur geprägt. Daraus lässt sich beispielsweise auch die höchst unterschiedliche Position der verschiedenen evangelischen Pastoren und Lehrer in Kongresspolen zum Januaraufstand erklären, die vor Ort meist eine Vorbildfunktion für die Gemeinden hatten.[47]

Obwohl es auf polnischer Seite an Waffen, ausgebildeten Soldaten und einer geeigneten zentralen militärischen Führung fehlte, zogen sich die Kämpfe nach dem Aufstand noch bis 1864 hin. Nach deren Ende rückten nationalistische „Russifizierungstendenzen – oder besser Entpolonisierungstendenzen"[48] immer stärker ins Zentrum der russischen Politik in Kongresspolen. Die russische Staatsmacht reagierte weitaus heftiger als drei Jahrzehnte zuvor: Hunderte wurden wegen ihrer Beteiligung am Aufstand hingerichtet, und das Königreich Polen verlor nicht nur endgültig seine Unabhängigkeit, sondern auch seinen Namen. In offiziellen russischen Dokumenten ist ab 1867 nur noch von *Privislinskij Kraj* (pln. *Kraj Przywiślański*), dem ‚Weichselland' die Rede. Eine weitgehend russisch dominierte höhere Verwaltung wurde eingesetzt. Polnisch wurde als Amtssprache durch Russisch ersetzt.[49]

Lodz, wo Polen über einen relativ geringen kulturellen und wirtschaftlichen Einfluss verfügten, war weniger als andere Städte im russischen Teil

---

47 Vgl. Kneifel, Eduard: Geschichte der Evangelisch-Augsburgischen Kirche in Polen. Niedermarschacht 1964, S. 145-147.
48 Gebhard, Jörg: Lublin. Eine polnische Stadt im Hinterhof der Moderne (1815-1914). Köln, Weimar, Wien 2006, S. 47.
49 Vgl. Kappeler, Andreas: Historische Voraussetzungen des Nationalitätenproblems im russischen Vielvölkerstaat. In: Geschichte und Gesellschaft 8 (1982) 2, S. 159-183; Rodkiewicz (wie Anmerkung 39).

Polens von harscher antipolnischer Politik betroffen.[50] Als direkte Folge des Aufstandes wurden einige Ratsherrn und Beamte, die während des Aufstandes versucht hatten zu vermitteln, um die Amtsgeschäfte möglichst reibungslos weiterführen zu können, ihrer Ämter enthoben und aus der Stadt verwiesen. Ein katholischer Geistlicher musste sogar nach Kasachstan in die Verbannung. Auch wenn Lodz seine eigenständige Stadtverwaltung nach 1867 wie die übrigen Städte im Land verlor, arrangierte man sich hier schnell wieder mit der Situation, indem der Pragmatismus erneut Oberhand gewann.[51]

Schlussbemerkung: Die situative Identität der Lodzer

Für alle Zuwandrer nach Lodz stellte die amerikanische Karriere vom Tellerwäscher zum Millionär eine ebenso reale Option dar, wie das Scheitern und der erneute ökonomische und soziale Abstieg Die meisten ‚deutschen' und jüdischen Großunternehmer kamen ursprünglich aus Handwerk oder Handel, wie auch ein guter Teil der Arbeiterschaft. Zugegebenermaßen waren die Voraussetzungen nicht für alle gleich gut, und gerade nach dem Januaraufstand beobachtete die neue russische Verwaltung die polnische Bevölkerung ganz genau. Für polnische Textilunternehmer wie Józef Paszkiewicz (1816-1882)[52] war der Aufstand ein Rückschlag, von dem sie sich nicht mehr erholen konnten.[53] So musste Paszkiewicz für zwei Jahre die Stadt verlassen, da er in den Januaraufstand involviert war. Zwar konnte er 1865 nach Lodz zurückkehren und seinen Be-

---

50 Siehe immer noch Andruszewski, Józef: Z dziejów rusyfikacji magistratu Łódzkiego. In: Rocznik Łódzki III (1933), S. 285-299; vgl. auch Jaskulski (wie Anmerkung 14), S. 51-64.
51 Wollten die Industrieunternehmer etwas für sich und somit für die Stadt erreichen, z. B. 1865 den Anschluss der Stadt an das Eisenbahnnetz, so verhandelten sie meist direkt mit dem zuständigen Gouverneur in Piotrków oder sogar gleich mit den zuständigen Behörden in St. Petersburg.
52 Paszkiewicz stammte aus Warschau, hatte sein Handwerk in Sachsen und im Rheinland gelernt, kam 1847 nach Lodz und arbeitete zuerst in Karl G. Sängers Färberei, bevor er sich erfolgreich selbständig machte. Vgl. Kużko, Wanda: Biedermannowie. Dzieje rodziny i fortuny 1730-1945. Łódź 2000, S. 27-29. Archiwum Państwowe w Łodzi. Akta (Magistratu) miasta Łodzi, Sign. 3946, Bl. 76.
53 Vgl. ebd.

trieb wieder aufnehmen, aber er fand nicht mehr dieselben Bedingungen vor wie zuvor und erhielt staatlicherseits nicht dieselbe bürokratische Unterstützung wie beispielsweise sein ehemaliger Angestellter Robert Biedermann (1836-1899), der nun zu einem der führenden Lodzer Unternehmer aufstieg.[54] Für diesen war der geschäftliche Umgang mit Polen und Juden völlig normal, obwohl er sicher kein Freund der Juden war, und auch die Polen und ihre Kultur blieben ihm zeitlebens fremd. Aber er, der selbst Deutsch nur mangelhaft schrieb, sorgte dafür, dass seine Kinder mit Russisch, Polnisch, Französisch, Englisch alle Fremdsprachen lernten, die für eine erfolgreiche Karriere in Lodz nötig waren. Sie bewegten sich, wie viele Lodzer ihrer Generation, in ‚multilingualen Systemen'[55] und bedienten sich ganz selbstverständlich in verschiedenen Situationen verschiedener Sprachen. Ein ‚situativer Identitätswechsel'[56] war in Lodz für viele etwas völlig Normales. Gesellschaften können so nebeneinander koexistieren und ihre Mitglieder in gewissem Rahmen und auf bestimmten Ebenen miteinander kommunizieren. Grenzen und Übergänge sind alles in allem fließend, auch wenn einzelne Bevölkerungsgruppen sich zumindest sprachlich und religiös voneinander abgrenzen lassen. Jenseits der persönlichen Ebene lässt sich aber in Lodz kaum von einer Freundschaft zwischen Deutschen, Polen und Juden sprechen, allein deshalb, weil nationale Kategorien in dieser Stadt bestenfalls eine untergeordnete Rolle spielten.

1830 sahen sich die Zuwanderer erst durch die Konfrontation mit den Alteingesessenen als eine Gruppe und fühlten sich der Obrigkeit, die ihnen einen Neuanfang in der Stadt ermöglicht hatte, zur Loyalität verpflichtet, nicht zuletzt, um ihre nach wie vor noch nicht gefestigte ökonomische und soziale Position nicht zu gefährden.

---

54 Vgl. zur Familie Biedermann u.a. Archiwum Państwowe w Łodzi, ARB, insbes. Sign. 1; APŁ Zespół akt Zakładów Włókienniczych R. Biedermann S. A. w Łodzi; Kuźko (wie Anmerkung 53); dies.: Metamorfozy: image trzech pokoleń Biedermannów. In: Image przedsiębiorcy gospodarczego w Polsce w XIX i XX wieku. Hrsg. von Ryszard Kołodziejczyk. Warszawa 1993, S. 131-150; Skrzydło (wie Anmerkung 14), S. 9-15.
55 Vgl. dazu insbes. Even-Zohar, Itamar: Polysystem Studies. Durham/NC 1990. (Poetics Today 11 (1990) 1), insbesondere S. 121-130.
56 Das zeigt u.a. van Rahden, Till: Juden und andere Breslauer. Die Beziehungen zwischen Juden, Protestanten und Katholiken in einer deutschen Großstadt von 1860 bis 1925. Göttingen 2000.

1863 zeigte sich – zum ersten Mal in dieser Deutlichkeit – ein Phänomen, das zu einem Charakteristikum für diese Stadt werden sollte: Wem man sich sprachlich, kulturell oder konfessionell beziehungsweise religiös zugehörig fühlte, war in Lodz zu diesem Zeitpunkt bereits vor allem eine situativ bedingte individuelle Entscheidung. Von einer „deutschen Polenfreundschaft" im engeren Sinne kann in Lodz schon deshalb keine Rede sein, da nicht nur die Loyalitätsverhältnisse ungesichert und damit unklar waren, sondern auch ebenso wenig klar war, was unter ‚deutsch' zu verstehen sei.

Die aus dem Neben- und Miteinander entstehende Hybridität kann, wie das Beispiel Lodz zeigt, die Form einer lokalen Identität annehmen: Unabhängig von ihrer Herkunft verstanden sich die Einwohner der Stadt bis 1939/1945 vor allem als Lodzer.[57] Das wiederum ermöglichte ihnen einen *Modus Vivendi* im Umgang miteinander, der so etwas wie Freundschaft zumindest nahe kommt, sofern es diese überhaupt jenseits individueller Beziehungen geben kann.

---

57 Vgl. Schuster, Frank M.: Stadt der vielen Kulturen – Stadt der 'Lodzermenschen': Komplexe lokale Identitäten bei den Bewohnern der Industriestadt Lodz 1820-1939/1945. In: Intercultural Europe: arenas of difference, communication and mediation – Interkulturelles Europa: Arenen der Differenz, Kommunikation und Mediation. Hrsg. von Barbara Lewandowska-Tomaszczyk; Hanna Pulaczewska. Stuttgart 2010, S. 33-60.

Die deutsche Sozialdemokratie und Polen bis zum Jahr 1914

Krzysztof Rzepa

Einführung

Im Jahr 1908 erreichte die Germanisierungspolitik des Kaiserreiches ihren Höhepunkt. Das Gesetz zur Konfiszierung polnischen Großgrundbesitzes wurde beschlossen und in das Vereins- und Versammlungsrecht der sogenannte Sprachen- und Maulkorb-Paragraph eingefügt, der polnischsprachige Versammlungen nur an den Orten zuließ, in denen mehrheitlich Polen lebten. Im selben Jahr veröffentlichte der Sozialdemokrat Wilhelm Herzberg eine Darstellung des Hambacher Festes, die nicht nur ein Lobgesang auf den Kampf gegen die Staaten der Heiligen Allianz war, an dem polnische Mitstreiter einen beträchtlichen Anteil hatten, sondern auch eine bemerkenswerte politische Botschaft enthielt. Der Verfasser vertrat die Ansicht, dass es die Sozialisten seien, die das Werk der Liberalen vollenden würden.[1] Da diese sich spätestens nach dem Ende der Revolution 1848/49 gänzlich der Realpolitik verschrieben hätten, obliege nun der Sozialdemokratie die Pflicht, den auf den Barrikaden von 1848 begonnenen Freiheitskampf fortzusetzen. Tatsächlich brachten einige der deutschen Liberalen, die ihren Jugendidealen treu geblieben waren, ihre Sympathie für Polen in die entstehende deutsche Arbeiterbewegung mit ein. So begrüßte Johann Philipp Becker, der auf dem Hambacher Fest im Jahr 1832 eine Rede gehalten hatte, in seiner Broschüre *Polen, die Diplomatie und die Revolution*, die im Mai 1863 erschien, den Ausbruch des polnischen Januaraufstandes. Er schloss mit dem Aufruf:

---

1 Vgl. Herzberg, Wilhelm: Das Hambacher Fest. Geschichte der revolutionären Bestrebungen in Rheinbayern um das Jahr 1832. Ludwigshafen am Rhein 1908, S. 10 (Einleitung von H. Werner in der Ausgabe von 1982).

Auf, deutsche Jugend! auf, nach Polen! Dort lerne von der Auferstehung, von dem Tode der Geschichte großes Räthsel lösen; dann lernst du auch das deutsche Joch zerschlagen, das eigene Vaterland erretten! Polen, stark und einig, lebe![2]

Aus dieser Perspektive könnte man die deutschen Sozialisten als die Erben der Frühliberalen bezeichnen. Nichts liegt daher näher, als danach zu fragen, welche Haltung sie zur „polnischen Frage" – dem Streben Polens nach staatlicher Souveränität – einnahmen.

Die Haltung der Sozialdemokratie zur Unabhängigkeit Polens

Als Ferdinand Lassalle im Mai 1863 die erste deutsche sozialistische Partei, den Allgemeinen Deutschen Arbeiterverein (ADAV) gründete, führte Polen bereits seit mehreren Wochen einen militärischen Kampf gegen die russische Herrschaft. Lassalle sicherte dem Januaraufstand erst nach langem Zögern seine Unterstützung zu, obwohl er vorher durchaus Sympathie für Polen bekundet hatte. Seine Zurückhaltung lässt sich durch die Bemühungen erklären, den preußischen Ministerpräsidenten Otto von Bismarck für die Sache der jungen, liberalen Arbeiterbewegung zu gewinnen. Zu überschwängliche Solidaritätserklärungen hätten Lassalle in den Augen Bismarcks diskreditiert, der seinerseits alles ihm Mögliche tat, um die Russen bei ihrem Vorgehen gegen die polnischen Aufständischen zu unterstützen.[3] Als Lassalle den Aufstand später begrüßte, unterstrich er, dass die Polen durch ihren heldenhaften Kampf einen wertvollen Beitrag zum Aufbau eines demokratischen Europas geleistet hätten. Er verwies auch auf die Wirkung für Deutschland, denn durch das mutige Vorgehen der Aufständischen sei ein wesentliches Hindernis (hier dachte er an Russland) auf dem Weg zur deutschen Einigung neutralisiert worden. Damit war es dann aber auch schon getan. Von einer Betrachtung der polnischen Frage aus nationaler Perspektive zeugen ebenfalls Lassalles spätere Äußerungen. So vertrat er die Ansicht, dass die Deutschen die mit Gewalt erworbenen Provinzen kraft ihrer höher stehenden Kul-

---

2   Becker, Johann Philipp: Polen, die Diplomatie und die Revolution. Genf 1863, S. 60.
3   Vgl. Borejsza, Jerzy W.: Über Bismarck und die polnische Frage in der polnischen Historiographie. In: Historische Zeitschrift (1985) Bd. 241, S. 599 ff.

tur nachhaltig und positiv verändert hätten, während die östliche Teilungsmacht ihre Herrschaft mit „Blut und Eisen" durchsetze. Er war davon überzeugt, dass die Wiedererrichtung Polens ein Gebot der Stunde sei. Sie müsse aber unter deutscher Kontrolle vollzogen werden, die sich auch auf die Grenzen des neuen Staates beziehen sollte.[4]

Die Haltung Wilhelm Liebknechts gegenüber Polen war von Lassalles Pragmatismus weit entfernt. Liebknecht (zunächst Mitstreiter, dann Gegner Lassalles und zusammen mit August Bebel Mitbegründer der deutschen Sozialdemokratischen Partei) vertrat bis zum Ende seines Lebens eine liberale Haltung zu Polen, die ihn bereits in seiner Kindheit prägte. In seinen frühen Lebensjahren lernte er in seiner Heimatstadt Gießen den Sohn eines Aufständischen von 1830/31 kennen. Diese Erfahrung begleitete ihn sein ganzes Leben. Auch während seines Berliner Studiums in den 1840er Jahren traf er häufig Exilpolen, deren Einsatz für ein freies und demokratisches Polen er zutiefst bewunderte und teilte. Er war sogar bereit, in dem 1846 geplanten Aufstand „als polnischer Insurgent gegen die Feinde meiner deutschen Heimat zu kämpfen" – damit meinte er die reaktionären Regimes Europas, insbesondere Preußen und Russland.[5] Polen erschien Liebknecht als der natürliche Verbündete im Kampf um die Demokratisierung Europas und Deutschlands. Tatsächlich kämpften während der Revolution von 1848 zahlreiche Polen in Deutschland. Der bekannteste von ihnen wurde Ludwik Mierosławski, der Oberbefehlshaber der revolutionären Armeen Badens und der Pfalz. Unter seinem Befehl stand auch Liebknecht. Ein halbes Jahrhundert später schrieb er dazu im Warschauer *Robotnik*: „Seit ich 1848 und 1849 Arm in Arm mit polnischen Freiwilligen für die Republik gekämpft habe, kann ich mir den Freiheitskampf ohne die Polen nicht mehr vorstellen."[6] Nach der Niederschlagung der Revolution fand er Zuflucht in London, wo er sich mit der sogenannten Ostfrage beschäftigte. Er teilte die Ansichten des englischen Politikers und Journalisten David Urquhart, der in der zweiten Hälfte der

---

4 Mehr dazu bei Rzepa, Krzysztof: Lassalle a Polska. In: Studia z najnowszej historii Niemiec i stosunków polsko-niemieckich. Hrsg. von Stanisław Sierpowski. Poznań 1986, S. 125-131.
5 Vgl. Liebknecht, Wilhelm: Erinnerungen eines Soldaten der Revolution. Berlin 1976, S. 39-40, 64, 196.
6 Liebknecht, Wilhelm: [Brief v.18.11.1894]. In: Robotnik (1895) Nr. 7, S. 1.

1830er Jahre vor der allzu russlandfreundlichen Politik des britischen Außenministers (und späteren Premiers) Lord Henry Palmerston warnte und dem es wesentlich zu verdanken war, dass die Berichte aus Russland, die Marquis A. de Custine 1843 veröffentlichte, einem breiteren Leserkreis bekannt wurden.[7] Liebknecht sah in Russland mit seiner imperialistischen Politik den Hauptpfeiler der Restauration und Reaktion in Europa, es fungiere als „Damm", der der ansteigenden Flut der Demokratisierung, welche die „Wiener Ordnung" fortzuschwemmen drohte, Einhalt gebiete. Das Romanow-Imperium wache über die deutsche Teilung und sei „der Henker Polens".[8] Trotz allmählicher Veränderungen in Russland und im Westen blieb Liebknecht zeitlebens bei dieser Meinung.

Den Januaraufstand im Königreich Polen bezeichnete er nicht nur als einen Freiheitskampf, sondern er sah ihn – anders als der auf den Ausgleich mit dem preußischen Staat bedachte Lassalle – zugleich auch als ein Unternehmen an, dessen Ziele mit den deutschen Interessen übereinstimmten. Die Unterstützung der polnischen Sache bedeutete für Liebknecht nicht nur eine Wiedergutmachung des durch die Teilungen verursachten Unrechts, sondern mit der Wiedererrichtung Polens werde auch ein *cordon sanitaire* geschaffen, der Deutschland und Russland voneinander trennt. Den Deutschen wiederum könnte sie ermöglichen, nicht nur die Einheit, sondern auch eine demokratisch-republikanische Verfassung ihres Staates zu erkämpfen.[9]

Diese Rechnung ging nicht auf. Die deutsche Einigung kam zwar zustande, aber ihr Hauptarchitekt war nicht das Volk, sondern Bismarck. Den ersten Schritt auf dem Weg zu ihr, die Schaffung des Norddeutschen Bundes (1866/67), unterzog Liebknecht einer schonungslosen Kritik. In dem von ihm in Leipzig herausgegebenen *Demokratischen Wochenblatt* erschien in mehreren Teilen ein Artikel, dessen Titel Bände sprach: *Der Wiederaufbau Polens.*[10]

---

7 Astolphe de Custine: La Russie en 1839. 4 Bde., Paris 1843 (dt. Rußland im Jahre 1839, Leipzig 1843).
8 Liebknecht, Wilhelm: Karl Marx zum Gedächtnis. Ein Lebensabriss und Erinnerungen. Nürnberg 1896, S. 56 ff.
9 Vgl. Ebersold, Günther: Die Stellung Wilhelm Liebknechts und August Bebels zur deutschen Frage 1863 bis 1870. Heidelberg 1963 (Diss. Phil.), S. 17 ff.
10 Demokratisches Wochenblatt Nr. 1 (4.1.1868), Nr. 3 (18.1.1868), Nr. 6 (8.2.1868), Nr. 8 (22.2.1868), Nr. 9 (29.2.1868), Nr. 10 (7.3.1868), Nr. 12 (21.3.1868).

Liebknecht unterstützte auch Solidaritätsbekundungen für Polen im Zusammenhang mit dem Russisch-Türkischen Krieg. Die russische Intervention auf dem Balkan 1877 verschaffte den dortigen, gegen die türkische Herrschaft gerichteten Befreiungsbewegungen zusätzlichen Aufwind, führte aber zu der berechtigten Sorge, dass diese Russlands Macht- und Einflussgebiet in Europa erheblich vergrößern könnten. Wie sollte sich Deutschland in dieser Situation verhalten?

Aufgeworfen wurde diese Frage durch die Interpellation mehrerer Abgeordneter der liberalen und konservativen Reichstagsfraktionen, die eine Stellungnahme der Regierung forderten. An ihr beteiligte sich auch der Vertreter der Polenfraktion Roman Komierowski, der bemerkte, dass die deutsche Regierung, wenn sie im Namen der Gerechtigkeit Russland im Krieg gegen die Türkei unterstütze, konsequenterweise die gleiche Gerechtigkeit auch an der Warthe walten lassen müsse. Auf diese delikate, aber dennoch eindeutige Weise forderte er das Recht auf nationale Selbstbestimmung auch für die eigenen Wähler.[11]

Im Januar 1878 erschien in dem in Leipzig herausgegebenem *Vorwärts*, dem Organ der jungen sozialistischen Partei, die im Reichstag durch eine Gruppe von 10 Abgeordneten vertreten war, ein Hinweis darauf, dass man einen nicht offiziellen Antrag der polnischen Fraktion unterstützen wolle, sollte diese angesichts der Krise auf dem Balkan mit einer Initiative zur Wiedererrichtung des polnischen Staates hervortreten.[12] Der Beschluss, Polen zu unterstützen, war nur allzu verständlich, denn in den Augen der deutschen Sozialdemokraten handelte es sich bei dem russischen Eingreifen um eine „Polizeiaktion" für die Reaktion. Ende November 1877 erschien in dem seit 1870 von Julius Motteler herausgebenem *Crimmitschauer Bürger- und Bauernfreund*, der ältesten deutschen sozialistischen Zeitung, ein Artikel, der die Vision eines großen europäischen Krieges heraufbeschwor und zugleich Pläne anführte, Europa durch ein wiedererstandenes Polen von Russland abzugrenzen. Mit der deutschen Regierung ging man hart ins Gericht. Sie wurde bezichtigt, sich auf die Seite Moskaus stellen zu wollen, sollten England, Frankreich

---

11 Vgl. Benyskiewicz, Joachim: Posłowie polscy w Berlinie w latach 1866-1890. Zielona Góra 1976, S. 107 ff.
12 Vgl. Vorwärts vom 19.1.1878.

und Österreich-Ungarn sich gemeinsam für die Sache der polnischen Unabhängigkeit stark machen.[13]

Die Politik des jungen Deutschen Reiches führte zu öffentlicher Verstimmung – so wurde es zumindest auf den Seiten des Blattes geschildert –, die sich in zahlreichen Protesten in Sachsen niederschlug. Auf einer solchen Veranstaltung im Januar 1878 sprach Wilhelm Liebknecht, dessen Wirken auch hinter einem dort vorbereiteten Resolutionsentwurf steht, welcher die moskaufreundliche Politik Preußens zutiefst verurteilte. Das Vorgehen Bismarcks schade der deutschen Kulturleistung, was – wie die Zeitung besonders unterstrich – das Schicksal des geteilten Polen beweise.[14] Der Entwurf wurde zwar vorbereitet,[15] aber vermutlich aus formalen Gründen nicht behandelt.[16] Dies ändert jedoch nichts daran, dass es sich dabei um einen Sympathiebeweis für Polen handelte, den es in Deutschland für mehr als ein Vierteljahrhundert nicht mehr gegeben hatte.

Liebknechts Ansichten teilte – zumindest bis zu einem gewissen Grad – August Bebel. Im Gegensatz zu Liebknecht erkannte dieser aber die Bedeutung der sozialen Umwälzungen, die im Osten stattfanden, dass nämlich mit der rasant fortschreitenden Industrialisierung des Deutschen Reiches, die u.a. zur Masseneinwanderung von polnischen Arbeitern in die deutschen Kernlande führte, die historisch-geopolitischen Erwägungen der früheren Jahre einer Revision unterzogen werden mussten. Hundert-

---

13 Vgl. Crimmitschauer Bürger- und Bauernfreund vom 25.11.1877.
14 Vgl. ebenda, die Ausgaben vom 19. bis 22.1.1878 und 15.2.1878.
15 Archiv der sozialen Demokratie der Friedrich Ebert Stiftung (AdsD); Nachlass Wilhelm Liebknecht, Fond 200, Nr. 144, 3,1 (Antragsskizze W.Liebknecht) – Kopie aus den Sammlungen des Russischen Zentrums für Aufbewahrung und Erforschung der Quellen zur Neuesten Geschichte in Moskau /Российский Центр Храненйя изучения документов новейшей истории/ – ehem. Sammlung des Instituts für Marxismus/Leninismus. Die Schlussfolgerung war lapidar: „Der Reichstag wolle beschliessen [...] angesichts der durch das Übergewicht Russlands hervorgerufenen Gefahren für die Cultur und den Weltfrieden auf die Wiederherstellung Polens hinzuwirken."
16 Bundesarchiv – Stiftung Archiv der Parteien und Massenorganisationen der DDR (SAPMO) Berlin, NY 4012 (J. Motteler), Brief Mottelers vom 9.12.1895, in dem er erwähnt, dass ein Antrag auf Betreiben der Polenfraktion ausgearbeitet wurde. Es ist jedoch nicht auszuschließen, dass er die Ausweisung von russischen und österreichischen Staatsangehörigen polnischer und jüdischer Nationalität betraf. Wegen fehlender Unterschriften konnte der Antrag nicht behandelt werden.

tausende polnischsprachige Einwanderer stellten einen Faktor dar, der nicht negiert werden konnte. Der Migrant aus Posen, Schlesien und dem Ermland, dem Königreich Polen oder aus Galizien war nicht mehr wie die Emigranten nach dem Novemberaufstand ein *Ritter der Freyheit*[17], sondern ein Arbeitskollege, der sich sprachlich, kulturell und mental von den Einheimischen unterschied, fügsamer und genügsamer war, weshalb er rasch als eine Bedrohung für die lokale deutsche Arbeiterschaft angesehen wurde.[18]

Größere Bedeutung gewann dies nach dem Auslaufen des „Sozialistengesetzes" im Jahr 1890, denn die bislang alles andere als systemkonforme SPD begann nun allmählich einen konzilianteren Kurs gegenüber dem Staat einzuschlagen, der sie bis dahin aufs schärfste bekämpft hatte. Im Zusammenhang damit erweiterte und veränderte sich der Vaterlandsbegriff der Sozialdemokratie. Einerseits sollte anstelle der Institutionen des preußisch-deutschen Staates eine ideale soziale, wirtschaftliche und politische Ordnung geschaffen werden. Andererseits wurde der Alleinvertretungsanspruch der Herrschenden als einzig legitime Vertreter des 1871 entstandenen Nationalstaates abgelehnt und eine Regierungsbeteiligung von Vertretern der Arbeiterschaft gefordert. In den Augen der sozialdemokratischen Führer mutierten Nation und Vaterland zur sozialen und geographischen Basis der Revolution. Es erschien geboten, diese vor Gefahr von außen zu schützen, und als Mitte der 1890er Jahre von der Hoffnung auf eine Revolution langsam Abschied genommen wurde, erklärte Bebel im Reichstag, dass die Sozialdemokraten bereit seien, das Deutsche Reich als ihr Vaterland zu verteidigen.[19]

Diese Entwicklung verfehlte nicht ihre Wirkung auf die Haltung der Sozialdemokraten zu Fragen der territorialen Integrität des Reiches. So nahm man allmählich Abstand von der radikalen Kritik an der bismarckschen Aggression, die zum Anschluss von Elsass und Lothringen geführt hatte,

---

17 So Heine in „Ludwig Börne. Eine Denkschrift", Heinrich Heine: Historisch-Kritische Gesamtausgabe der Werke. Hrsg. von Manfred Windfuhr. Bd. 11, Hamburg 1978, S. 73.
18 Die Neue Zeit, 1886, S. 515.
19 Vgl. Groh, Dieter: Negative Integration und revolutionärer Attentismus. Die deutsche Sozialdemokratie am Vorabend des Ersten Weltkrieges, Frankfurt/Main, Berlin, Wien 1973, S. 720 ff.; Groh, Dieter; Brandt, Peter: „Vaterlandslose Gesellen". Sozialdemokratie und Nation 1860-1990. München 1992, S.72.

zog die 1870 gestellte Forderung zurück, dass über die Zukunft der eroberten Gebiete deren Bewohner selbst entscheiden sollten und akzeptierte Anfang der 1890er Jahre schließlich deren staatliche Zugehörigkeit zu Deutschland als vollendete Tatsache.[20]

In diesem Zusammenhang kam es – sieht man von dem alten, aber unermüdlichen Wilhelm Liebknecht ab – 1891 zu der letzten offen propolnischen Äußerung eines führenden deutschen Sozialdemokraten, die auf die Wiederherstellung des polnischen Staates abzielte. Als anlässlich der Visite eines französischen Geschwaders von Kriegsschiffen in Russland Zar Alexander III. der Revolutionshymne Frankreichs seinen Tribut zollte, warnte August Bebel auf der Versammlung eines lokalen sozialdemokratischen Vereins in Berlin vor der Verständigung, die sich zwischen Paris und Petersburg abzeichnete. Seiner Meinung nach rückte sie einen Krieg in greifbare Nähe, in dessen Verlauf Russland niedergerungen und mit seinen Grenzen nach Osten verschoben werden müsste. Als *Antemurale* sollte dann das neuerstandene Polen fungieren.[21]

In den Augen dieses führenden Sozialdemokraten bedeutete die russisch-französische Allianz eine existentielle Bedrohung Deutschlands. Angesichts dessen wandte Bebel sich der bereits von den deutschen Demokraten ausgesprochenen Hoffnung zu, man könnte im Verhältnis zum östlichen Nachbarn, das sich nach dem Rücktritt Bismarcks verschlechtert hatte, die „polnische Karte" ziehen. Seine Erklärung stieß jedoch auf wenig Widerhall.

Zu den Wenigen, die seine Äußerungen wahrnahmen und auf sie reagierten, gehörte Peter Lawrow, einer der führenden zeitgenössischen russischen Sozialisten. In einer Erwiderung auf dessen Antwort schrieb Bebel im Januar 1892, dass der gegen den Willen der deutschen Sozialisten vollzogene Anschluss Elsass-Lothringens das Verhältnis zwischen der deutschen und französischen Nation belaste und dass es kaum eine Aussicht auf Verbesserung gäbe. Dies nutze Russland aus, was wiederum den Interessen des zivilisatorisch höher entwickelten Deutschen Reiches schade. Dadurch, so Bebel, seien die Sozialisten gezwungen, im Falle

---

20 Vgl. Carsten, Francis L.: August Bebel und Organisation der Massen. Berlin 1991, 236-237.
21 Landesarchiv Berlin, Pr. Br. Rep. 30, Berlin C, 8967/1, Bl. 96; vgl. dazu auch Seebacher-Brandt, Brigitte: Bebel. Künder und Kärrner im Kaiserreich. Berlin-Bonn 1988, S. 237.

eines Krieges zusammen mit dem bürgerlichen Lager zu gehen, um sich der Bedrohung aus dem Osten entgegenzustellen, die sowohl für Deutschland als Staat wie auch für den deutschen Sozialismus existentieller Art sei. In diesem Fall müsse man zu revolutionären Mitteln greifen – auch im Interesse des russischen Volkes – und sich eines unabhängigen Polens bedienen, um einen wirkungsvollen Wall zum Schutze Westeuropas zu errichten.[22]

Diese instrumentelle, aber auch auf die Polensympathie der 1830er Jahre zurückgehende Sichtweise gehört zum Repertoire der traditionellen Haltungen der deutschen Sozialdemokratie, die die aus Polen stammende Rosa Luxemburg gegen Ende des Jahrhunderts einer gründlichen Kritik unterzog. Ihre kategorische Ablehnung der staatlichen Unabhängigkeit Polens, die sowohl mit dem Interesse der polnischen Bourgeoisie (die eine Expansion auf den russischen Markt anstrebte) wie auch des polnischen Proletariats unvereinbar sei, führte letztlich zum Bruch in der polnischen Arbeiterbewegung, die sich um die Jahre 1892/93 in zwei Fraktionen spaltete. Als im Frühjahr 1896 die Führung der Polnischen Sozialistischen Partei (PPS) das Forum der Sozialistischen Internationale für die Unterstützung der polnischen Unabhängigkeitsbestrebungen zu gewinnen suchte, traf sie auf die Zustimmung Liebknechts, mit dem der zur gleichen Zeit in London weilende Józef Piłsudski konferierte.[23] Auf Verständnis stieß das Postulat der PPS auch bei Karl Kautsky, der seit dem Tode Friedrich Engels' im Jahr 1895 die Position des Hauptideologen der SPD einnahm. In dem Artikel *Finis Poloniae?*, den er in der *Neuen Zeit*, dem theoretischen Organ der deutschen Sozialdemokratie publizierte, polemisierte er gegen die Thesen Rosa Luxemburgs. Zugleich beleuchtete er die „polnische Frage" aus einer breiteren Perspektive, indem er die Veränderungen in Russland berücksichtigte.[24] Aber – wie es der italienische sozialistische Theoretiker Antonio Labriola in einem Brief an Kautsky ausdrückte:

---

22 Bundesarchiv – SAPMO Berlin, NY 4022, (A. Bebel), Sign. 131, Bl. 5-11 (Brief an P. Lawrow).
23 Vgl. Brief Piłsudskis vom 09.06.1896. In: Piłsudski, Józef: Pisma zbiorowe. Uzupełnienia. Hrsg. von Andrzej Garlicki, Ryszard Świętek. Bd. 1: 1886-1897. Warszawa 1992, S. 221 f.
24 Vgl. Tych, Feliks: Karl Kautsky und die polnische Frage. In: Marxismus und Demokratie. Karl Kautskys Bedeutung in der sozialistischen Arbeiterbewegung. Hrsg. von Jürgen Rojahn, Till Schelz, Hans-Josef Steinberg. Frankfurt/Main, New York 1992, S. 274-286.

Die polnische Frage ist sehr verworren. Polen liegt – für einen italienischen Verstand – einfach zu weit weg. Aber für Deutschland, Österreich und Russland liegt Polen gleich nebenan. Ich bin sicher, die deutsche Sozialdemokratie geht nicht den Weg der französischen Russophilie.[25]

Kautskys Autorität und die Hilfe Liebknechts reichten aber nicht aus. Der polnische Antrag erhielt keine uneingeschränkte Zustimmung; der Kongress der Internationale erklärte lediglich, dass er

sich vollends für das Selbstbestimmungsrecht aller Völker ausspricht und die Arbeiter aller Länder, die gegenwärtig unter dem Joch einer militaristischen, nationalistischen oder anderen Despotie stehen, seiner vollen Sympathie versichert.[26]

Dies konnte die polnischen Sozialisten nicht zufriedenstellen. Nach der Einigung Italiens (1861/1870) und Deutschlands (1867/1871) schien das Nationalproblem in Europa aus der Sichtweise der Parteien, die in der Sozialistischen Internationale tonangebend waren (mit Ausnahme der österreichischen) gelöst. Doch zweifellos existierte es weiterhin.

Auf Distanz zu den polnischen Ambitionen gingen auch einzelne Mitglieder der SPD-Führung. Unverständnis, und sogar Ablehnung wird in den Aussagen von Ignaz Auer sichtbar, der als Sekretär des Parteivorstands dessen Arbeit koordinierte und einen bedeutenden Einfluss auf ihn ausübte. Im Juli 1896 schrieb er an Karl Kautsky:

Mit ganzem Herzen bin ich gegen einen Wiederaufbau Polens mit Danzig als polnischer Hafenstadt [...] Müssen wir wirklich unsere deutschen Arbeiter und Bauern zwischen Memel und Oder der Schlachta ausliefern, um einen wirksamen Vorposten gegen die östliche Barbarei zu errichten?[27]

---

25 Labriola an Kautsky (13.5.1896). In: Labriola, Antonio: Korespondencja. Warszawa 1966, S. 259.
26 Tych, Feliks: Socjalizm europejski wobec sprawy niepodległości Polski (Kwestia polska na Międzynarodowym Kongresie Socjalistycznym w Londynie w 1896 r.). In: ders.: Socjalistyczna irredenta. Szkice do dziejów polskiego ruchu robotniczego pod zaborami. Kraków 1982, S. 141-197, Zitat S. 184.
27 Ignaz Auer an Karl Kautsky (23.7.1896), Internationales Intstitut für Sozialgeschichte Amsterdam, Nachlass Kautsky, D II, Bl. 224.

Es fällt schwer, einen deutlicheren Ausdruck der Distanz zwischen der Tradition, der Wilhelm Liebknecht entstammte, und dem Standpunkt des 1846 in einer katholischen Handwerkerfamilie geborenen Auer zu finden. Diesem ging das Verständnis für die Schwärmereien des alten Sozialdemokraten gänzlich ab. Daher rührt auch die Ironie, mit der er die „exotischen" Visionen Liebknechts bedachte: 1898 schrieb er, Liebknecht sehe immer noch polnische Aufständische, die durch Deutschland nach Frankreich eilen, da er aber schon ein älterer Herr sei, solle man ihm die Freude daran nicht nehmen.[28] Auer hielt sich im Januar 1901 ebenfalls nicht mit der Ansicht zurück, den polnischen Arbeitern werde es viel bringen, Deutsch zu lernen.[29]

Zu dieser Zeit herrschte bereits eine tiefe Kluft zwischen Wilhelm Liebknecht und seinen Genossen. Er erfreute sich allgemeiner Hochachtung, sein tatsächlicher Einfluss war aber nur noch gering. Wie sehr Liebknecht seinen „geopolitischen" Visionen verbunden blieb, beweist die Tatsache, dass sie mit den Ansichten von Constantin Frantz, einem konservativen Gegner Bismarcks konvergierten, der eine preußisch-polnische Union befürwortete.[30]

Zweifellos schwand die Relevanz der sogenannten Polnischen Frage. Fortan sollte sie nur noch sporadisch aufleben, insbesondere dann, wenn Überlegungen darüber angestellt wurden, welche Gefahren ein großer europäischer Konflikt mit sich bringen könnte. Nicht ohne Hintergedanken schrieb 1897 der Vorstand der Hamburger SPD von der „Polnischen Gefahr" in Anführungszeichen. Zwar gab man zu, dass der Untergang Polens das Ergebnis der preußischen Politik war, und insbesondere des Einflusses der Junker, die sich ohne jede Skrupel des „nationalen Hasses" bedienten, um Polen als bedeutendsten Vorposten, der den russischen Weltherrschaftsplänen im Wege stand, zu vernichten. Man ließ jedoch nicht unerwähnt, dass die Polen die ihnen erteilten Lektionen von 1831, 1846 und 1863 sehr wohl gelernt hätten und wüssten, dass derzeit

---

28 Zitiert nach: Luksemburg, Róża: Listy do Leona Jogichesa-Tyszki. Bd. 1 (1893-1899). Warszawa 1968, S. 172.
29 Bundesarchiv – SAPMO, N 2178/2, Bl. 802 (Auer an Bruhns 7.5.1901).
30 Vgl. Stamm, Eugen: Ein berühmter Unberühmter. Neue Studien über Konstantin Frantz und den Föderalismus. Konstanz 1948, S. 131; in polnischer Sprache: Kucharczyk, Grzegorz: Prusy, Rosja i kwestia polska w myśli politycznej Constantina Frantza 1817-1891. Warszawa 1999.

die Chancen auf Wiederherstellung der nationalen Eigenständigkeit „zehnfach" geringer seien als zur Zeit der Aufstände. Und obwohl polnische Grundbesitzer und Bourgeoisie vermehrt darauf pochten, sei die polnische Arbeiterschaft in dieser Sache uneins und erachte den Klassenkampf als vordringlicher. Daraus wurde der Schluss gezogen, dass es unsinnig wäre, wenn die Polen, die der deutsche Staat als fast ebenso gefährlich wie die Sozialdemokraten betrachtet, sich jetzt von Preußen lossagten, und dass die offizielle Polenpolitik verderblich sei, weil sie die Kluft zwischen den beiden Völkern noch vertiefe.[31]

Die SPD reduzierte das „polnische Problem" von nun an auf zwei Fragen: auf die zunehmend restriktive Polenpolitik des deutschen Staates sowie auf Versuche, die massenweise in den Westen ziehenden polnischen Arbeiter für sich zu gewinnen.

Die SPD angesichts der Germanisierungspolitik im Kaiserreich

Für die seit 1878 von staatlichen Stellen als „Umsturzpartei" verfolgte Sozialdemokratie bedeutete die 1885 mit der Ausweisung von über 30 000 Polen aus Preußen eingeläutete härtere Gangart in der Polenpolitik eine Möglichkeit, die Regierung offener anzugreifen. Andere Oppositionsparteien verhielten sich ähnlich. Liebknecht bezeichnete das Vorgehen des preußischen Staates als „Verbrechen gegen die Menschlichkeit und Kultur", Bebel wiederum setzte seine Unterschrift unter eine Protesterklärung der polnischen Reichstagsfraktion.[32] Er wies auf die internationalen Konsequenzen der Germanisierungspolitik hin, die besonders im Falle eines Krieges gegen Russland Bedeutung haben könnten, da dieser zumindest zeitweise auf einem vorwiegend von Polen bewohnten Territorium ausgetragen werde.[33]

---

31 Vgl. Hamburger Echo vom 11.2.1897.
32 Vgl. Neubach, Helmut: Die Ausweisungen von Polen und Juden aus Preussen 1885/86. Ein Beitrag zu Bismarcks Polenpolitik und zur Geschichte des deutsch-polnischen Verhältnisses. Wiesbaden 1967, S. 82 ff.; Wehler, Hans Ulrich: Sozialdemokratie und Nationalstaat. Nationalitätenfragen in Deutschland 1840-1914. Göttingen 1971, S. 115 ff.
33 Die Neue Zeit (1886), S. 514; vgl. Neubach (wie Anmerkung 32), S. 159.

Auch andere antipolnische Maßnahmen ernteten heftige Kritik seitens der in der Wählergunst immer höher stehenden Sozialdemokratie. Als es 1901 zum Schulstreik in Wreschen kam,[34] der nicht nur in Deutschland hohe Wellen schlug, kritisierte im Dezember desselben Jahres der Reichstagsabgeordnete der SPD Georg Ledebour das staatliche Vorgehen als eine gefährliche und falsche Anwendung der Maxime *cuius regio, eius religio*. Er bedachte die staatlicherseits unternommenen Schritte mit den Worten *cuius regio, eius lingua* und bezeichnete sie zugleich als barbarisch und zutiefst kulturfeindlich. Europa drohten weitere Konflikte, solange man solchen irreführenden Grundsätzen folge. Eine Lösung erblickte Ledebour im Schweizer Modell mit dessen weitgehender Maxime der nationalen und kulturellen Toleranz.[35] Im damaligen Deutschland fand sich allerdings kein Platz dafür. Ganz im Gegenteil, der Staat intensivierte sein restriktives Vorgehen gegen die polnische Sprache. Als es 1906 in den polnisch bewohnten Provinzen Preußens erneut zum Schulstreik kam, richtete Bebel anerkennende Worte an die Adresse der Organisatoren für die geschickte Durchführung des Streiks und unterstrich, dass Deutschland als Kulturnation an Achtung verliere, wenn es mit polizeilichen Mitteln verhindern wolle, dass Polen sich ihrer Muttersprache bedienen, denn dies sei ein Menschenrecht.[36]

Vertreter der SPD kritisierten ebenfalls die Maßnahmen, mit denen der Staat darauf abzielte, Polen in den östlichen Provinzen durch Angriffe auf den Grundbesitz wirtschaftlich zu schwächen. Hier zeichnete sich wiederum Ledebour aus, der auf die Unvereinbarkeit dieser Regelungen mit dem geltenden Recht hinwies, da sie eine Ungleichheit zwischen Bürgern ein und desselben Staates schufen. Ironisch bemerkte er, dass die Regierung damit ganz und gar die Ziele der Sozialdemokratie verfolge, die wirtschaftlichen Privilegien von wenigen zu Gunsten der Allgemeinheit

---

34 Die Schüler einer katholischen Volksschule in dieser mehrheitlich von Polen bewohnten Stadt hatten sich geweigert, im Religionsunterricht nur Deutsch zu sprechen. Sie wurden dafür körperlich gezüchtigt; die Eltern, die dagegen protestierten, wurden vom Gericht wegen „Aufruhr und Landesfriedensbruchs" verurteilt.
35 Vgl. Ratz, Ursula: Georg Ledebour 1850-1947. Weg und Wirken eines sozialistischen Politikers. Berlin 1969, S. 87 f.
36 Vgl. ebd., S. 192 ff.; M. Broszat: Zweihundert Jahre deutsche Polenpolitik. Frankfurt/Main 1972, S. 162.

abzuschaffen.[37] Der neue Wortführer der polenfreundlichen Fraktion innerhalb der SPD nach dem Tode Liebknechts wurde nicht von ungefähr mit dem Namen *Ledeburski* bedacht.[38]

1908 veröffentliche das Zentralblatt der SPD eine Sonderbroschüre, die gänzlich der „preußischen Polenpolitik" gewidmet war. In gewisser Weise kann sie daher als eine offizielle Stellungnahme der Partei gelesen werden. Ihr Autor war Hermann Wendel, der aus Lothringen stammende Redakteur einer Frankfurter sozialdemokratischen Zeitung. Er ging hart mit der Regierung ins Gericht und warf ihr Dummheit und Brutalität vor. Obwohl er keinen Zweifel daran ließ, dass die polnische Wiedergeburt nur als Ergebnis einer „sozialen Revolution" möglich sei, die ihrerseits das Werk des seine Ketten zerreißenden modernen Proletariats sein müsse, bemerkte er doch, dass die Unterdrückungspolitik den östlichen Provinzen des Staates ungeheuer schade, da sie den kulturellen Fortschritt in diesen Gebieten, die von zwei miteinander verfeindeten Völkern bewohnt werden, verhindere. Darüber hinaus verwies er darauf, dass diese Angelegenheit allmählich internationalen Charakter annähme, da sie Millionen von Auslandspolen zur Solidarität mit den Unterdrückten mobilisiere und die Regierungen ihrer neuen Heimatländer unter Druck setze, was unter Umständen zur Initialzündung eines neuen, globalen Konfliktes werden könne.[39]

Wie aber gewöhnliche Mitglieder der SPD zur Germanisierungspolitik standen, zeigt die folgende Episode: In einer Provinzstadt wie Göttingen, wo es kaum polnische Arbeiter gab, es aber nicht an polnischen Studenten mangelte, kritisierte man 1907 auf einer Parteiversammlung die Unterdrückungspolitik des Staates, stellte dann allerdings fest, es wäre besser, die Regierung gebe mehr Geld für Schulen und Lehrer im Osten aus. Denn wenn die Polen erst einmal eine richtige Ausbildung erhielten, würden sie rasch feststellen: „Deutsch ist besser als Polnisch."[40]

---

37 Vgl. Ratz (Wie Anmerkung 35), S. 91.
38 Vgl. Keller, Eike: Georg Ledebour. Ein alter sozialistischer Haudegen. Berlin (Ost) 1987 (Diss. Phil.),S. 26-27.
39 Vgl. Wendel, Hermann: Die preußische Polenpolitik in ihren Ursachen und Wirkungen. Berlin 1908, S. 83 ff.
40 Saldern, Adelheid von: Vom Einwohner zum Bürger. Zur Emanzipation der städtischen Unterschicht Göttingens 1890-1920. Eine sozial- und kommunalhistorische Untersuchung. Berlin 1973, S. 133.

In dieser und ähnlichen Äußerungen schwingt das Echo des 18. Jahrhunderts und seiner Vorstellung vom kulturell unterentwickelten Nachbarn im Osten mit. So sehr man auch das Regierungsvorgehen kritisierte, spricht doch vieles dafür, dass am Vorabend des Ersten Weltkrieges die Mehrheit der deutschen Arbeiter, die in der SPD ihre Vertreterin sahen, ähnlich dachte.

Das Verhältnis der SPD zu den polnischen Arbeitern

In den beiden letzten Jahrzehnten des 19. Jahrhunderts wuchs die Bedeutung der polnischen Arbeiter, die sich auf den Weg in die Großstädte des Westens begaben, denn diese erlebten einen rasanten wirtschaftlichen Aufschwung. Dabei hatte August Bebel, die Gallionsfigur der deutschen Sozialdemokratie, bereits Mitte der 1880er Jahre bemerkt, dass die massenweise Rekrutierung von polnischen Arbeitern nur dazu diene, die Löhne der deutschen Arbeiterschaft zu senken, die auf einer höheren Entwicklungsstufe stehe und höhere Lebensansprüche verfolge.[41]

Bei der Westmigration der Polen handelte es sich um ein vielschichtiges Phänomen. Die Migranten bildeten aufgrund von Herkunft und kulturellen Bindungen keine einheitliche und in sich geschlossene Gruppe und die gewählten Wohn- und Arbeitsorte trugen zur weiteren Differenzierung bei. Am Vorabend des Ersten Weltkrieges ist von etwa 650 000 Polen und polnischstämmigen Bewohnern „Kerndeutschlands" auszugehen. Sie konzentrierten sich vor allem in vier Regionen, von denen das Ruhrgebiet sowie der Großraum Berlin die bedeutendsten waren, gefolgt von Sachsen und Norddeutschland (in und um Hamburg). Als erste weckten Berliner Polen das Interesse der deutschen Sozialdemokraten. Schon in den 1880er Jahren gründeten sie eine Organisation polnischer Sozialisten, die eng mit der SPD zusammenarbeitete. Neben echtem Mitgefühl für die Lage der Polen steckte hinter den Bemühungen der Sozialdemokraten auch der Wunsch, diese über die Situation, in der sie sich befanden, aufzuklären und vor der Ausbeutung durch die Arbeitgeber zu warnen. Dies gelang jedoch selten. Barrieren von Sprache und Kultur verhinderten eine echte Verständigung. Ein Versuch, diese zu überwinden, war

---

41 Vgl. Die Neue Zeit (1886), S. 515.

1890 die Gründung der *Gazeta Robotnicza*, einer vollständig in polnischer Sprache erscheinenden und von der SPD finanzierten Arbeiterzeitung. Für die Legitimierung der SPD unter den Polen sorgte auch die 1893 erfolgte Gründung einer autonomen Polnischen Sozialistischen Partei (im preußischen Teilungsgebiet). Beide Initiativen verhallten jedoch fast ungehört.

Die SPD bemühte sich ebenfalls vergebens, die „Ruhrpolen" für sich zu gewinnen. Kurz vor dem Ausbruch des Ersten Weltkrieges gab es über eine halbe Million von ihnen, sie waren fast ausnahmslos in der Montanindustrie und anderen Industriezweigen beschäftigt. Die ersten nennenswerten Zahlen von polnischen Migranten an Rhein und Ruhr können bereits in den Jahren kurz nach der Entstehung des Deutschen Reiches verzeichnet werden, ein Massenphänomen wurde die Westmigration jedoch erst in den 1890er Jahren. Zunächst misstrauisch beäugt, näherten sich die Einwanderer mit der Zeit ihren (katholischen) Nachbarn an. In einigen Ortschaften bildeten sie allmählich sogar die Mehrheit. Ihre Präsenz auf den lokalen Arbeitsmärkten weckte schon bald die Befürchtung, dass dadurch die Chancen der einheimischen Arbeiter gemindert würden. Daher versuchten deutsche Sozialdemokraten, sie für ihre Sache zu gewinnen. Mit ihrer Agitation biss die SPD jedoch meist auf Granit. In Deutschland erlebten die Polen oft zunächst einen Zivilisationsschock. Sie lebten hier vielfach besser und verdienten mehr, daher stieß das Argument der wirtschaftlichen Benachteiligung bei ihnen auf taube Ohren. Die Polen sammelten sich um religiöse, kulturelle, soziale und politische Vereine und Vereinigungen, was sie gegen den Druck von außen immunisierte.[42] Sie bewahrten ihre nationale und konfessionelle (damit auch kulturelle) Identität, so dass die Versuche einer Vereinnahmung scheiterten. Die Bemühungen der Sozialdemokraten, die Ankömmlinge aus dem Osten durch polnischsprachige Zeitschriften, wie den *Górnik* (Bergmann) für sich zu gewinnen, schlugen fehl.[43] Dass einige lokale SPD-Führer sogar die polnische Sprache erlernten, änderte nichts an der Situation.

---

42 Vgl. Rzepa, Krzysztof: Socjaliści polscy w Niemczech do 1914 roku. Warszawa 1988, S. 33 ff.
43 Vgl. Ritter, Gerhard A.; Tenfelde, Klaus: Arbeiter im Deutschen Kaiserreich 1871 bis 1914. Bonn 1992, S .196; Rzepa (wie Anmerkung 42), S. 120 ff.

Im Jahr 1907 schrieb eine sozialdemokratische Bochumer Lokalzeitung:

Wir kennen durchaus Leute, die kaum Deutsch sprechen, aber schon nach einigen Monaten als Hauer arbeiten, während Einheimische selbst nach Jahren nicht über den Posten eines Laders oder Hilfshauers hinauskommen.[44]

Diese zweifellose Übertreibung gibt recht gut Auskunft darüber, welche Stimmung in zumindest einigen linken deutschen Arbeitermilieus herrschte.

Nachdem die Gründung einer autonomen polnischen Arbeiterorganisation innerhalb der deutschen Sozialdemokratie misslungen war, versuchten die Sozialdemokraten polnische Arbeiter in den Ostprovinzen des Reiches direkt zu gewinnen. In Oberschlesien sprach August Winter, obwohl er ein offener Kritiker der antipolnischen Regierungspolitik war, davon, dass die kulturelle Germanisierung der Polen dem Fortschritt diene.[45] Eine ähnliche Haltung vertrat Josef Gogowski, der in Posen versuchte, die polnischen Arbeiter anzusprechen. Von ihm stammt auch der 1902 getätigte Ausspruch, die Polen seien eine „aussterbende Nation".[46] Angesichts dessen verwundert es nicht, dass die Spannungen zwischen der SPD und den polnischen Sozialisten wuchsen und es schließlich zur Trennung der ungleichen Partner kam.[47] Auch dadurch büßte die Frage der polnischen Unabhängigkeit unter den deutschen Sozialdemokraten an Relevanz ein und traten stattdessen Bemühungen in den Vordergrund, die polnischen Arbeiter in den östlichen Provinzen des Reiches für die SPD zu gewinnen. Dabei geizte man nicht mit Geld. Die hochdefizitären

---

44 Zitiert nach Kleßmann, Christoph: Polnische Bergarbeiter im Ruhrgebiet 1870-1945. Soziale Integration und nationale Subkultur einer Minderheit in der deutschen Industriegesellschaft. Göttingen 1978, S. 213 f.

45 Vgl. Hawranek, Franciszek: Polska i niemiecka socjaldemokracja na Górnym Śląsku w latach 1890-1914. Opole 1977, S. 125-126; Krämer, Reinhard: August Winter. Der vergessene Pionier der Sozialdemokratie in Oberschlesien. In: Internationale Wissenschaftliche Korrespondenz zur Geschichte der deutschen Arbeiterbewegung. (2000) Nr.2, S. 210 f.

46 Paterczyk, Zygmunt: Marcin Kasprzak i jego „sprawa". Anatomia funkcjonowania niesłusznego oskarżenia. Warszawa-Poznań 1985, S. 186.

47 Zieliński, Władysław: Polska Partia Socjalistyczna zaboru pruskiego 1890/1893-1914. Katowice 1992.

polnischsprachigen Publikationen wurden großzügig aus den Töpfen der SPD und der Freien Gewerkschaften unterstützt. Allein die SPD hat sich diese Werbung um die polnischen Arbeiter über 100 000 Reichsmark kosten lassen![48] Hinzurechnen muss man Mittel, die der Schatzmeister der SPD für parteinahe Publikationen in polnischer Sprache in Posen ausgab. 1902-1904 erschien dort die *Gazeta Ludowa,* seit 1901 publizierten im Zweiwochen-Rhythmus die SPD-nahen Freien Gewerkschaften die *Oświata,* die 1906 als Wochenzeitung erschien.[49] Trotz jahrelanger Werbung konnten jedoch keine nennenswerten Erfolge erzielt werden. Für die deutschen Sozialdemokraten wurden die im Osten lebenden Polen zunehmend zum Problem. Da sie sich nicht für den als Ausdruck des Fortschritts angesehenen Sozialismus gewinnen ließen, war der Weg nicht weit, die resistenten Polen von oben herab zu behandeln. Für den niedrigeren Entwicklungsgrad des Ostens wurde die „polnische Wirtschaft" verantwortlich gemacht.

Noch weniger Chancen (dies galt auch proportional für die darin investierten Mittel) hatten die deutschen Sozialdemokraten, wenn es um polnische Saisonarbeiter ging, die als „die Ärmsten der Armen" bezeichnet wurden und sich in der Erntezeit zu Tausenden auf den Feldern in Deutschland verdingten. Für den Vorabend des Ersten Weltkrieges schätzt man ihre Zahl auf rund 300 000. Die Mehrheit von ihnen kam aus dem österreichischen und russischen Teilungsgebiet. Die von den Werbern Angelockten nannte man spöttisch „Pollacken".[50] Preußische Polen und Deutsche aus den östlichen Provinzen nahmen an diesen Wanderungen immer seltener teil. Sie suchten stattdessen lieber nach besser bezahlter Arbeit in Gewerbe und Industrie. Die Saisonarbeiter verfügten häufig

---

48 Vgl. Ritter, Gerhard A.: Die Arbeiterbewegung im Wilhelminischen Reich. Die Sozialdemokratische Partei und die Freien Gewerkschaften 1890-1900. Berlin 1963, S. 75 f.
49 Vgl. Danilczuk, Bolesław: Ruch robotniczy w Wielkopolsce 1871-1914. Toruń 1961, S. 156-158; ders.: Działalność SPD i PPS zaboru pruskiego w Poznańskiem w latach 1891-1914. Toruń, S. 58-60; Protokolle der Verhandlungen der Kongresse der Gewerkschaften Deutschlands (1/1892-10/1919). Nachdr. Berlin-Bonn 1979, Bd. 2, S. 19, 54, 67, 69, 97; Bd. 3, S. 77, 79, 107; Bd. 4, S. 91, 93, 113; Bd. 5, S. 93, 95, 114; Bd. 6, S. 241.
50 Vgl. Rehbein, Franz: Das Leben eines Landarbeiters. Hrsg. von Urs. J. Diederichs und Holger Rüdel. Hamburg 1985, S. 66.

über sehr mangelhafte oder gar keine Bildung und wurden daher schlechter behandelt als ihre Landsleute, die in den Fabriken und Bergwerken arbeiteten. Obwohl die SPD anfangs auch zu ihnen Kontakt suchte, entschied sie sich schließlich, die Bemühungen nur auf diejenigen zu beschränken, die einer Arbeit im lokalen Klein- und Mittelgewerbe nachgingen, z.b. in Ziegeleien, Spiritusbrennereien etc.[51] Die SPD tat sich häufig schon schwer, die deutschen Landarbeiter anzusprechen, im Fall der Polen waren die Probleme gar unüberwindbar. Diese lebten in einer beinahe fremden Welt. Den fast unüberbrückbaren Abgrund zwischen den Mentalitäten und Lebenswelten illustriert der Name *Puttkamerun*, der sich im Laufe der Zeit als Bezeichnung für den ländlichen Osten einbürgerte, diesen also mit einer Kolonie verglich, in der die Junker so herrschten wie die weißen Grundbesitzer in Afrika. Die Denkmuster und Weltvorstellungen der Sozialisten beschränkten sich hauptsächlich auf die sich mit rasanter Geschwindigkeit verändernden (groß)städtischen Zentren. Auf dem Land verfügten sie kaum über organisatorischen Rückhalt. Um die Landbewohner zu erreichen, mussten sie sich zu ihnen hinbegeben und so aus einer grundsätzlich anderen Umgebung heraus agieren.[52] Dementsprechend gering fiel auch die Wirkung aus. Einer der Sozialisten, die dem Landproletariat entstammten, Franz Rehbein, gibt darüber in seinen Erinnerungen Auskunft, wenn er schreibt, dass seine Entscheidung, Sozialist zu werden, kaum durch Überzeugungsarbeit beeinflusst worden war.[53]

Erst 1909 unternahm die SPD erste ernsthafte Versuche, die auf Gütern und bei Großbauern beschäftigte Landarbeiterschaft für sich zu gewinnen. Der Verband der Land-, Forst- und Weinbergsarbeiter und -arbeiterinnen Deutschlands (1912 in Deutscher Landarbeiter-Verband umbenannt) erfreute sich aber eines recht bescheidenen Zulaufs. Von den über drei Millionen Landarbeitern traten ihm nur wenige Tausend als Mitglieder

---

51 So in einem an polnische Saisonarbeiter gerichteten Flugblatt (Staatsarchiv Leipzig, AH Leipzig, Nr. 2568).
52 Vgl. Flemming, Jens: Die vergessene Klasse: Literatur zur Geschichte der Landarbeiter in Deutschland. In: Arbeiter und Arbeiterbewegung im Vergleich. Berichte zur internationalen historischen Forschung. Hrsg. von Klaus Tenfelde. München 1986, S. 414.
53 Vgl. Rehbein (wie Anmerkung 50), S. 293 f.

bei.[54] Angesichts dessen gestaltete sich die Aufgabe, polnische Saisonarbeiter anzusprechen, immer schwieriger. Die Kontaktaufnahme behinderten gleich mehrere Faktoren: Die Agitatoren fühlten sich als Fremde und wurden auch als solche empfunden, zumal sie aufgrund der nur begrenzten Laufzeit ihrer Arbeitsverträge meist nicht daran interessiert waren, Kontakte zu den Einheimischen zu suchen. Die sozialdemokratische Agitation wurde darüber hinaus von Arbeitgebern und vom Staat massiv behindert. Daher verwundert es nicht, dass es zumeist nicht deutsche, sondern polnische Sozialisten aus Galizien waren, die polnische Saisonarbeiter ansprachen. Als Beispiel sei eine Flugblattaktion in Pommern 1913 erwähnt.[55] Wir verfügen zwar über Berichte von einer zwischen polnischen und deutschen Landarbeitern kurz vor dem Ausbruch des Weltkrieges stattfindenden Kooperation, müssen diese jedoch mit einer gewissen Skepsis betrachten.[56] Auch deutet vieles darauf hin, dass die SPD nach der anfänglichen Euphorie, von der sie und ihr nahestehende Gewerkschaften 1890 nach dem Auslaufen der „Sozialistengesetze" erfasst wurden, recht bald die Bemühungen aufgegeben hat, eine feste Basis unter den Landarbeitern aufzubauen.

Zusammenfassung

Es steht außer Zweifel, dass die „Polnische Frage" nicht zu den Hauptthemen der SPD gehörte, und mit der Zeit verlor sie sogar noch diese geringe Relevanz. Ihre Sympathie für die Polen erbten die Sozialisten von

---

54 Vgl. Saul, Klaus: Der Kampf um das Landproletariat. Sozialistische Landagitation, Großgrundbesitz und preußische Staatsverwaltung 1890 bis 1903. In: Archiv für Sozialgeschichte. Bd. XV (1975), S. 176.
55 Vgl. Lage und Kampf der Landarbeiter im Ostelbischen Preußen. (Vom Anfang des 19. Jahrhunderts bis zur Novemberrevolution 1918/19). Quellen. Einleitung Heinz Hübner. Berlin 1977, Bd. I, S. LI; Bd. II, S. 341; Drewniak, Bogusław: Robotnicy sezonowi na Pomorzu Zachodnim (1890-1918). Poznań 1959, S. 344 f.; Wajda, Kazimierz: Wieś pomorska na przełomie XIX i XX w. Kwestia rolna na Pomorzu Gdańskim. Poznań 1964, S. 290 f.
56 Vgl. Sägebrecht, Willy: Keine unbeschwerte Kindheit (1911-18). In: Proletarische Lebensläufe. Autobiographische Dokumente zur Entstehung der Zweiten Kultur in Deutschland. Bd. 2: 1914 bis 1945. Hrsg. von Wolfgang Emmerich. Reinbek bei Hamburg 1985, S. 78-80.

ihren geistigen Vorgängern, den Liberalen und Demokraten, die sich nach 1848 mehr dem „nationalen" deutschen Standpunkt verpflichtet fühlten. Den Wertetransfer besorgten ehemalige Demokraten wie Johann Philipp Becker, die sich der entstehenden Arbeiterbewegung zuwandten. Entschieden vertreten wurde dieser Standpunkt jedoch nur von wenigen – zu ihnen zählte Wilhelm Liebknecht, der seit frühester Jugend den Freiheitskampf der Polen unterstützte. Danach übernahm die jüngere Generation, die im Geist der zunehmenden Erfolge der deutschen Arbeiterbewegung aufgewachsen war, die Leitung der Partei. Sie war eher pragmatisch ausgerichtet und ging zur „Polenfrage" auf Distanz. Zu ihren Vertretern kann Ignaz Auer gezählt werden. Für Vertreter des radikalen Flügels um Rosa Luxemburg war die polnische Unabhängigkeit ahistorisch und schadete der internationalen Arbeiterbewegung.

Eine Veränderung der Wahrnehmung ist in den 1890er Jahren zu erkennen, als die SPD ihre legale Tätigkeit wieder aufnehmen konnte. Die damals massenweise in den Westen wandernden polnischen Arbeiter wurden für die SPD nach und nach zu einem großen Problem, denn sie lockerten die geschlossene Front der deutschen Arbeiterbewegung auf, die im Kampf um die Verbesserung ihrer wirtschaftlichen und politischen Lage zunehmend an Schlagkraft gewann. Damit wurde die „Polenfrage" in die Mitte der Arbeiterbewegung hineingetragen. Alle Versuche, die Polen mittels einer autonom agierenden, aber dennoch untrennbar mit der SPD verbundenen Organisation für sich zu gewinnen, scheiterten an der „Gegenoffensive" der erstarkenden Nationalbewegung, die dazu überging, eigene Arbeiterorganisationen ins Leben zu rufen (vor allem die Polnische Arbeitervereinigung). Angesichts dessen und auch aufgrund der immer aggressiveren Germanisierungspolitik der Berliner Regierung war das Vorhaben der Sozialisten zum Scheitern verurteilt. Selbst die wenigen polnischen Arbeiter, die mit der politischen Linken sympathisierten, waren nicht bereit – genauso wie ihre Kollegen in Galizien und Kongresspolen – zugunsten des Klassenkampfes auf die Unabhängigkeit zu verzichten. Dies wiederum verursachte der SPD-Führung Unbehagen, die allmählich zu der Einsicht gelangte, dass ihr Zusammengehen mit den polnischen Sozialisten zum Scheitern verurteilt sei. Aus den wenigen Berichten über das Verhältnis der durchschnittlichen Parteimitglieder zur „Polenfrage" geht eindeutig hervor, dass diese auf Distanz zu ihr gingen, in einigen Fällen sogar offen ihre Ablehnung manifestierten. Die Haltung der Polen wurde als egoistisch und schädlich für die Arbeiterklasse betrachtet. Es ist nicht auszuschließen, dass das Gefühl einer gewissen kulturellen Überlegenheit in diese Einschätzung mit einfloss. Beide Faktoren konnten sich ergänzen, durchdringen und dadurch verstärken. Die SPD – ihre Führer und Mitglieder gleichermaßen – waren nicht bereit, die Berechtigung der polnischen Forderungen anzuerkennen.

Richard Roepell (1808-1893) und Jacob Caro (1836-1904) als deutsch-polnische Kulturvermittler. Zu ihrem Briefwechsel mit polnischen Gelehrten

Barbara Widawska

Die Wissenschaft trennt die Nationen nicht,
sie verbindet sie.
(Richard Roepell)

Das den folgenden Überlegungen vorangestellte Zitat von Richard Roepell verweist auf das Ziel dieses Beitrages, in dem deutsche und polnische Intellektuelle vorgestellt werden, die als Wissenschaftler im Geiste der deutsch-polnischen Verständigung agierten. So selbstverständlich es heute klingen mag, so problematisch erweist sich diese Verständigung beim näheren Hinschauen, besonders dann, wenn man die Zeit des wachsenden Nationalismus im Europa des 19. Jahrhunderts und den Raum des preußischen Teilungsgebietes von Polen in den Blick nimmt. Die Nationalbewegung und der nationale Einigungsprozess der Deutschen auf der einen, das Streben der Polen nach Wiederherstellung des eigenen Staates auf der anderen Seite hatten zwischen beiden Nationen unüberbrückbare Gegensätze geschaffen. Seit der Polendebatte in der Paulskirche 1848 und besonders seit der Reichsgründung 1871 beherrschte politische Feindschaft die Beziehungen zwischen beiden Nationen.[1] Das charakterisiert vor allem die politische Ebene, die bei einem Vergleich der polnischen und deutschen Historiographie des 19. Jahrhunderts erkennbar ist.

Eine weitere Ebene kann durch die transnationale Forschung erschlossen werden. Sie eröffnet ein breites Forschungsfeld, das Kulturen nicht als homogene, abgeschlossene Systeme vergleicht, sondern die vielfältigen Übergänge und Verflechtungen zwischen ihnen ins Blickfeld

---

1 Vgl. Zernack, Klaus: Preußen – Deutschland – Polen. Aufsätze zur Geschichte der deutsch-polnischen Beziehungen. Hrsg. von Wolfram Fischer und Michael Müller. Berlin 2001, hier u.a. S. 58, 69.

rückt.² Damit wird ein anderer Ansatz der geschichtswissenschaftlichen Analyse angesprochen, nämlich die Kulturtransfer-Forschung.³ Vor diesem Hintergrund stehen die Verflechtungen zwischen den deutschen und polnischen Gelehrten im Fokus dieses Beitrages. Zwar wird der Kulturtransfer kollektiv geleistet, klar herausarbeiten lässt sich aber vor allem der individuelle Beitrag einzelner Mittler.⁴ Von daher richtet sich das Augenmerk im Folgenden auf zwei deutsche Historiker, nämlich Richard Roepell (1808-1893) und Jacob Caro (1836-1904), die als deutsch-polnische Vermittlerfiguren des kulturellen Transfers charakterisiert werden. Dabei wird ihre Rolle vor allem im deutsch-polnischen Wissenstransfer seit den 1840er Jahren des 19. Jahrhunderts untersucht. Diese Vorgehensweise ermöglicht es, die gegenseitige Beeinflussung der deutschen und polnischen Geschichtsschreibung über Polen aufzuzeigen. Ich hoffe so auch einen Beitrag zur empirischen Überprüfung der These zu leisten, dass eine polenfreundliche Einstellung und eine produktive deutsch-polnische Zusammenarbeit in den Zeiten der wachsenden Nationalismen durchaus möglich waren. Hinter dem zweiten Teil des Titels „Zu ihrem Briefwechsel mit polnischen Gelehrten" verbirgt sich zudem die Frage nach der Funktionalität der informellen Beziehungen für die historische Forschung. Anhand der brieflichen Kommunikation lässt sich deutlich machen, wie vielfältig und intensiv die deutsche und die polnische Gelehrtenwelt miteinander vernetzt waren. Dabei stellt sich weiterhin die Frage nach der Relevanz dieser interkulturellen Vernetzung und nach der Produktivität des daraus folgenden Austausches.

Wenn kultureller Transfer ganz allgemein als Prozess des Austausches von Gegenständen, Informationen, Symbolen oder Bedeutungszuschrei-

---

2   Vgl. Übergänge und Verflechtungen. Kulturelle Transfers in Europa. Hrsg. von Gregor Kokorz und Helga Mitterbauer. Bern 2004, S. 7-20 (Einleitung der Herausgeber).
3   Zur Analyse beider Ansätze in der Geschichtswissenschaft siehe: Lingelbach, Gabriele: Erträge und Grenzen zweier Ansätze. Kulturtransfer und Vergleich am Beispiel der französischen und amerikanischen Geschichtswissenschaft während des 19. Jahrhunderts. In: Die Nation Schreiben. Geschichtswissenschaft im internationalen Vergleich. Hrsg. von Christoph Conrad und Sebastian Conrad. Göttingen 2002, S. 333-359.
4   Vgl. Frankreichfreunde. Mittler des französisch-deutschen Kulturtransfers (1750-1850). Hrsg. von Michel Espagne und Werner Greiling. Leipzig 1996, S. 7-22 (Einleitung der Herausgeber), hier S. 11.

bungen zwischen Kulturen verstanden wird,[5] dann kommt den Vermittlungsinstanzen in diesem Prozess eine zentrale Rolle zu. Unter diesen nehmen individuelle Vermittler, deren Tätigkeit oft in Mittlerinstitutionen integriert und durch mediale Mittlerinstanzen unterstützt wird, eine besondere Position ein. Da die Vermittlungsprozesse zwischen verschiedenen kulturellen Systemen nicht auf ein einseitiges Übernahmephänomen reduziert werden können, werden im Folgenden unterschiedliche Kanäle und Medien des Transfers betrachtet, um eine gegenseitige Einflussnahme nachzuweisen. Als solche Kanäle werden vor allem gesehen: persönliche Kontakte und Korrespondenzen zwischen deutschen und polnischen Gelehrten, Studienaufenthalte polnischer Nachwuchshistoriker in Breslau sowie Reisen zu systematischen Archiv- und Bibliotheksforschungen. Als Medien des Transfers fungieren in den weiteren Ausführungen: Geschichtswerke, historische Zeitschriften und Briefe,[6] die Einblicke in die auf bilateraler Basis entstandenen Forschungsleistungen der jeweiligen Briefpartner gewähren.

Da Formen des Kulturtransfers erst im Vergleich als solche identifiziert werden können, wird zunächst die Lage der polnischen und deutschen Geschichtsschreibung im 19. Jahrhundert skizziert. Im Zeitalter des Nationalismus war die Historiographie die wichtigste Wissenschaft im geistigen Leben sowohl der Polen, als auch der Deutschen. Die ungünstige politische Situation der Polen äußerte sich auch in der unterschiedlichen Entwicklung der polnischen und deutschen Historiographie. Durch den Mangel an Institutionen, den erschwerten Zugang zu Bibliotheken und durch die Repressionen der Teilungsmächte konnte sich die polnische Geschichtswissenschaft nicht so gut wie die in anderen Ländern Europas entwickeln.[7] So konstatiert der polnische Jurist, Historiker und Publizist Alexander Kraushar (1842-1931) bei seiner Charakterisierung der Phase von 1831 bis in die 60er Jahre des 19. Jahrhunderts, vor

---

5 Vgl. Übergänge und Verflechtungen (wie Anmerkung 2), S. 9.
6 Um Missverständnisse zu vermeiden sei darauf hingewiesen, dass ich die Begriffe *Korrespondenz* und *Brief* im Kontext des Transfers nicht synonym verwende. Die Korrespondenz verstehe ich als eine Art und Weise der Informationsvermittlung, also als einen Kanal des Transfers, für den der Aufbau des Postwesens entscheidend war. Der Brief fungiert dagegen als Medium, also als ein Informationsträger des Transfers.
7 Grabski, Andrzej: Zarys historii historiografii polskiej. Poznań 2000. S. 112 f.

allem nach der Revolution des Jahres 1831, in allen drei Teilungsgebieten Polens eine Stagnation der wissenschaftlichen Forschung. Über die Voraussetzungen für deren Entwicklung äußert er sich folgendermaßen:

Die Wissenschaften entwickeln sich selten ausschließlich in den eigenen vier Wänden unvorbereiteter, flüchtiger Forscher. Sie benötigen für ihre Entwicklung entsprechende Anreize und Propaganda, durch öffentliche Vorträge, durch die Beteiligung an Diskussionen in wissenschaftlichen Gesellschaften, [...] in Fachzeitschriften [...]. Ohne solche Anreize kann sich die Wissenschaft weder entwickeln, noch überhaupt existieren.[8]

Solche Anreize und Möglichkeiten boten sich polnischen Historikern kaum. Zugleich betonte Kraushar in seiner Arbeit, dass die Deutschen im Laufe des 19. Jahrhunderts unter dem Primat der Geisteswissenschaften einen Höhepunkt ihrer wissenschaftlichen Entwicklung erlebten. Dazu haben wesentlich der Philosoph und Staatstheoretiker Georg Wilhelm Friedrich Hegel (1770-1831) und der Historiker Leopold Ranke (1795-1886) mit ihren Schulen beigetragen. Die Berliner Gelehrten beeinflussten vor allem das historische Denken von jungen deutschen Historikern. Zu ihnen gehörten neben Theodor Mommsen (1817-1903), Heinrich von Sybel (1817-1895), Max Duncker (1811-1886) und Gustav Droysen (1808-1884) auch Richard Roepell und Jacob Caro. Das von den künftigen Breslauer Universitätsprofessoren erworbene Wissen und ihre Forschungserfahrungen wurden weiter nach Polen transferiert, und zwar hauptsächlich von Roepell und Caro, die sich auf die Erforschung der polnischen Geschichte spezialisierten.

Wenn man die letzten Jahre der von Kraushar behandelten Periode von 1831-1864 betrachtet, so kann man mit einiger Berechtigung sagen, dass damals eine neue Generation von polnischen Historikern zu wirken begann, die vorwiegend bei deutschen Gelehrten studiert und von diesen neue Methoden der historischen Forschung erlernt hatte. Darunter sind zu nennen: August Bielowski (1806-1876), Henryk Szmitt (1817-1883), Jan Nepomucen Romanowski (1831-1861), Józef Przyborowski (1823-1896), Kazimierz Plebański (1831-1897), Leon Wegner (1824-1873), Władysław Nehring (1839-1909), Kazimierz Jarochowski (1828-1888), Władysław

---

8   Vgl. Kraushar, Alexander: Zarysy literacko-historyczne. Warszawa, Kraków 1911, S. 55-113 (Kapitel: Naukowość polska w trzydziestoleciu 1831-1861), hier S. 61.

Bentkowski (1817-1887) und August Mosbach (1817-1884).[9] Berlin, Halle und ab 1811 Breslau waren die Hauptstudienorte der polnischen Jugend aus dem preußischen Teilungsgebiet.[10] Die größte Zahl der Polen studierte in Breslau, wo eben Richard Roepell und Jacob Caro wirkten und ihr ganzes Leben lang intensiv über die polnische Geschichte forschten.

Bevor ich mich der beruflichen Aktivität der beiden Historiker zuwende, möchte ich einige Worte zu ihren Biographien[11] vorausschicken. Schon ihre Geburtsorte im deutsch-polnischen Grenzraum kündigen die engen kulturellen Bindungen der beiden künftigen Historiker mit Polen an. Richard Roepell wurde im Jahre 1808 in einer reichen Beamtenfamilie in Danzig geboren. Die kulturelle Vielfalt Danzigs prägten zu dieser Zeit vor allem Deutsche und Polen, daneben Kaschuben, Juden, Engländer, Holländer und Angehörige anderer Nationen. Jacob Caro kam 1836 in einer akkulturierten deutsch-jüdischen Familie in Gnesen zur Welt und hier, am Schnittpunkt dreier Kulturen, der deutschen, polnischen und jüdischen, erhielt sein Leben multinationale Prägungen. Durch die direkte Nachbarschaft wurden die Kontakte zwischen Deutschen und Polen zur Alltäglichkeit, auch Kenntnisse der polnischen Sprache waren bei den Deutschen keine Seltenheit. Roepell war dieser mindestens passiv mächtig und Caro bediente sich des Polnischen aktiv mündlich wie schriftlich, was seine Briefe bestätigen.[12]

Sowohl Roepell als auch Caro haben bei namhaften Historikern studiert. Roepell hörte zunächst in Halle Vorlesungen bei Heinrich Leo, 1830

---

9 Vgl. ebd., S. 101.
10 Vgl. Karbowiak, Antoni: Młodzież polska akademicka za granicą 1795-1910. Kraków 1910.
11 Es gibt weder über Roepell noch über Caro eine umfassende wissenschaftliche Biographie, nur einige biographische Skizzen. Ausführlicher zu Roepells biographischen Daten siehe: Knot, Antoni: Ryszard Roepell 1808-1893. In: Przegląd Zachodni, Bd. 3, S. 108-164; zu Caros Biographie vgl.: Biographische Skizze. In: Jacob Caro, Vorträge und Essays. Gotha 1906, S. 1-31.
12 Zu Roepells Polnischkenntnissen vgl. seinen Brief an Józef Szujski vom 26. April 1880, in dem er schreibt „ [...] mein Ohr [ist] zum Auffassen und Verstehen des Polnischen weniger geübt [...] als mein Auge". Zitiert nach Knot (wie Anmerkung 11), S. 167. Caros Kenntnisse des Polnischen bestätigen seine Briefe an Franciszka Helclowa vom 30. März 1871 und an Józef Łepkowski vom 11. Februar 1873, die auf Polnisch verfasst wurden. Abgedruckt in: Ergetowski, Ryszard: Briefe von Jacob Caro an polnische Gelehrte (1862-1902). Warszawa 2005, S. 70 f.

wechselte er dann nach Berlin, um bei Ranke sein Geschichtsstudium fortzusetzen und die Philosophievorlesungen Hegels zu besuchen. 1834 promovierte Roepell in Halle zum Dr. phil. und noch im selben Jahr habilitierte er sich. Caro studierte seit 1854 Philosophie, Literatur und Geschichte in Berlin und wechselte 1857 nach Leipzig, wo er Vorlesungen bei Heinrich Wuttke belegte. Sein Interesse an der polnischen Thematik entwickelte sich schon bei der Arbeit an seiner Dissertation *Über die Wahl König Siegismunds III. von Polen*.

Mit dem Studium und der Forschungsthematik der beiden Historiker war der lukrative Vorschlag des Verlages Perthes verbunden, für das Sammelwerk *Geschichte der europäischen Staaten* die Bände über die Geschichte Polens zu schreiben. Nach langem Hin und Her übernahm Roepell 1836 den Auftrag und im Jahr 1840 erschien der erste Band über die polnische Geschichte bis 1300.[13] Mit dem Verfassen der nächsten Bände wurde 1861, also erst über 20 Jahre später, Jacob Caro beauftragt, der in den Jahren 1863-1888 seine *Geschichte Polens* für den Zeitraum 1300-1506 veröffentlichte. Dieses Werk verband seine Autoren auf Dauer mit der polnischen Historiographie, worauf noch einzugehen sein wird.

Das beiden Historikern Gemeinsame und sie Verbindende ist die Professur an der Breslauer Universität, die Roepell 1841 dank seiner *Geschichte Polens* erhielt und Caro dadurch, dass sein wissenschaftliches Interesse vornehmlich der Geschichte, Kultur und Literatur der slawischen Völker galt. Zunächst erhielt er 1869 einen Ruf als Honorarprofessor, 1876 wurde er zum außerordentlichen und 1884 zum ordentlichen Professor für Geschichte ernannt. Da Breslau neben Berlin, wie schon erwähnt, als bevorzugter Studienort für die polnische Jugend galt, blieben Roepells und Caros jahrelange wissenschaftliche und akademische Tätigkeit nicht ohne

---

13 Roepells Arbeit am geplanten zweiten Band wurde wahrscheinlich durch seine seit 1850 zunehmende politische Tätigkeit als Abgeordneter verschiedener Parlamente abgebrochen und auf Druck des Verlages an den jüngeren Kollegen Jacob Caro abgegeben. Roepells politisches Engagement schildern ausführlich: Gerlich, Hubert: Organische Arbeit und nationale Einheit. Polen und Deutschland (1830-1880) aus der Sicht Richard Roepells. Münster 2004; Barelkowski, Matthias: Die Teilungen Polen-Litauens interpretieren. Richard Roepell und Jakob Caro – zwei deutsche „Polenhistoriker" zwischen Wissenschaft und Politik. In: Die Teilungen Polen-Litauens. Inklusions-und Exklusionsmechanismen – Traditionsbildung – Vergleichsebenen. Hrsg. von Hans-Jürgen Bömelburg u.a. Osnabrück 2013, S. 105-154.

Rückwirkung auf die geistige Entwicklung polnischer Studenten. Als Beleg dafür, dass Roepell die akademische Laufbahn völlig vorurteilslos antrat, kann sein Schreiben zur Bewerbung auf den Lehrstuhl für Slawistik in Breslau angeführt werden. Bei der Organisation der akademischen Lehre an diesem Lehrstuhl legte er großen Wert darauf, die Sprache und Literatur einem Slawen, die Geschichte aber

einem Deutschen zu übertragen, der einerseits mit Liebe auf diese Studien eingthe, andererseits sie aber auch frei von jeder nationalen Befangenheit zu behandeln und solchergestalt eine vermittelnde Stellung einzunehmen vermöchte, welche umso mehr Vertrauen erwecken dürfte als dadurch der Nation gezeigt würde, dass auch die Deutschen es nicht mehr wie bisher verschmähten, die slawischen Studien in den Kreis ihrer wissenschaftlichen Bethätigungen zu ziehen.[14]

Als Antwort auf seine Bewerbung wurde Roepell zum außerordentlichen Professor für das Fach Geschichte ernannt. Mit Engagement versuchte er seinen Studenten wichtige Strömungen in der Historiographie des 19. Jahrhunderts zu übermitteln. Die erste war mit den Hegelschen Ideen verbunden. Hegels Philosophie war durch das Studium in Berlin zugänglich, aber auch in Breslau bemühten sich zunächst Gustav A. H. Stenzel (1792-1854) und dann Roepell, die Thesen Hegels vom organischen Ausbau an ihre polnischen Studenten weiterzuleiten. Hegels These zur sogenannten organischen Staatstheorie wird von Gerlich folgendermaßen ausgelegt:

Rechtswissenschaften, Geschichte, Philosophie, Literatur, Wirtschaftswissenschaften, Archäologie und Theologie sollten nach dem Willen Hegels auf die Menschen wirken, um in ihnen ein Zusammengehörigkeitsbewusstsein, einen Gemeinsinn zu entwickeln, der einen Volksgeist und eine nationale Einheit mit sich bringe [...]. Eine Evolution, eine schrittweise organische Umbildung sollte die Gesellschaft zu einer höheren Kulturstufe führen und den Staat zu einem geistig-sittlichen und ethischen Organismus zusammenwachsen lassen. Um dieses zu erreichen, war es jedoch notwendig, dass die Forscher zu den Monumenten und Ursprüngen ihrer eigenen

---

14 Im April 1841 wandte sich Roepell mit diesem Bewerbungsschreiben an das Kultusministerium. In: Staatsbibliothek zu Berlin, Preußischer Kulturbesitz, Sign. Darmst. 2 f 1840 (6) Richard Roepell, zitiert nach: Gerlich (wie Anmerkung 13), S. 79.

Kultur zurückkehren und sie aus einer nationalgemeinschaftlichen Perspektive bewerten.[15]

Ob Roepell einen Beitrag zur Aufnahme und Verbreitung dieser Ideen bei polnischen Studenten leistete, untersucht Gerlich in seiner Studie. Er kommt zu dem Ergebnis, dass der Einfluss Roepells auf Initiativen der Polen im Bereich der „organischen Arbeit"[16] beträchtlich sei.[17]

Die zweite Strömung verband sich mit den Grundsätzen der Rankeschen Historiographie, die nicht mehr als chronologische Ereignisgeschichte sondern als historisch-kritische, objektive und quellenbezogene Geschichtsschreibung verstanden wurde. Dabei prägte Roepell auch das nationale Bewusstsein der polnischen Studenten, indem er mit ihnen gemeinsam Quellen zur polnischen Geschichte studierte, sie bei ihren Forschungen unterstützte und für seine historischen Seminare vorwiegend polnische Themen bestimmte. Einen Einblick in Roepells Arbeitsmethoden erlaubt sein Brief aus dem Jahre 1856 an den polnischen Historiker Antoni Helcel (1808-1870):

Einige hier studierende Polen haben mich [...] gebeten, die Studien zu leiten, die sie auf dem Gebiete der vaterländischen Geschichte gern unternehmen möchten. Natürlich habe ich die Leitung gern übernommen [...]. Alle Monate einmal kommen wir dann zusammen. Jeder berichtet, was er gethan. Wir vergleichen die Resultate der verschiedenen Quellen, versuchen gemeinschaftlich die Kritik derselben [...] ich hoffe diese Thätigkeit wird Früchte tragen [...] und so fühlt sich doch hoffentlich der eine oder der andere veranlasst, das hier Begonnene auch nach der Universität weiter fortzusetzen. Die Kraft ist geübt, der Blick geöffnet, das Interesse bleibt.[18]

---

15 Ebd., S. 4.
16 Der bedeutendste Vertreter des Konzepts der *organischen Arbeit* war der Arzt Karol Marcinkowski (1800-1846), der 1836 den *Posener Bazar* und 1841 den *Verein zur Unterstützung der lernenden Jugend des Großherzogtums Posen* gründete. Diese Institutionen sollten in erster Linie der wirtschaftlichen und kulturellen Aktivierung der polnischen Bevölkerung dienen. Die Initiativen waren politisch motiviert, man hatte sich entschieden, die Wiedererrichtung Polens auf legalem Wege anzustreben.
17 Mehr dazu bei Gerlich (wie Anmerkung 13), S. 115, 195.
18 Zitiert nach Knot (wie Anmerkung 11), S. 150.

So versuchte Roepell den Studenten einen Anstoß zur kritischen Quellenforschung auch für die Geschichte der eigenen Nation zu geben. Von besonderer Sympathie für polnische Nachwuchshistoriker zeugt ebenfalls die Tatsache, dass Roepell die polnische Geschichte zusätzlich in einem kleinen privaten Kreis bei sich zu Hause lehrte.[19] Aus seinem Seminar sind in den 1850er Jahren die ersten Dissertationen zur polnischen Geschichte hervorgegangen, die den wissenschaftlichen Ansprüchen der damaligen Zeit entsprachen. Jahre später galt auch Jacob Caro als polenfreundlicher Professor, der die polnischen Studenten bei sich zu Hause empfing, ihnen bei ihren Studien Hilfe leistete und Forschungsthemen zur Geschichte ihres Vaterlandes anbot.[20] An dieser Stelle muss angemerkt werden, dass sich die Arbeiten sowohl bei Roepell als auch bei Caro vorwiegend auf die mittelalterliche Geschichte Polens bezogen. Zwar war die moderne Historiographie einerseits auf das Mittelalter als die formative Phase der nationalen Entwicklung ausgerichtet, andererseits aber sollte sie einen starken Bezug auf die Gegenwart und auf die Herausbildung der modernen Nation haben. Aus politischen Gründen fehlte die zweite Thematik in den betreuten Forschungsarbeiten gänzlich. Abgesehen von dieser Einschränkung genossen Prof. Roepell und Prof. Caro einen guten Ruf bei den polnischen Wissenschaftlern, allen voran als die besten deutschen Kenner des polnischen Mittelalters.

Anhand der Erinnerungen von Plebański, Kochanowski (1869-1949) und Pawiński (1840-1896)[21] lässt sich feststellen, dass Roepell und Caro methodisch als Vorbilder für ihre Studenten galten. Die Unterrichtsmethode der Quellenlektüre und -interpretation hatte zur Folge, dass sich eine neue Generation polnischer Historiker herausbildete, deren wohl bedeutendster Vertreter, neben Xawery Liske (1838-1891) und Władysław Nehring, Józef Kazimierz Plebański war.[22] Eine besonders innovative Tätigkeit, die in seiner Studienzeit wurzelte, entfaltete er in den Jahren 1861-1869 als Professor an der Warschauer Hochschule. Durch den historischen

---

19 Darüber informiert ausführlich ein ehemaliger Student von Roepell. Vgl. Plebański, Józef Kazimierz: Ryszard Roepell. In: Kłosy (1884) Nr. 982, S. 263, 270.
20 Vgl. Kochanowski, Jan Karol: Jakób Caro. Wspomnienie. In: Przegląd Historyczny, dwumiesięcznik naukowy (1905) Bd. 1, H. 1, S. 107-115.
21 Vgl. Plebański (wie Anmerkung 19), Kochanowski (wie Anmerkung 20), Pawiński, Adolf: Ryszard Roepell. Tygodnik ilustrowany (1882), Nr. 320.
22 Eine Liste von Roepells Studenten vgl. bei Knot (wie Anmerkung 11), S. 117-133.

Objektivismus brach Plebański mit der romantischen Nationalidee der Polen, also der Apologie und Glorifizierung der eigenen Geschichte. Er betonte dagegen das Fehlen gesellschaftlicher Disziplin und eine gewisse Neigung zur Anarchie in der republikanischen Vergangenheit Polens.[23] Dank der Breslauer Professoren ist in hohem Maße eine historische Schule herangewachsen, welche die ältere Geschichtsschreibung mit einer kritischen Methode zu prüfen versuchte. Die jungen Historiker bedienten sich der philologisch-kritischen Methode, nach der sie ihre ersten monographischen Arbeiten in Angriff nahmen. Angesichts des hohen fachlichen Niveaus des Studiums, das bei den Professoren Roepell und Caro in freundschaftlicher Atmosphäre mit den polnischen Akademikern verlief, verwundert nicht, dass viele der Breslauer Studenten zu bedeutenden polnischen Historikern und akademischen Lehrern wurden. Außer den schon erwähnten Namen zählten zu ihnen L. Wegner, St. Maroński, J. Przyborowski, W. Zakrzewski, Z. Celichowski, St. Karwowski, I. Chrzanowski, J. Kasprowicz, A. Pawiński, M. Bobowski, B. Dembiński, M. Kantecki und J.K. Kochanowski.[24]

Als ein weiterer wesentlicher Beleg für die kulturvermittelnde Rolle Roepells und Caros kann ihr Anteil an der Erforschung der polnischen Geschichte gewertet werden. Ein derart umfangreiches Projekt wie die im Perthes Verlag erschienene *Geschichte Polens* von 850-1506 wäre wahrscheinlich ohne Hilfe und Unterstützung durch polnische Gelehrte, Bibliographen, Historiker und Publizisten nicht möglich gewesen. So standen Roepell und Caro in Kontakt mit vielen Intellektuellen, die sehr oft mit polnischen kulturellen Zentren oder wissenschaftlichen Institutionen verbunden waren. In den meisten Fällen lässt sich heute lediglich den erhaltenen Briefen entnehmen, zu welchen Korrespondenten sie persönliche Beziehungen pflegten. Exemplarisch sei hier auf die für ihre Forschungsarbeit wichtigsten eingegangen.

Schon in den Jahren 1836-1838 hatte Richard Roepell Bibliotheken und Sammlungen der Posener Kunstmäzene und Privatgelehrten Edward Raczyński (1786-1845) und Tytus Działyński (1796-1861) genutzt. Diese beiden Gelehrten setzten sich in vielen Aktivitäten für die Pflege der

---

23 Vgl. Serejski, Marian: Naród a państwo w polskiej myśli historycznej. Warszawa 1977, S. 161-163.
24 Siehe bei Ergetowski (wie Anmerkung 12), S. 46.

polnischen Kultur und Sprache ein und waren als Herausgeber von historischen Quellen sowie als Verleger tätig. Welch große Bedeutung die Bücher- und Quellenbestände der Familie Działyński hatten, bezeugt die Tatsache, dass auch Jacob Caro fast 20 Jahre später mit dem Sohn Jan Działyński (1829-1880) persönliche Beziehungen anknüpfte. Anfang 1862 trafen sich beide in Berlin und sprachen u.a. über die eventuelle Einstellung Caros als Bibliothekar bei Działyński in Kórnik, die aber nicht zustande kam.[25] Die Briefwechsel werfen ein Licht auf weitere persönliche Bekanntschaften von Roepell und Caro mit Vertretern polnischer wissenschaftlicher Einrichtungen in Kongresspolen und in Galizien. Dem Krakauer Intellektuellenmilieu entstammte Antoni Helcel, ein Rechtshistoriker, der 1828 bei Gustav Stenzel Geschichte studiert hatte und in den 30er und 40er Jahren oft in Breslau zu Gast war. Die freundschaftliche Beziehung mit Roepell wurde durch gegenseitige Besuche der beiden Gelehrten gepflegt. Helcels Salon war ein wichtiger Treffpunkt der Krakauer Konservativen und man kann annehmen, dass auch Roepell bei seinen Besuchen an ihren Treffen teilnahm. Erste dokumentierte Belege für Helcels persönliches Engagement auch bei den Quellenrecherchen des jungen Jacob Caro in Krakauer Bibliotheken und Archiven sind auf das Jahr 1862 zu datieren.[26] Bei Jacob Caros Kommunikationswegen handelt es sich um die bei ausgedehnten Reisen aufgebauten Beziehungen zu europäischen höfischen Kreisen[27] und wissenschaftlichen Institutionen. Ähnlich wie Roepell suchte Caro aber vor allem nach Kontakten zu polnischen Gelehrten, die ihm ihre reichen Sammlungen beim Schreiben seiner *Geschichte Polens* zur Verfügung stellen konnten. Mit der intellektuellen Elite Polens konnte er u.a. in den Salons der polnischen Pianistin und Mäzenin Maria Kalergis (1822-1874) in Kontakt treten.[28] Zu den Gäs-

---

25 Vgl. Mężyński, Adam: Biblioteka Kórnicka Jana Działyńskiego. In: Pamiętnik Biblioteki Kórnickiej (1976) Nr. 12, S.139-141.
26 Vgl. Łętowski, Ludwik: Wspomnienia pamiętnikarskie. Hrsg. von Henryk Barycz, Wrocław 1956. S. 312.
27 Caro selbst äußerte sich in diesem Kontext in einem Brief an Kraushar vom 29. April 1895 folgendermaßen: „Ich bin in allen Schichten der menschlichen Gesellschaft herumgekommen, an Kaiserhöfen und in Arbeiterspelunken", zitiert nach Ergetowski (wie Anmerkung 12), S. 103.
28 Den Besuch Caros bei Kalergis im März 1865 in Petersburg schildert Stanisław Szenic in seinem Buch: Maria Kalergis. Warszawa 1968. S. 355.

ten der Kalergis gehörte Graf Aleksander Przeździecki (1814-1871), der ein bedeutender Kenner europäischer Bibliotheken und Archive war und in Warschau eine eigene öffentliche Bibliothek besaß. Caro knüpfte zu ihm persönliche Kontakte an. In Breslau traf er sich mit dem bereits erwähnten Warschauer Juristen und Historiker Alexander Kraushar. Eine freundschaftliche Beziehung verband ihn auch mit Wojciech Kętrzyński (1838-1918), dem Historiker, Quelleneditor und wissenschaftlichen Sekretär der Ossolinski-Bibliothek in Lemberg, wo Caro ihn oft besuchte, um Quellen für seine Forschungen zu erhalten.[29] Caro traf sich gern mit polnischen Gelehrten, um, wie er an Kętrzyński schrieb, „manches mit ihnen überlegen und besprechen zu können, das im Bereich unserer gemeinsamen Bestrebungen liegt."[30]

Da die Face-to-Face Kommunikation aus vielen Gründen sehr schwer möglich war, standen Roepell und Caro mit vielen polnischen Intellektuellen jahrelang in einem brieflichen Kontakt. Die in verschiedenen polnischen Bibliotheken und Archiven aufbewahrten Briefe von und an Richard Roepell[31] und von Jacob Caro[32] sind eine interessante Quelle vor allem zu den wissenschaftlichen Kontakten der beiden Gelehrten. Man kann heute leider nur einen Bruchteil dieses ursprünglich viel reicheren Bestandes rekonstruieren; so verweisen die erhaltenen Schreiben oftmals auf andere, nicht überlieferte Briefe. Durch eine Analyse der Briefinhalte lässt sich herausarbeiten, wie eng die Zusammenarbeit zwischen den Korrespondenten war. Neben direkten Kontakten blieb eben diese Korrespondenz als integraler Bestandteil des Informationssystems der deutsch-polnischen

---

29 Das belegen Caros Briefe an Kętrzyński vom 10. Mai 1877, 24. Oktober 1878, 27. Oktober 1882, 14. November 1891, 15. November 1899. Vgl. bei Ergetowski (wie Anmerkung 12), S. 74- 115.
30 Brief von Caro an Kętrzyński vom 10. Mai 1877. Vgl. ebd., S. 74.
31 39 überlieferte Briefe von und an Richard Roepell veröffentlichte Knot (wie Anmerkung 11), S. 144-168, und zwei weitere Żerelik, Rościsław: Jeszcze o związkach Ryszarda Roepella z uczonymi polskimi w świetle nieznanych listów Aleksandra Batowskiego. In: Sobótka (1990) Nr. 4, S. 525-535.
32 75 Briefe von Jacob Caro wurden von Ergetowski (wie Anmerkung 12) zusammengetragen und herausgegeben. Im Archiv der Polnischen Akademie der Wissenschaften (PAN) in Poznań befinden sich Caros unveröffentlichte Briefe an B. Dembiński, die in der Edition von Ergetowski nicht enthalten sind. Sie wurden irrtümlich als Julius Caros Briefe archiviert, es handelt sich aber zweifelsohne um eine Korrespondenz Jacob Caros. In: Nachlass Bronisław Dembiński, Sign. P. III-34, 124.

Gelehrtenwelt erhalten. Wie sich feststellen lässt, verdichteten und intensivierten sich die Briefwechsel vor allem in Bezug auf Informationen und Quellen, welche die deutschen Historiker für ihre Werke benötigten. Zu Roepells polnischen Korrespondenzpartnern gehörten in erster Linie Tytus Działyński, Antoni Helcel, August Bielowski, Aleksander Batowski und Karol Szajnocha, außerdem seine Studenten Kazimierz Plebański, Władysław Nehring und Xawery Liske. Von Caros Kontakten zu Polen zeugen seine in den Jahren 1862-1902 u.a. an Jan Działyński, August Mosbach, Władysław Nehring, Wojciech Kętrzyński, Michał Bobrzyński, Aleksander Kraushar, Aleksander Przeździecki und Wojciech Korzeniowski geschriebenen Briefe.

Auf einen erläuternden Kommentar zu den einzelnen Briefpartnern und ihren Briefen wird im Folgenden zugunsten einer exemplarischen Auswertung des Informations- und Wissenstransfers verzichtet. So kristallisieren sich in der Korrespondenz einige thematische Schwerpunkte heraus. Besondere Aufmerksamkeit verdienen dabei die Quelleneditionen zur polnischen Geschichte. Eine Edition der für die Erforschung der polnischen Geschichte wichtigen Quellen war Roepells Vorschlag in der Korrespondenz mit Tytus Działyński, der ab 1852 *Acta Tomiciana*[33] und ab 1855 *Lites ac res gestae inter Polonos Ordinemque Cruciferorum*[34] herausgab. Roepell beteiligte sich aktiv an den Editionsarbeiten, indem er zu dem letzteren Werk kritische Anmerkungen schrieb. Außerdem beabsichtigte er, eine Sammlung der ungedruckten wichtigeren lateinischen Werke für die Geschichte Polens im 16. und 17. Jahrhundert herauszugeben. Durch seine Beteiligung an dem Projekt *Monumenta Germaniae Historica* (MGH) war er mit dem Band 19 auch einer der Herausgeber der schlesisch-polnischen Annalen, wodurch er den damaligen Direktor des Lemberger Instituts Ossolineum August Bielowski, die Krakauer Gelehrtengesellschaft und Tytus Działyński anregte, die *Monumenta Poloniae Historica* vorzubereiten (MPH).[35] Die in den Jahren 1862-1864 direkt an den Grafen

---

33 Die wichtigste Quellensammlung für die Regierungszeit Zygmunts I. (1506-1548) und Zygmunts II. August (1548-1572).
34 Lites ac res gestae inter Polonos Ordinemgue Cruciferorum. Hrsg. von Tytus Działyński. Bd. 1-3. Poznań 1855-1857. Eine verdienstvolle Sammlung der Akten von Prozessen zwischen Polen und dem Deutschen Orden.
35 Monumenta Poloniae Historica. Bd. 1-6. Lwów, Kraków 1864-1893. Die Edition enthält eine Sammlung von Urkunden, Chroniken und sonstigen Quellenschriften für die Geschichte Polens.

Jan Działyński gerichteten Briefe von Caro bezogen sich ebenfalls u.a. auf Quelleneditionen. Im Brief vom 6. März 1862 riet Caro dem Grafen die Herausgabe der Chroniken und Annalen aus dem Zeitalter vor Jan Długosz, um so das notwendige Fundament für eine chronologische Edition sämtlicher Materialen zu legen. Einen breiteren Raum nimmt die Herausgabe der *Monumenta Poloniae Historica* in Caros Briefen an Wojciech Kętrzyński, einen der bedeutendsten Historiker der Ossolineum-Bibliothek, aus den Jahren 1876-1901 ein. Die ersten 30 Bögen der Quellenedition erhielt Caro von Kętrzyński im Jahr 1877 schon vor der Herausgabe des dritten Bandes der *Monumenta*, so dass er in seiner Fortsetzung der *Geschichte Polens* auf sie aufbauen konnte. Im Brief vom 27. Dezember 1878 bedankte er sich für den fertigen dritten Band der *Monumenta* und informierte darüber, für den vierten Band in Petersburg etwas Brauchbares gefunden zu haben. Im Brief vom 23. Mai 1883 bedankte sich Caro dann für den vierten Band und ergänzte noch einige Informationen zu den polnischen Quellen für den nächstfolgenden Band der *Monumenta*.

In den Vordergrund der analysierten Briefinhalte treten des Öfteren Informationen zu Quellen und aktuellen historischen Publikationen. Eine ungewöhnlich wichtige Rolle spielten Büchersendungen, Kopien von Schriften und Rezensionen, die regelmäßig unter den Korrespondenten kursierten. Angesichts großer Schwierigkeiten bei der Beschaffung des zweiten und dritten Bandes von *Lites ac res gestae* bat Caro Jan Działyński um ihre Ausleihe. 1862 bekam er in Leipzig ein Paket mit den Büchern von Działyński, was seine Arbeit beförderte. Mit einer ähnlichen Bitte wandte er sich an Przeździecki, bei dem er sich im Brief vom 10. Januar 1869 für die Materialien zur *Geschichte Polens* des 15. Jahrhunderts bedankte. Diese Materialien – *Wypisy dla biblioteki polskiej, Regestenbuch des Krakauer Capitulararchivs* und *Planctus de morte Wladislai III.* – waren Kopien von unveröffentlichten Dokumenten, die Przeździecki in Archiven in Polen und auch im Ausland gefunden hatte. Von ihnen machte Caro in seiner *Geschichte Polens* zum ersten Mal Gebrauch, was den Wert seines Werkes wesentlich erhöhte. Als nächstes Geschenk bekam Caro die *Jagiellonki*[36] von Przeździecki, für die er sich im Brief vom 24. Juni 1869 be-

---

36 Jagiellonki polskie w XVI wieku. Obrazy rodzinne i dworu Zygmunta I. i Zygmunta Augusta królów polskich. Hrsg. von Aleksander Przeździecki. Bd. 1-4. Kraków 1868-1878.

dankte und von denen er „in kurzer Zeit [...] in deutschen Blättern Nachricht zu geben"[37] versprach. Als Gegenleistung für die Materialien verpflichtete sich Caro, für Przeździecki aus der Dresdener Bibliothek Dokumente zur Geschichte Polens zu kopieren. Mit dem Brief vom 12. Februar 1870 übersandte er Przeździecki die zweite Kopie seines Manuskriptes *Liber cancellariae Stanislai Ciołek* und kündigte das Erscheinen des Buches an.[38] „Meine reichen Anmerkungen stellen die ungeheure Wichtigkeit des Codex erst ans Licht und ich hoffe jüngeren Publikationen ein Beispiel zu geben, wie man solche Sachen herausgeben muss. Namentlich schmeichele ich mir den Beifall Helcels zu verdienen",[39] schrieb er an seinen Briefpartner. Noch kurz vor seinem Tode stellte Przeździecki Caro sein Buch *Liber beneficiorum diecesis Cracoviensis* zur Verfügung. „Beim bloßen Blättern [...] sehe ich schon, wie viel ich hätte benutzen können. [...] das werde ich noch nachtragen"[40] hieß es in dem Dankesbrief von Caro, der auch versprach, Przeździeckis Abhandlung über die Codices des Długosz in die *Zeitschrift für Schlesische Geschichte* zu bringen. Er war zudem bereit, die sprachliche Korrektur im Manuskript vorzunehmen.

---

37 Caro an Przeździecki, 24. Juni 1869, zitiert nach Ergetowski (wie Anmerkung 12), S. 63.
38 Die zweibändige Dokumentensammlung veröffentlichte Caro erst nach dem Tod von Przeździecki. Caro, Jacob: Liber Cancellariae Stanislai Ciołek – Ein Formelbuch der polnischen Königskanzlei aus der Zeit der Hussitischen Bewegung, Bd. 1-2. Wien 1871-74.
39 Caro an Przeździecki, 12. Februar 1870, zitiert nach Ergetowski (wie Anmerkung 12), S. 68.
40 Caro an Przeździecki, 21. Februar 1870. Ebd., S. 68 f.

Brief Jacob Caros an Bronisław Dembiński (1858-1939) vom 23. März 1891. Dembiński hatte Caro sein Buch *Rzym i Europa przed rozpoczęciem trzeciego okresu soboru trydenckiego* (Kraków 1890) zugeschickt. Im Vorwort zu seiner von Caro betreuten Dissertation, die er am 16. März 1883 an der Philosophischen Fakultät der Universität Breslau verteidigte, schreibt er: *Zu dem Studium des Reformationszeitalters und speciell der Geschichte Polens in dieser so wichtigen Epoche wurde ich durch die Vorlesungen meiner hochverehrten Lehrer, der Herrn Professoren Dr. Röpell und Dr. Caro angeregt [...]. Es sei mir [...] gestattet, dem Herrn Prof. Jacob Caro für das freundliche Interesse, das der verehrte Herr bei der Anfertigung dieser Arbeit seinem Schüler widmete, meinen wärmsten Dank zu erstatten.* Dembiński, Bronisław: Die Beschickung des Tridentinums durch Polen und die Frage vom Nationalconcil. Breslau 1883.

Jacob Caro an Bronisław Dembiński. Karte vom 3. Januar 1898 [Datum des Poststempels]. Mit „Ihrer Kath[arina]" meint Caro vermutlich Dembińskis Buch Le *"génie politique" de Catherine II. Memoire contemporain.* Lwów 1912.

Jacob Caro an Bronisław Dembiński. Billet, o.D.
Alle Dokumente aus dem Archiv der Polnischen Akademie der Wissenschaften (PAN) in Poznań. Nachlass Bronisław Dembiński, Sign. P. III-34, 124.

Als höchst gewinnbringend erwies sich Caros Korrespondenz mit Michał Bobrzyński (1849-1935), einem der Vertreter der Krakauer historischen Schule. An ihn gerichtete Briefe aus den Jahren 1870-1888 betreffen u.a. Fragen neu veröffentlichter Werke beider Autoren. Im Brief vom 10. Mai 1877 bedankt sich Caro herzlich für die Zusendung der „geistvollen und gelehrten" Schrift *Sejmy polskie* von Bobrzyński. Er arbeitete zu jener Zeit am fünften Band seiner *Geschichte Polens* und schrieb über die Entwicklung des Parlamentarismus in Polen. In vielen Punkten stimmte er mit Bobrzyński überein, wies aber auf manche Defizite in dessen Darstellung hin. Darüber hinaus versuchten die beiden Briefpartner, sich einander regelmäßig über literarische Neuigkeiten auf dem Laufenden zu halten. So bedankte sich Caro bei Bobrzyński: „[Ich] bin [...] Ihnen umso mehr verpflichtet, als wir hierbei bei dem Mangel buchhändlerischer Verbindungen immer auf den Zufall angewiesen sind, ob wir von neuen Erscheinungen Kenntnis erhalten."[41] Mit dem Brief vom 19. Oktober 1882 erhielt Caro Bobrzyńskis Buch *Dzieje Polski w zarysie* und schlug vor, das Werk ins Deutsche zu übersetzen, um es dem deutschen Publikum zugänglich zu machen. Auch mit den Büchern von Wojciech Kętrzyński *Szkice Prus Wschodnich*, das Caro mit dem Brief vom 4. November 1876 bekam, und *O ludności polskiej w Prusiech niegdyś krzyżackich,* das mit dem Brief vom 27. Oktober 1882 eintraf, beabsichtigte der Historiker das deutsche Publikum bekannt zu machen.

Zum Schluss dieser kurzen qualitativ orientierten Analyse ausgewählter Briefinhalte lässt sich festhalten, dass die Briefe zweifelsohne nicht nur signifikante Zeugnisse eines deutsch-polnischen Kulturtransfers, sondern auch einer freundschaftlichen Beziehung ihrer Autoren sind. Außerdem bestätigen sie, dass sich sowohl Roepell als auch Caro großer Autorität und stabilen Vertrauens bei den polnischen Historikern erfreuten, die ihre Mühe und ihren Fleiß bei der Erforschung der polnischen Geschichte zu schätzen wussten. Die Bedeutung dieser über viele Jahrzehnte geführten Korrespondenz liegt darin, dass die Briefe nicht nur als Informations- und Wissensträger betrachtet werden, sondern auch hinter die Kulissen der bilateralen Forschungsarbeiten der Gelehrten sehen lassen.

Den persönlichen und brieflichen Kontakten folgten Einladungen an Roepell und Caro zur Teilnahme an Veranstaltungen und zur Mitglied-

---

41 Caro an Bobrzyński, 10. Mai 1877. Ebd., S. 73 f.

schaft in Institutionen. Die beiden Historiker wurden zu Ehrenmitgliedern der *Posener Gesellschaft der Freunde der Wissenschaften*.[42] Roepell (seit 1873) und Caro (seit 1881) waren Ehrenmitglieder der Krakauer *Akademie der Künste*. Hinzu kam seit 1888 Roepells Ehrenmitgliedschaft in der *Polnischen Historischen Gesellschaft*. 1880 nahmen die beiden Wissenschaftler am I. Kongress der polnischen Historiker in Krakau teil, was ein breites Echo in der polnischen Öffentlichkeit fand. Die von Richard Roepell in seinem Vortrag abschließend ausgerufenen Worte „Die Wissenschaft trennt die Nationen nicht, sie verbindet sie" wurden zum Leitmotiv der Tagung. So versuchte Roepell mit seinen ausgewogenen Äußerungen bei jeder Gelegenheit zur Verständigung der Polen mit den Deutschen beizutragen. Auf der Tagung erhielt er heftigen Beifall.[43]

Die beiden Historiker fungieren im polnischen Gedächtnis vor allem als Verfasser der *Geschichte Polens*. Aus der Perspektive einer qualitativen Beurteilung des Transfers stellt sich die Frage, wie ihre Werke von der polnischen Leserschaft kommentiert wurden. Die Veröffentlichungen der einzelnen Bände von Roepell (1840) und Caro (1863; 1869; 1875; 1886; 1888) wurden in Tageszeitungen und Fachzeitschriften angekündigt. Jeder Band löste ein lebhaftes Echo unter polnischen Intellektuellen aus. Der erste, von Roepell geschriebene Band wurde vorwiegend positiv aufgenommen. Eine der ersten Rezensionen stammte von Wojciech Cybulski (1808-1867), einem jungen polnischen Slawisten, der Roepells mit „Wahrheitsliebe, Gründlichkeit und Konsequenz"[44] geschriebenes Buch sehr positiv bewertete. Auch Działyński nannte Roepell „den gründlichsten [sic!] Forscher unserer Vergangenheit"[45] 1844 schrieb der Lemberger Historiker, Schriftsteller und Publizist Karol Szajnocha (1818-1861) in einem Brief an einen Freund, dass „das Buch ein

---

42 Roepell war seit 1860 Ehrenmitglied der Gesellschaft. Vgl. Erzepki, Bolesław: Spis członków Towarzystwa Przyjaciół Nauk w Poznaniu. Poznań 1896, S. 4. Caro wurde in seinem Todesjahr 1904 zum Ehrenmitglied gewählt.
43 Vgl. Uroczystość Długosza. In: Biesiada Literacka (1880) Bd. 9, Nr. 231, S. 363; Nr. 232, S. 377 f.
44 Cybulski, Wojciech: Geschichte Polens von Dr. Richard Roepell. In: Jahrbuch für wissenschaftliche Kritik (1841) Nr. 2, S. 45.
45 Brief von Działyński an Roepell vom Oktober 1857, zitiert nach Knot (wie Anmerkung 11), S. 155.

143

Standardwerk zu den Anfängen der polnischen Geschichte sei."⁴⁶ Ähnlich war auch die Rezension im *Tygodnik Literacki*, in der es anerkennend hieß, dass das Buch als erste wissenschaftliche Veröffentlichung zur Geschichte der Piastendynastie betrachtet werden kann. Dabei wurde Roepells Sachkenntnis, Objektivität und Kompetenz gelobt.⁴⁷

Die Urteile über Caros *Geschichte Polens* fielen nicht so günstig aus, obwohl Caro seine Untersuchungsergebnisse durch bis dahin unbekanntes Archivmaterial gestützt hatte.⁴⁸ Die beiden ersten Bände seiner Geschichte entstanden mit großer Wahrscheinlichkeit unter dem Einfluss von Heinrich Wuttke, der eher eine polenfeindliche Einstellung vertrat.⁴⁹ Caro wurden in der polnischen Kritik mit Recht nationalistische Tendenzen vorgeworfen.⁵⁰ Bei den nächsten Bänden änderte sich der Ton der Kritik grundlegend. Mit den Bänden drei bis fünf fand Caro in der polnischen Öffentlichkeit hohe Anerkennung. Die Rezensenten lobten vor allem seine gewissenhafte Forschungsarbeit, an der sich erkennen lasse, dass der Verfasser „keine germanische Abneigung gegen Polen hegt."⁵¹ Auch aus heutiger Perspektive bestätigen sich die positive Sicht der Geschichte Polens und die soliden polengeschichtlichen Forschungen von Jacob Caro.⁵²

Die polnische Wahrnehmung der beiden Historiker ist vor allem durch deren Forschungsarbeit im Bereich der polnischen Geschichte geprägt. Sie fand ihren Niederschlag auch in der Presse, in der z.B. über das 50-jährige Doktorjubiläum von Roepell informiert wurde. Man schil-

---

46 Barycz, Henryk: Korespondencja Karola Szajnochy. Bd. 1. Wrocław 1959, S. 45.
47 Geschichte Polens von Dr. Richard Röpell. In: Tygodnik Literacki, (1841) Nr. 12, S. 99 f.; Nr. 13, S. 107 f.
48 Vgl. Handelsman, Marceli: Jacob Caro. In: Ogniwo (1904) Nr. 52, S. 1925 f.
49 Wuttke sprach sich gegen die Wiederherstellung eines souveränen polnischen Staates aus. Vgl. Wuttke, Heinrich: Polen und Deutsche. Politische Betrachtungen. Schkeuditz 1846.
50 Z niedrukowanych pism J. K. Plebańskiego. In: Zagadnienia teoretyczne historii. Hrsg. von Marceli Handelsman. Warszawa 1919, S. 70-104, zu Caro S. 94-96.
51 Geschichte Polens von Dr. Jacob Caro. In: Ateneum (1888) Bd. 4 (52), H. 10, S. 172-173.
52 Vgl. Zernack, Klaus: Deutschland und der Osten als Problem der historischen Forschung in Berlin. In: Geschichtswissenschaft in Berlin im 19. und 20. Jahrhundert. Hrsg. von Reimer Hansen u. Wolfgang Ribbe. Berlin, New York 1992, S. 571-594, hier S. 574; Gotthold Rohde: Die Geschichte Polens in der deutschen Geschichtsschreibung. In: Nationalgeschichte als Problem der deutschen und der polnischen Geschichtsschreibung. Braunschweig 1983. S. 107-130, hier besonders S. 111-113.

derte die Festlichkeiten, die am 19. April 1884 in Breslau stattfanden. Ihr wichtigster polnischer Akzent war die Überreichung eines Albums mit 40 Aufnahmen polnischer Historiker und der Widmung für den Jubilar *Richard Roepell dem Historiker Polens – die polnischen Historiker.* Unter den Gratulanten befanden sich Roepells ehemalige Studenten W. Jarochowski, B. Dembiński und W. Nehring. Letzterer hielt eine Rede, in der er Roepells Verständnis, seine Herzlichkeit und Beredsamkeit, seine Klugheit und Gerechtigkeit gegenüber der polnischen Geschichte würdigte. Roepell sei sichtlich gerührt gewesen, hieß es weiter in dem Bericht.[53]

Versucht man eine Zusammenfassung des hier Dargestellten, so kann man zunächst sagen, dass sowohl Roepell als auch Caro als polenfreundlich eingestellte Multiplikatoren des Wissenstransfers fungierten. Fragt man nach den Ergebnissen dieses Transfers, so lässt sich festhalten, dass:

1. es einen deutsch-polnischen Wissenstransfer vor allem in Bezug auf die neue Generation der Nachwuchswissenschaftler gab; diese bezogen ihre Forschungsmethoden aus dem Transfer von Ideen und Methoden, die ihnen u.a. durch die Professoren Roepell und Caro vermittelt wurden,[54]
2. es einen reziproken Informationstransfer zwischen polnischen und deutschen Gelehrten gab, wobei sich eine beträchtliche Beteiligung polnischer Intellektueller an der Entstehung der historischen Werke von Caro und Roepell feststellen lässt,
3. als Produkte des Transfers die Geschichtswerke polnischer Historiker angesehen werden können. Die Roepell und Caro verbindende neue Art der Geschichtsbetrachtung und ihre neue Sichtweise auf die Epochen der Piasten und Jagiellonen mündeten in vielen wertvollen Arbeiten u.a. von T. Morawski, K. Szajnocha, J. Szujski (1835-1883), A. Małecki (1821-1913), St. Smolka und wirkten anregend auf weitere Forschungen der Polen,[55]
4. Richard Roepell und Jacob Caro an der Institutionalisierung der polnischen Wissenschaft beteiligt waren.

---

53 Jubileusz Roepella. In: Gazeta Narodowa (1884) Nr. 96.
54 Knot wagt sogar die These, dass Roepells Tätigkeit der einheimischen Ausbildung von Historikern moderner wissenschaftlicher Orientierung um viele Jahre vorauseilt ist. Vgl. Knot (wie Anmerkung 11), S. 133.
55 Vgl. Tymieniecki, Kazimierz: Zarys dziejów historiografii polskiej. Kraków 1948. S. 39-42.

Der begrenzte Rahmen dieses Beitrags gestattet es nicht, auch andere Aspekte des Wissenstransfers zu berücksichtigen. Zusammenfassend lässt sich aber sagen, dass Kulturtransferprozesse sowohl in quantitativer als auch qualitativer Hinsicht einen wichtigen Bestandteil der deutsch-polnischen Wissenschaftsbeziehungen bildeten. Äußere Einflüsse verhalfen Polen zur Entwicklung einer eigenen Historiographie, die eine entscheidende Rolle bei der Bildung der modernen Nation in der zweiten Hälfte des 19. Jahrhunderts spielte. Abschließend sei auf einen Zeitungsartikel von 1890 hingewiesen, in dem in kritischer Bezugnahme auf die Geschichtswerke von Bobrzyński (1870) und Smolka (1881) konstatiert wurde: „Die sozialen Umwälzungen und die Beziehungen zu den benachbarten Nationen haben Roepell und Caro besser ausgelegt, als die tüchtigsten polnischen Forscher."[56] Selbst wenn bei dieser Kritik an den polnischen Historikern Vorsicht geboten ist, so bestätigt das Lob an Roepell und Caro doch den guten Ruf der beiden deutschen Mediävisten, die bleibende und sichtbare Spuren in der polnischen Historiographie hinterlassen haben.

---

56 Błędy historiografii naszej w budowaniu dziejów Polski. In: Gazeta Narodowa (1890) Nr. 167.

Das Polenbild in den *Polnischen Erinnerungen* Carl-Oskar von Sodens (1898-1943)

Maria Gierlak

Einführung

Carl-Oskar von Soden trifft am 24. Oktober 1925 – es ist ein grauer, regnerischer Morgen – auf dem Warschauer Hauptbahnhof ein. Polnisch kann der 27-jährige Bayer nicht. Wie er später selbstkritisch zugibt, besitzt er lediglich „einige ziemlich unbestimmte Kenntnisse der gegenwärtigen politischen und wirtschaftlichen Lage Polens"[1]. Von Soden spricht aber Französisch und diese Sprache wird für ihn ein wichtiges Kommunikationsmittel während seines Polenaufenthaltes. In französischer Übersetzung liest er zudem einige für ihn relevante Bücher, die ihm den Zugang zur polnischen Kultur und Mentalität erleichtern und die nicht ins Deutsche übersetzt wurden. In seiner Muttersprache kann er sich in Polen ebenfalls verständigen; das geht – wie er bemerkt – völlig problemlos in Galizien, dem ehemaligen österreichischen Teilungsgebiet, „wo selbst der Mann auf der Straße Deutsch versteht"[2]. Während des elfmonatigen Aufenthalts lernt von Soden aber zahlreiche polnische Wörter, Redewendungen und Sprichwörter kennen, die dann, geschickt eingesetzt, in seinen *Polnischen Erinnerungen* auftauchen. Es handelt sich dabei zum Teil um

---

1 von Soden, Carl-Oskar: Polnische Erinnerungen I. Die alte Hauptstadt und der junge Staat. In: Allgemeine Rundschau. Wochenschrift für Politik und Kultur (1927) Nr. 6, S. 85. Von Soden interessierte sich allerdings für Polen bereits viel früher. Er nahm beispielsweise an einer in München am 11. September 1920 organisierten Versammlung katholischer Männer teil, die „für Polens Kampf gegen das Bolschewikentum die Sympathie des ganzen christlichen Abendlands forderte". Von Soden, Carl-Oskar: Polnische Erinnerungen I. Die alte Hauptstadt und der junge Stadt (Fortsetzung und Schluß). In: Allgemeine Rundschau. Wochenschrift für Politik und Kultur (1927) Nr. 8, S. 118.
2 von Soden, Carl-Oskar: Polnische Erinnerungen V. Sonne vom Westen (Schluß). In: Allgemeine Rundschau. Wochenschrift für Politik und Kultur (1927) Nr. 48, S. 760.

Begriffe, die stark kulturell geprägt und in fremde Sprachen kaum direkt übersetzbar sind.[3]

Bei der Ankunft in Warschau irren in von Sodens Kopf auch einige Vorstellungen umher, die noch aus seiner Kindheit stammen und nicht ohne Einfluss auf seine Polenwahrnehmung bleiben werden:

Polen war für mich ein nebelumflossener Traum meiner Kindheit. Über der gewaltigen einsamen Ebene lasteten die trüben grauen Wolken des Novembertags. Fern von der Heimat hofften jene trauernden Helden dem Tod entgegen, die Jugend und Schönheit der Tragik des Vaterlandes geopfert haben und denen die Niederlage vor der Zeit das Herz brach. Abgehärmtes Volk von leidensdurchfurchtem Antlitz, aber inbrünstiger Kraft des Gebets sammelte sich in winterlich halbdunklen Kirchen. Zu der lichtstrahlenden Schönheit eines Muttergottesbildes flehte die dunkle Masse schluchzend empor. Aber vom schweigenden Himmel ward der Leidenschaft solcher Bitten und Hoffnungen keine Antwort. Schnee fiel nieder, deckte tief die Gräber jener Freiheitshelden, die von der Hand der Kosaken gemordet worden waren. Krächzende Raben flogen über die winterlich düstere Landschaft, am nahen Waldrand heulte der Wolf. Und die fern vom Vaterland gebannten Helden mit der unendlichen Trauer im heißen Blick starben auch fern, einsam, unerfüllte Sehnsucht im Herzen ...[4]

Polen erscheint in diesen Reminiszenzen aus der Kindheit als ein düsteres, leidgeprüftes, bedauernswertes Land. Die graue winterliche Landschaft mit den krächzenden Raben ruft sofort Assoziationen zu Stefan Żeromskis Novelle *Den Raben und Krähen zum Fraß* hervor, die dem 1898 geborenen Carl-Oskar von Soden bekannt gewesen sein könnte, da die deutsche Übersetzung dieses Buches 1903 gerade in München herausgegeben wurde.[5] Żeromski war von Soden zweifelsohne ein Begriff, da er in seinen Erinnerungen Bücher dieses Schriftstellers erwähnt.

---

3   In der Forschungsliteratur zur interkulturellen Kommunikation werden Wörter dieser Art als *Hotwords* bezeichnet. Vgl. Heringer, Hans Jürgen: Interkulturelle Kommunikation. Tübingen, Basel ³2010, S. 174 f.

4   von Soden, Carl Oskar: Polnische Erinnerungen I. Die alte Hauptstadt und der junge Staat. In: Allgemeine Rundschau. Wochenschrift für Politik und Kultur (1927) Nr. 6, S. 84.

5   Vgl. Żeromski, Stefan: *Den Raben und Geiern zum Fraß und andere Novellen*, dt. v. M. Sutram, München 1903. Das Buch erschien in dem von Julian Marchlewski, dem

Auf dem in dunklen Tönen gehaltenen Polenbild erscheinen allerdings zwei Punkte, die einen Hoffnungsschimmer auf ein Ende des Leidensweges aufkommen lassen: Es sind das „lichtstrahlende" Bildnis der Muttergottes aus der Ostra Brama in Wilna und die „heißen" Blicke der im Exil sterbenden polnischen Freiheitskämpfer. Denn die polnische herbstliche Trauer trug für von Soden immer Keime des kommenden Frühlings in sich: „[D]ie ahnungsvolle Verkündung neuen Lebens [...,] [d]ie Auferstehung der Freiheit war dem frühen Idealismus meiner Phantasie gewiss"[6].

Carl-Oskar von Soden steht während seines Polenaufenthalts vor einer lebenswichtigen Entscheidung. Aus Warschau benachrichtigt er seine Eltern, er habe vor, Priester zu werden. Unmittelbar nach der Rückkehr aus Polen, am 4. Oktober 1926, tritt er in das berühmte, von den Jesuiten geführte Collegium Canisianum in Innsbruck ein.

Von Soden begibt sich nach Polen nicht privat, sondern mit dem Auftrag, für die Berliner Tageszeitung *Germania* zu berichten. Auch die *Kölnische Volkszeitung* übernimmt etwas später seine Polentexte. Er ist der erste Warschauer Korrespondent der beiden Presseorgane, die in der Weimarer Republik zu den führenden katholischen Blättern gehörten. Mit dem Zentrum eng verbunden, waren sie aber keine Parteiorgane im traditionellen Sinne: Sie wurden nicht von der Partei finanziert und versuchten bei der Kommentierung der politischen Ereignisse zugleich ihrer konfessionellen Verpflichtung gerecht zu werden.[7]

Die Wahl Carl-Oskar von Sodens zum Berichterstatter der *Germania* zeugt übrigens auch von einer gewissen Unabhängigkeit dieses Blattes von der Zentrumspartei. Von Soden war nicht nur kein Zentrumsmitglied, sondern er wirkte sogar im November 1918 bei der Gründung der Bayerischen Volkspartei mit, deren Entstehung für das Zentrum eine schmerzhafte Spaltung bedeutete. Wie Florian Trenner in seiner Biografie Carl-Oskar von Sodens hervorhebt, bildete der von der BVP vertrete-

---

polnischen Sozialisten und späteren Mitbegründer des Spartakusbundes, geschaffenen Dr. J. Marchlewski & Co. Verlag Slavischer und Nordischer Literatur.

6   von Soden, Polnische Erinnerungen I (wie Anmerkung 4), S. 84.
7   Vgl. Pietsch, Martina: Zwischen Verehrung und Verachtung. Marschall Józef Piłsudski im Spiegel der deutschen Presse 1926-1935. Weimar, Köln, Wien 1995, S. 290 f.

ne Föderalismusgedanke die Hauptursache für dessen Aktivität in dieser politischen Gruppierung.[8]

Denn Carl-Oskar von Soden war ein vehementer Anhänger des Föderalismus und protestierte entschieden gegen jegliche unitaristische Tendenzen in der Weimarer Republik, die seiner Meinung nach als Folgeerscheinungen der preußischen Politik nachklangen. Von Sodens föderalistische Gesinnung führte letztendlich dazu, dass er – Spross einer adligen, mit dem bayerischen Königshaus eng verbundenen Familie und mit Kurt Eisners Mörder, Anton Graf von Arco auf Valley befreundet – 1933 Eisners Vorstellungen als einen Beitrag zur Durchsetzung des Föderalismuskonzepts anerkannte.[9]

Die *Polnischen Erinnerungen* erschienen in mehreren Folgen zwischen Februar und Dezember 1927 in der *Allgemeinen Rundschau. Wochenschrift für Politik und Kultur*.[10] Diese Aufsätze stützen sich teilweise auf die stärker tagespolitisch gefärbten Korrespondenzen von Sodens aus Polen. Da er die *Erinnerungen* aber aus einer etwas größeren zeitlichen und räumlichen Distanz verfasst, formuliert von Soden manches um und erweitert den Text. Wesentlich mehr Platz nehmen darin Geschichts-, Literatur-, Architektur- und Landschaftsbetrachtungen ein.

Die in München seit 1904 herausgegebene *Allgemeine Rundschau* war eine Zeitschrift, die sich an das katholische Bildungsbürgertum richtete und föderalistisch orientiert war. Ihre Anfangsauflage betrug ca. 6 000 Exemplare. Angaben über die Auflage in den letzten Jahren ihres Erscheinens – die Zeitschrift wurde 1933 verboten – liegen nicht vor, sie war aber zweifelsohne niedriger geworden – Paul Hoser spricht von einer „zunehmenden Isolierung" dieses Organs, deren Ursachen u.a. in seiner französischfreundlichen Haltung lagen.[11]

---

8 Trenner, Florian: Carl-Oskar Freiherr von Soden: Ein Politiker-Priester in Bayern zwischen Monarchie und Diktatur. St. Ottilien 1986, S. 26 ff.
9 Ebd., S. 24 ff.
10 Die publizistische Tätigkeit half von Soden, die Priesterausbildung zu finanzieren. Vgl. ebd., S. 91.
11 Vgl. Hoser, Paul: Allgemeine Rundschau. Wochenschrift für Politik und Kultur, in: Historisches Lexikon Bayerns, URL: <http://www.historisches-lexikon-bayerns.de/artikel/artikel_44653> (9.03.2013). Zu Carl-Oskar von Sodens Publizistik in der „Allgemeinen Rundschau" vgl. Trenner (wie Anmerkung 8), S. 91 ff.

Carl-Oskar von Soden ist in seinen *Erinnerungen* ein aufmerksamer Beobachter, der an den darzustellenden Gegebenheiten empathisch Anteil nimmt und viele Aspekte der damaligen polnischen Wirklichkeit erfasst. Sowohl sein persönlicher Lebensweg als auch das Profil der Zeitungen, für die er arbeitete, bleiben dabei nicht ohne Folgen für die Kontakte, die er während des Polenaufenthaltes anknüpft, und für die Informationen, die er über das Land sammelt. Sein Interesse gilt vorrangig der polnischen Politik und dem dortigen Katholizismus, wobei die Beziehungen Polens zu Deutschland und (Sowjet)Russland einen festen Platz in seinen Erwägungen haben. Er unternimmt außerdem einige Reisen in die „Kresy", die Gebiete im Osten des Landes, und recherchiert nicht nur deren politische beziehungsweise kulturelle Bedeutung für den neuen polnischen Staat, sondern erliegt gelegentlich auch ihrem besonderen landschaftlichen Reiz.

Die Schatten der Vergangenheit

Der Polenaufenthalt Carl-Oskar von Sodens fällt in eine wichtige Phase der europäischen Nachkriegsgeschichte, in der es kurz nach der Unterzeichnung der Locarnoverträge zu einer langsamen Umorientierung in der polnischen Außenpolitik kommt und Józef Piłsudski erneut eine wichtige Rolle zu spielen beginnt. Von Soden ist Augenzeuge des Maiumsturzes in Warschau; Piłsudskis Gestalt und seine politische Tätigkeit beeinflussen deshalb stark sein Polenbild. Bevor er aber die Leser der *Polnischen Erinnerungen* in die aktuellen Fragen der polnischen Politik einweiht, blickt er auf die Geschichte des jungen Staates zurück und stellt die immer noch sichtbaren Folgen der Teilungszeit dar, die das Leben der polnischen Gesellschaft nach 1918 in verschiedenen Formen weiterhin bestimmen.

Der Geschichte Polens während der Teilungszeit, den Aufständen und ihrem literarischen Bild, z.B. bei Stanisław Wyspiański, Władysław Reymont oder dem bereits erwähnten Stefan Żeromski, widmet von Soden viel Aufmerksamkeit. Seine Erinnerungen beginnen jedoch mit Impressionen aus der Gegenwart; die ersten Bemerkungen gelten Warschau, das auf ihn zunächst einen äußerst unangenehmen Eindruck macht:

Vor der primitiven Halle des Hauptbahnhofs säumen hässlich gebaute, schmutzige Häuser die breite Straße, die von einem starken und unangenehm lärmenden Verkehr gefüllt wird. Keine Spur deutet auf irgendwelche kulturelle Durchdringung dieses eintönigen Großstadtbildes.[12]

Indessen war Warschau, stellt er unmittelbar darauf fest, „zu den Zeiten des ausgehenden achtzehnten Jahrhunderts eine der schönsten Residenzen Europas", wobei er Canalettos berühmte Veduten in Erinnerung ruft und schreibt:

Doch die russische Herrschaft hat seit 1831 mit System und Geschick diese Schönheit fast restlos vertilgt. Die neuen Stadtteile wurden nach strategischen Rücksichten angelegt. Enge und wenige Zufahrtstraßen sollten für den Fall künftiger Aufstände die Verteidigung erleichtern. Alte Paläste und Kirchen fielen dem Untergang anheim.[13]

An deren Stelle – erklärt von Soden seinen Lesern – entstanden neue Bauten, wie die Zitadelle oder die „Sobor", eine große russisch-orthodoxe Kirche, die gerade während seines Polenaufenthaltes abgetragen wurde. Er ist sich dessen bewusst, dass hier „ein architektonisches Werk von besonderer Schönheit zugrunde" gehe, der Sächsische Platz „mit dem herrlichen Reiterstandbild des Marschalls Józef Poniatowski" werde dadurch aber „einheitlich [...], auch abendländisch [...] und vielleicht" – wie er weiter ausführt – „steht beides für Polen in einem gewissen Zusammenhang"[14].

Von Soden informiert die Leser der *Allgemeinen Rundschau* über die großen Verluste des Kirchenlebens in der Teilungszeit, die Russifizierungspolitik, das Analphabetentum, die zivilisatorische Rückständigkeit der Städte, was an Wilna und Łódź veranschaulicht wird. Er hebt es als Beispiele der „Kolonisierung" Polens durch Moskau hervor, deren Folgen nur langsam überwunden werden.

Über das ehemalige preußische Teilgebiet sind in seinem Text ebenfalls kritische Bemerkungen zu finden. Das zu Beginn des 20. Jahrhunderts errichtete „Posener Schloss mit seinem Deutschordenstil"[15] stellt seiner

---

12 von Soden, Polnische Erinnerungen I (wie Anmerkung 4), S. 85.
13 Ebd., S. 86.
14 Ebd.
15 Ebd.

Auffassung nach eine gute Illustration der Einstellung dieser Teilungsmacht zu Polen dar. Die geistige Hinterlassenschaft der preußischen Zeit ist jedoch für ihn genauso stark gegenwärtig wie die materielle, sie ist z.B. in der Angleichung der großpolnischen Kirche an den ostdeutschen Katholizismus sichtbar. Von Soden hebt in diesem Zusammenhang einerseits die ausgeprägte soziale Führerstellung des Klerus hervor, die er positiv bewertet und im Kongresspolen vermisst, andererseits aber bezeichnet er den Posener Katholizismus als „stramm, fast unheimlich stramm"[16]. Dies resultiere aus dessen sich nur langsam abschwächender Verbindung zur Nationaldemokratie, die in diesem Teil Polens politisch vorherrscht. Obwohl er Roman Dmowski für ein politisches Genie hält, kritisiert er heftig dessen politische Vorstellungen:

Roman Dmowski hat Genie. Darum kann man sagen, dass er die typische Denkart – Bismarcks besitzt. Seine Posener aber können naturgemäß auch nicht alle Genies sein. So muss man ihre Denkart als typisch ostelbisch bezeichnen. Dieses Einzwängen des ganzen Denkens auf enge Horizonte der nationalistischen und machtpolitischen Betrachtungsweise, auf einen dem Polentum an sich fremden Materialismus ist die böse Gabe der schlimmen preußischen Fee, deren Auswirkungen sich gerade jetzt in der ersten Etappe der wiedergewonnenen Freiheit ganz verheerend geltend machen.[17]

Im Gegensatz zu der Posener „Reinheit", „Treue", aber auch der dortigen politischen „Einfalt", und zum „intrigendurchhöhlten, korruptionsschweren Boden Warschaus", erscheint bei von Soden Krakau als Zufluchtsort des „vornehmen weltweiten Intellektualismus", den vor allem die dortigen „Gelehrten und Magnaten" repräsentieren.[18] Mit Recht betont er – einschlägige Beispiele anführend –, dass die galizischen Polen zu den „konstruktivste[n] Talente[n]" des wiedergeborenen Staates gehören: „Die Ballhausdiplomatie hat der Warschauer eine Reihe ihrer tüchtigsten

---

16 von Soden, Carl-Oskar: Polnische Erinnerungen I. Die alte Hauptstadt und der junge Staat (Fortsetzung). In: Allgemeine Rundschau. Wochenschrift für Politik und Kultur (1927) Nr. 7, S. 99.
17 Ebd. (Hervorhebungen des Verfassers).
18 Ebd.

Pferde gezogen"[19]. Das Gesamturteil über die Politik der Habsburger Monarchie fällt in den *Polnischen Erinnerungen* allerdings angesichts der starken föderalistischen Gesinnung ihres Verfassers nicht günstig aus:

Der Zentralismus, den die von allen guten Geistern verlassene Wiener Bürokratie durchzuführen suchte, wurde zu Altösterreichs schlimmstem Feind, weil er in geistiger Abhängigkeit von Berlin lebte. Das nationale Zugeständnis, das Galizien in Wien oft zu erzielen wusste, wurde zur Abschlagszahlung.[20]

Józef Piłsudski und die polnische Politik

Vor diesem Hintergrund erscheint Józef Piłsudski als eine besondere Gestalt in der polnischen und europäischen Politik. Ungeachtet der „blutigen Straßenkämpfe", die den Maiumsturz begleiteten, hält ihn von Soden keinesfalls für einen Diktator:

Piłsudski schlug alle dargebotene diktatorische Gewalt aus. Er lehnte sogar die Wahl zum Präsidenten ab. Er hat das Parlament weder aufgelöst noch abgeschafft, nicht einmal ernstlich terrorisiert. [...] Wenn Piłsudskis Autorität sich heute unbestritten durchgesetzt hat [...], so ist das ein Werk seiner großen und starken Persönlichkeit, nicht seiner Faust. [...] Eine Figur, wie sie freilich nur mehr die osteuropäischen Völker aufbringen können.[21]

Ein großes – man darf es nicht übersehen – im Frühjahr 1927 geäußertes Erstaunen über den ungewöhnlichen Verlauf der Maiereignisse ist hier evident. Dessen Ursachen liegen aber nicht nur in der Bewunderung für Piłsudski selbst, sondern erwachsen auch aus einer Enttäuschung über die deutsche Politik in der Weimarer Zeit sowie aus der weitgehenden Andersartigkeit der politischen Entwicklung in Polen. Durch von Sodens Kritik an Deutschland, die er am Anfang seiner Polenerinnerungen plat-

---

19 Ebd.
20 Ebd.
21 von Soden, Carl-Oskar: Polnische Erinnerungen I. Die alte Hauptstadt und der junge Staat (Fortsetzung und Schluß). In: Allgemeine Rundschau. Wochenschrift für Politik und Kultur (1927) Nr. 8, S. 120.

ziert, wird, wenn auch indirekt, der Zweiten Republik der Vorrang der Idee vor der Real- und speziell vor der Wirtschaftspolitik attestiert:

Ich hatte nach einigen nicht ganz inhaltslosen Jahren deutscher Politik die Überzeugung gewonnen, dass Politik ein hoffnungslos wirtschaftlich determiniertes Handwerk geworden ist. Ein Vaterland lag hinter mir, in dessen Politik die Persönlichkeit „unmöglich" war, weil Volk und Parlament sich lieber von bezahlten, ja beamteten Kräften regieren ließen. Kapitalismus, Sozialismus und preußischer Autoritätsglaube hatten das Individuum und damit selbstverständlich auch die Idee aus Deutschlands Politik verdrängt.[22]

Wenn von Soden auch zugibt, Dmowski habe mit seiner „Forderung nach einem staatlichen Ordnungsmechanismus für Polen, mit ihrem festlandeuropäisch gebildeten Staatsbegriff, nicht schlechthin Unrecht", wäre es seiner Meinung nach doch schlicht unmöglich, den polnischen Staat nur auf dem „Bismarckianismus" der Nationaldemokratie aufzubauen, weil das „Polens Tod" bedeuten würde. Das „Irrationale [...] seines Volkes", das Piłsudski personifiziere, trage diesen neuen polnischen Staat. Deswegen – schreibt er weiter – sei die Politik Deutschlands, die acht Jahre lang auf die Lebensunfähigkeit des polnischen Staates spekulierte, grundsätzlich falsch. Im entscheidenden Moment gewinne in Polen immer „Piłsudskis östliche Phantasie gegen den Rationalismus der französisch-preußischen Staatsidee Roman Dmowskis"[23].

Piłsudski verkörpert für Carl-Oskar von Soden außerdem ganz konkrete politische Vorstellungen, die seinen eigenen eng verwandt zu sein scheinen. Im Erfolg dieses „minderheitenfreundlichen" Politikers erhofft er sich

---

22 von Soden, Polnische Erinnerungen I (wie Anmerkung 4), S. 85. Wenn von Soden die Zweitrangigkeit der Ökonomie und die Dominanz der Politik in der Zweiten Republik betont, so entspricht dies auch den Einschätzungen in der damaligen und späteren Wirtschafts- und Geschichtsforschung, allerdings mit umgekehrtem Vorzeichen. Das vor allem in der polnischen Außenpolitik sichtbare Primat der Politik über die Wirtschaft und die Unfähigkeit, die beiden Bereiche zu verbinden, wurde oft als ein gravierender Mangel hervorgehoben, der die internationale Position des wiedergeborenen Staates wesentlich geschwächt habe. Vgl. Łossowski, Piotr: Położenie międzynarodowe i polityka zagraniczna. In: Polska Odrodzona. Państwo, społeczeństwo, historia. Hrsg. von Jan Tomicki, Warszawa 1982, S. 128-199, hier S. 150 f.
23 von Soden, Polnische Erinnerungen I (wie Anmerkung 21), S. 120.

nämlich den Sieg einer föderalistischen Ordnung in Ostmitteleuropa, auch wenn, wie er betont, Piłsudski in der Praxis gegen zahlreiche „passive Widerstände der Bürokratie"[24] zu kämpfen hat.

Piłsudski ist für ihn zudem Vertreter der „westlichen" Linie in der polnischen Politik, die einen Ausgleich mit Deutschland sucht und imstande wäre, die nationalistische „Nebenregierung" in Posen zu beseitigen. Beides würde zu einer Verbesserung der Lage der deutschen Minderheit in Polen beitragen. Überdies vermöge er, Bündnisfreunde in anderen politischen Lagern zu gewinnen, z.B. bei den Krakauer Konservativen, deren Bedeutung von Soden übrigens maßlos überschätzt, wenn er hofft, dass sie „das Erbe der Nationaldemokratie"[25] antreten könnten. Verständigungsbereitschaft mit Deutschland bemerkt er allerdings ebenfalls bei den polnischen Sozialisten, die um die Zeitung *Robotnik* versammelt sind und Piłsudski zu jener Zeit noch unterstützen.

Das Gelingen der deutsch-polnischen Verständigungspolitik hänge aber in erster Linie vom Verhalten Deutschlands ab. Die deutsche Ostmarkenpropaganda wecke in Polen Ängste und schüre den Hass der polnischen Nationaldemokraten. Das Schaffen eines vertrauensvollen Klimas sei deswegen die erste Voraussetzung einer Annäherung zwischen den beiden Ländern. Das Fazit dieser Erwägungen, das zusätzlich noch durch Sperrdruck hervorgehoben ist, lautet: „Von uns hängt es ab, ob in Polen die nationalistische oder die europäische Atmosphäre auf die Dauer die Oberhand erhält."[26]

Die Kirche und die Religiosität in Polen

Ein anderes Schwerpunktthema bilden in den *Polnischen Erinnerungen* von Sodens Reflexionen über den Katholizismus in Polen. Was ihn sichtlich fasziniert, ist die polnische Volksfrömmigkeit:

---

24 von Soden, Carl-Oskar: Polnische Erinnerungen III. Zwielicht des Ostens (Schluß). In: Allgemeine Rundschau. Wochenschrift für Politik und Kultur (1927) Nr. 25, S. 387.
25 von Soden, Carl-Oskar: Polnische Erinnerungen II. Das deutsch-polnische Problem. In: Allgemeine Rundschau. Wochenschrift für Politik und Kultur (1927) Nr. 10, S. 148.
26 von Soden, Carl-Oskar: Polnische Erinnerungen II. Das deutsch-polnische Problem (Fortsetzung und Schluß). In: Allgemeine Rundschau. Wochenschrift für Politik und Kultur (1927) Nr. 11, S. 166.

Ich sah, wie zerlumpte Männer und Frauen eine ganze Messe hindurch auf den eisigen Steinfliesen einer Kirche ausgestreckt liegend im Gebet versunken waren. Ich sah die Scharen eines Volks, das in den Straßen der Großstadt mit Leidenschaft den Rosenkranz sprach.[27]

Die Inbrunst der betenden armen Leute beeindruckt ihn sehr, und nach seinem Besuch in der Industriestadt Łódź, wo er mit den Arbeitermassen in der Kirche konfrontiert wurde, konstatiert er:

Ja, man könnte sogar die Mystik der armen Leute das entscheidend Charakteristische des polnischen Katholizismus nennen. Diese Mystik treibt manchmal bizarre, selbst giftige, im großen ganzen aber doch wunderschöne Blüten. Die stets überfüllten Sonntags- und Werktagsmessen in meiner Warschauer Pfarrkirche gehören zu den besten Erinnerungen an Polen. Nirgends galt es ein solches Gedränge auszuhalten, um sich einen Platz an der Kommunionsbank zu sichern. Leere Predigten habe ich nie erlebt.[28]

Zu den charakteristischen Merkmalen der polnischen Religiosität gehören sowohl „das Überwiegen des Irrationalen", oder gar „Gefühlsmäßigen" als auch ein deutlich ausgeprägter „Gemeinschaftsgeist". Von Soden betont dabei „ein[en] starke[n] Sinn für das Eschatologische", wobei „das Katastrophische, der Gedanke an den Zorn Gottes" überwiegen und zur Entstehung einer „Leidensmystik und Leidensfreude" führen, was die „religiöse Demut" stärkt, die als „Anerkennung der Übernatur und ihrer Kraft" ein „Vorbild" für den Westen werden könnte:

Die Irrationalität der slawischen Seele ist uns Westeuropäern eine Hoffnung. Denn die zunehmende Rationalisierung unseres ganzen Lebens durch die Technik ist [...] nur dann sinnvoll, wenn sie Platz schafft für die höheren Werte des Lebens, die rational nicht mehr messbar sind.[29]

---

27 von Soden, Polnische Erinnerungen I (wie Anmerkung 4), S. 85.
28 von Soden, Carl-Oskar: Polnische Erinnerungen IV. Industrialismus und katholische Tradition. In: Allgemeine Rundschau. Wochenschrift für Politik und Kultur (1927) Nr. 39, S. 614.
29 Ebd.

Während seines Polenaufenthalts knüpfte von Soden mehrere Kontakte zu Kirchenleuten und Laien, die das religiöse Leben und die Liturgie zu erneuern suchten. Am tiefsten im Gedächtnis blieben ihm Begegnungen mit dem charismatischen Pater Władysław Korniłowicz und seinem Kreis „Kółko", in dem sich die Warschauer Intellektuellen und Literaten trafen.[30] In Lemberg kam er mit katholischen Studenten, Mitgliedern des „Odrodzenie" [Wiedergeburt] zusammen, wobei er sofort einen sehr guten Kontakt zu den jungen Menschen fand. In Lublin traf er an der dortigen katholischen Universität, die ihn an Löwen und Freiburg erinnerte, wiederum Korniłowicz und lernte den – wie er schreibt – „geistvollen Dogmatiker"[31] Dominikaner Hyazinth Woroniecki kennen. In Warschau und Krakau verkehrte er dagegen im Umkreis der dortigen Jesuitenkollegs und des von den Jesuiten herausgegebenen *Przegląd Powszechny*, der – wie er feststellt – „höchststehenden katholischen Zeitschrift Polens"[32]. In all diesen Kreisen hält er Vorträge u.a. über die neuen geistigen Strömungen im deutschen Katholizismus oder den Föderalismus, die auf reges Interesse des Publikums stoßen.

Zu betonen ist dabei, dass viele der Menschen, die von Soden 1925/1926 in Warschau, Lublin, Lemberg und Krakau traf, später Wegbereiter der Lehren des II. Vatikanischen Konzils in Polen werden sollten, und dass die jüngeren unter ihnen gar zu den Schöpfern der bedeutendsten Zentren des intellektuellen Lebens im polnischen Katholizismus nach dem Zweiten Weltkrieg gehörten.

Von Sodens Auftritte sind übrigens nicht ohne Echo geblieben. Man erinnerte sich an ihn noch viele Jahrzehnte später: Sowohl in der 1977 erschienenen Biografie von Władysław Korniłowicz[33] als auch in den 2003 herausgegebenen Briefen Jerzy Lieberts, eines der originellsten religiösen Dichter der Zwischenkriegszeit, der auch Mitglied des Korniło-

---

30 Er erwähnt auch Korniłowiczs Kontakte zu Friedrich Wilhelm Foerster, einem der wichtigsten Vorläufer der katholischen Friedensbewegung in Deutschland. Florian Trenner zählt Carl-Oskar von Soden „zum Schülerkreis um Foerster", ohne jedoch persönliche Kontakte zu Foerster zu dokumentieren. Vgl. Trenner (wie Anmerkung 8), S. 31 f.
31 von Soden, Carl-Oskar: Polnische Erinnerungen V. Sonne vom Westen. In: Allgemeine Rundschau. Wochenschrift für Politik und Kultur (1927) Nr. 46, S. 729.
32 von Soden, Polnische Erinnerungen V (wie Anmerkung 2), S. 760.
33 Vgl. Landy, Teresa; Wosiek Rut: Ksiądz Władysław Korniłowicz. Warszawa 2003, S. 111.

wicz-Kreises war, wird von Sodens Teilnahme an den „Kółko"-Diskussionen erwähnt. Stefan Frankiewicz, der Herausgeber von Lieberts Briefen, zitiert sogar in einer ausführlichen Fußnote die Schilderung eins „Kółko"-Treffens in den *Polnischen Erinnerungen*, die heute zweifelsohne dokumentarischen Wert für die Rekonstruktion der Atmosphäre in diesem Milieu besitzt.[34]

Interessant ist dabei der Umweg, auf dem Frankiewicz an diese Informationen gelangte, weil dies ein zusätzliches Licht auf die Rolle Carl-Oskar von Sodens in den deutsch-polnischen Beziehungen wirft. Nicht die in der *Allgemeinen Rundschau* gedruckten *Polnischen Erinnerungen* dienten Frankiewicz als Quelle, sondern ein Aufsatz von Josef Gülden,[35] einem bekannten, zu DDR-Zeiten aktiven Leipziger Priester, der in Innsbruck zusammen mit von Soden studiert hatte und dessen Polenerinnerungen kannte. Von Soden hatte ihn auf die Person Kornilowicz' aufmerksam gemacht, den Gülden 1938 in der Blindenanstalt Laski bei Warschau, also in einer seiner wichtigsten damaligen Wirkungsstätten, getroffen hatte. Gülden besuchte Laski und das Grab von Kornilowicz erneut 1965. Einige Jahre später veröffentlichte er im Jahrbuch der Diözese Meißen einen längeren Text, in dem er das Leben und Wirken von Sodens, dessen Erinnerungen an Kornilowicz sowie Laski und die eigenen Aufenthalte an diesem Ort ausführlich darstellte. Auf diese Weise wurde Carl-Oskar von Soden – 30 Jahre nach seinem Tod im amerikanischen Exil – wiederum zu einer Informationsquelle über den polnischen Katholizismus, diesmal für die von Polen eher abgeschnittenen Katholiken in der DDR.

Bei der Charakterisierung des polnischen Katholizismus legt von Soden einen besonderen Wert auf die Frage, inwiefern die polnische Kirche imstande sei, nationalistische Tendenzen zu überwinden und eine Verständigung mit Deutschland in die Wege zu leiten. Als Berichterstatter der *Germania* mischt er sich übrigens direkt in innerpolnische kirchenpolitische Diskussionen um die Besetzung des Posener und Gnesener Erzbischofstuhls ein. Indem er die Kandidatur des Bischofs August Hlond un-

---

34 Liebert, Jerzy: Listy do Agnieszki. Hrsg. von Stefan Frankiewicz. Warszawa 2002, S. 401f.
35 Vgl. Gülden, Josef: Zwei Begegnungen mit Władysław Kornilowicz. In: Uninteressante Menschen gibt es nicht. Der Mensch als Bruder – im Werk – im Fest – im Leid – in der Freundschaft vor Gott. Bearb. von Elfriede Kiel. Leipzig 1972, S. 16-22.

terstützt, der seiner Meinung nach als ein „Wiener" eine versöhnende Einstellung repräsentiert und ein ausgewogenes Verhältnis zur deutschen Minderheit hat, zieht er Attacken des nationalistisch orientierten Blattes *Kurier Poznański* auf sich, das Hlonds Kandidatur ablehnte.[36] Auch der in Warschau 1926 stattfindende erste polnische Katholikentag, der sich nach von Soden auf „sozialmoralische und volkspädagogische Aufgaben" konzentrierte, ist seiner Meinung nach ein wichtiger Schritt auf dem Wege, „mit jener Tradition zu brechen, die Katholizismus und Nationalismus gleichsetzte"[37]. Der Präsident des Katholikentages, Fürst Janusz Radziwiłł, ein „warme[r] Verehrer der deutschen Kultur"[38] und Freund Piłsudskis, war laut von Soden ebenfalls ein Garant für diese Tendenz.

Im polnischen Katholizismus der Zwischenkriegszeit vermisst von Soden jedoch den pazifistischen Gedanken. Dies ist ihm umso wichtiger, als er sich in der Arbeit des Friedensbundes Deutscher Katholiken aktiv engagiert, dabei die Verbesserung der deutsch-polnischen Beziehungen in den Vordergrund stellend. Während der Tagung des F.D.K. in Münster im August 1926 hält er das grundlegende Referat über die deutsch-polnische Verständigung, in dem er vor allem – ein für die damalige Zeit sehr mutiger Vorschlag – ein zwanzigjähriges „Moratorium für Grenzstreitigkeiten" fordert, das die Möglichkeit schaffen würde, alle anderen aktuellen Probleme, darunter auch das der Situation der deutschen Minderheit in Polen, in Ruhe zu lösen.[39] In der *Allgemeinen Rundschau* begründet er die Notwendigkeit eines Ausgleichs mit Polen folgendermaßen:

Das demokratische und pazifistische Deutschland sollte sehen, dass der europäische Friede auf zwei Beinen stehen muss, dem östlichen und dem westlichen, dass man nicht deutsch-französische Friedenspolitik machen kann, ohne die verschlampten Methoden unserer Ostpolitik einer gründ-

---

36 von Soden, Carl-Oskar: Polnische Erinnerungen I. Die alte Hauptstadt und der junge Staat (Fortsetzung). In: Allgemeine Rundschau. Wochenschrift für Politik und Kultur (1927) Nr. 19, S. 100 f.
37 Ebd., S. 100.
38 Ebd.
39 Vgl. Soden, Carl-Oskar: Zum Problem der deutsch-polnischen Verständigung. In: Der Friedenskämpfer. Organ der katholischen Friedensbewegung (1926) Nr. 3/4, S. 5-7. Vgl. ferner Riesenberger, Dieter: Die katholische Friedensbewegung in der Weimarer Republik. Düsseldorf 1976, S. 234.

lichen Nachprüfung zu unterziehen. [...] Die Tragik deutscher Politik bis vor kurzem war, solche Möglichkeiten regelmäßig vertändelt zu haben.[40]

Deshalb werden in seinen Erinnerungen alle, auch die kleinsten, damaligen Aktivitäten der polnischen Katholiken registriert, die zu einem Ausgleich mit Deutschland führen könnten. So hebt er die Tätigkeit des Krakauer Jesuitenpaters und Herausgebers des *Przegląd Powszechny* Jan Maria Rostworowski hervor, der an deutsch-polnischen Treffen der Katholiken, die u.a. von dem Breslauer Priester Hermann Hoffmann inspiriert wurden, teilnahm oder diese mit veranstaltete.[41]

Die „Kresy"

Einen besonderen Stellenwert nehmen in den *Polnischen Erinnerungen* Passagen ein, die den so genannten „Kresy", also Territorien im Osten des Landes gewidmet sind. Dieses polnische Wort und eine seiner Ableitungen „Kresowiec" (ein in den „Kresy" Geborener) verwendet von Soden in seinem Text mehrmals. Als Anhänger des Föderalismus interessiert ihn die Vergangenheit dieser Gebiete, vornehmlich die Lubliner Union (1569) mit ihren Folgen, und als Berichterstatter von Zeitungen, die sich an ein katholisches Lesepublikum wenden, auch die Union von Brest (1596) sowie die daraus resultierenden aktuellen Probleme des polnischen Staates und der Kirche. Indem er in die „Kresy" reist, versucht er, sich selbst ein Bild von der dortigen Situation zu machen.

Obwohl er sich dessen bewusst ist, dass ihm als Deutschen Zurückhaltung gebührt, kann er die Unabhängigkeitsträume der Ukrainer gut verstehen, auch wenn Lemberg für ihn „kaum weniger eine polnische Stadt als Wilna"[42] ist. Sowohl in Wilna als auch in Lemberg hofft er vor

---

40 von Soden: Polnische Erinnerungen II (wie Anmerkung 25), S. 146.
41 Vgl. von Soden: Polnische Erinnerungen V (wie Anmerkung 2), S. 760. Zu der Tätigkeit Hermann Hoffmanns für die deutsch-polnische Aussöhnung vgl. Adenauer, Evelyne, A.: In elfter Stunde. Hermann Hoffmann und sein Engagement für eine deutsch-polnische Verständigung und die Ökumene in der Zwischenkriegszeit. Münster 2008.
42 von Soden, Polnische Erinnerungen III (wie Anmerkung 24), S. 387. Er betont, dass die größeren Siedlungsgebiete der Ruthenen und Litauer außerhalb dieser Städte liegen. Wilna ist für von Soden zwar „die historische Hauptstadt Litauens, aber doch des mit Polen föderalistisch verbundenen Großfürstentums Litauens, nicht des litau-

allem auf eine vernünftige Minderheitenpolitik Piłsudskis, wenn auch – dies verheimlicht er seinen Lesern nicht – die nationalen, sozialen und konfessionellen Probleme im Osten Polens viel komplizierter als die im Westen sind. Die Föderalisierung scheint ihm daher der einzige Weg zur Lösung der Konflikte zu sein. Von Soden besucht den unierten (griechisch-katholischen) Metropoliten Andriej Szeptycki und seine besonders attraktiv gelegene St. Georgs-Kathedrale in Lemberg sowie die Jesuiten des ostslawischen Ritus in Albertyn in der Diözese Wilna, deren Missionsarbeit im Rahmen der so genannten Neounion seine Bewunderung weckt. Gleichzeitig berichtet er von einem Treffen mit dem orthodoxen Bischof in Żyrowice in Wolhynien, der eine hoffnungsvolle Zukunft vor seiner Kirche sieht. In diesem Kontext beschäftigen von Soden stark die unsichere Situation der orthodoxen Kirche in Russland sowie die sowjetrussische Zersetzungspolitik gegenüber den „Kresy".

Trotz der äußerst verwickelten ethnischen, religiösen und wirtschaftlichen Situation im Osten Polens steht es für ihn außer Zweifel, dass diese Region eine „Lebensnotwendigkeit" für Polen darstelle, und zwar nicht nur im politischen oder wirtschaftlichen, sondern vor allem im kulturellen Sinne:

Das national abgegrenzte Polen würde einen Bruch mit der ganzen Welt der polnischen Überlieferung und dem aus ihr gewachsenen Charakter Polens bedeuten. Die Kresy haben unerschöpflich viel für Polen geleistet. Sie sind die Geburtsstätte der meisten nationalen Helden, der Staatsmänner, Dichter und Seher. Nichts hat den polnischen Geist weiter gemacht als seine Kresy. [...] Hier muss man suchen, will man den Genius des Polentums finden. In der geheimnisvollen Gestalt des Wernyhora symbolisiert sich dieser Vorgang, der der Seele der Nation neue Elemente zuführt, unbekannte und schwer fassbare, vielleicht manchmal verhängnisvolle, aber auch reiche und farbige, ohne die ihr Herz verkümmern müsste.[43]

---

ischen Nationalstaats von heute". Sich auf die deutschen Statistiken aus der Zeit des Ersten Weltkrieges berufend, gibt er an, dass Litauer nur ca. 1,8% Einwohner Wilnas darstellen und hebt zudem hervor, dass Litauen die „neuerliche Föderalisierung mit Polen, wie sie Piłsudskis Idee entsprach, [...] abgelehnt [hat]". Von Soden, Carl-Oskar: Polnische Erinnerungen III. Zwielicht des Ostens (Fortsetzung). In: Allgemeine Rundschau. Wochenschrift für Politik und Kultur (1927) Nr. 24, S. 374.

43 von Soden, Polnische Erinnerungen III (wie Anmerkung 24), S. 387.

Wilna ist die Stadt in den „Kresy", die wohl den größten Eindruck auf von Soden macht. Nicht nur in der Gestalt des aus der Ukraine stammenden Sehers Wernyhora, der in den Werken der polnischen Romantik den Traum von der Wiedergeburt des Staates verkündet und die ukrainisch-polnische Symbiose versinnbildlicht, sondern auch im polnischen Nordosten entdeckt er die eigenartige Verbindung zweier Welten. Er preist „Wilnas Sang von den Wundern des Ostens, die hier schon ganz aufgetan sind und doch mit der Kunst des Westens zu einer sonst nie gesehenen Harmonie sich vereinen"[44].

Die Schilderung dieser Stadt, ihrer Geschichte und Kultur gehört zu den ergreifendsten Passagen in den *Polnischen Erinnerungen*. Hier entdeckt von Soden wiederum Beispiele der gemeinschaftlich praktizierten Volksfrömmigkeit. Über die berühmte Wilnaer Wallfahrtskapelle Ostra Brama erzählt er folgendes:

Das alte, massige, ja von außen plumpe Stadttor der Ostrabrama [sic!], die „spitze Pforte", enthält auf seiner Innenseite die Gnadenkapelle mit dem berühmten wundertätigen Bild der schwarzen Muttergottes. Das Bild steht über dem Altar. Nach orientalischer Art ist es vollkommen von Silber überdeckt. Seine Züge tragen den bezaubernden Ausdruck trauriger Schönheit. Die Kapelle selbst ist erstaunlich klein, noch kleiner als die der heimatlichen Gnadenstätte zu Altötting. Aber dafür ist die ganze Straße, die aus der Altstadt zur Ostrabrama hinaufgeleitet, zur Kirche geworden. Die Rückwand der Kapelle ist zum größten Teil von einer breiten Glastüre eingenommen, die zu einer Altane führt und den Tag über offen steht. So kann man von jedem Punkt der Straße aus zum Gnadenaltar aufblicken, und die Straße ist von knienden Betern voll. Sie ist aber keine abgelegene Gasse, sie ist der am meisten benützte Verkehrsweg von dem Bahnhof zur Altstadt. Menschen, Wagen, Autos eilen durch die Ostrabrama. Als Piłsudski 1919 Wilna zum ersten Mal nahm, zog die Armee hier ein. So wird diese Muttergottes von der Ostrabrama wahrhaft eine solche des Lebens. Mitten im Leben der Stadt steht sie, mitten auf dieses Leben fleht sie die Gnaden des göttlichen Sohnes herab. Kein größerer Augenblick, als wenn hier am Morgen die heilige Messe gefeiert wird. Kaum an einer anderen Stelle wird der Beter der Heiligung aller irdischer Natur durch das Geheimnis der Menschwerdung so lebendig inne,

---

44 von Soden, Carl-Oskar: Polnische Erinnerungen III. Zwielicht des Ostens. In: Allgemeine Rundschau. Wochenschrift für Politik und Kultur (1927) Nr. 21, S. 329.

wie hier unter dem schützenden Auge der Mittlerin, die uns Kindern einer zerstreuten, lärmenden, sündigen Welt die Gnaden erwirkt. So stehen wir alle auf der offenen Straße bewegtesten Erdenlebens, der irdischen Straße, die doch geheiligt und gnadenvoll ist. Und im Gesang der Beter, im Wallen des Weihrauchs will es dem armen Erdenpilger scheinen, als sei es schon nicht mehr die Ostrabrama, das alte Stadttor, als sei es ein Tor des Himmels, das sich öffnet, wo Maria für uns bittet.[45]

Wilna ist für von Soden zwar eine Stadt vieler Kulturen, deren Vertreter friedlich miteinander koexistieren: „Mit uns knien die Orthodoxen verehrend vor der Ostrabrama. Der polnische Kalviner kann sich ihrer Macht nicht entziehen. Jude und Moslim nehmen den Hut ab, wenn sie durch die heilige Pforte schreiten"[46]. Wegen der Ostra Brama und der in

---

45 Ebd.
46 Ebd. Obwohl die Juden in seinen Aufzeichnungen lediglich am Rande auftreten, nimmt von Soden die Vielfalt innerhalb dieser Bevölkerungsgruppe und ihre Probleme durchaus wahr. In Wilna sieht er nicht nur die „jahrhundertalten Synagogen, bevölkert von jenen greisen Juden, die in ihre Schriftlesung andächtig sich vertiefen", und die „ehrfürchtige Sympathie [wecken]", sondern auch ihre „ jüngere[n], alkoholduftende[n] Stammesgenosse[n], die mit lauter Stimme handel[n]. Vgl. ebd. Auch in den Berichten über andere Städte finden sich Beobachtungen zur Situation der Juden. So seien in Łódź sowohl die „von Dreck starrende[n] jüdische[n] Kaufläden" als auch die assimilierten Fabrikantenfamilien anzutreffen, die ähnlich wie die deutschen Fabrikbesitzer die Polen als „billige Menschenreserve" behandeln. Vgl. von Soden, Polnische Erinnerungen IV (wie Anmerkung 28), S. 613. Die „vorwiegend orthodoxe[n]" Juden in Krakau sind, seiner Meinung nach, im Gegensatz zu den Zionisten aus den „Kresy" und Kongresspolen „politisch gemäßigt", wozu die in dieser Stadt seit dem Mittelalter herrschende tolerante Atmosphäre beiträgt. Dort gib es auch keinen *Numerus clausus*, der in Lemberg zwar nicht „theoretisch" aber „praktisch" funktioniert. Den Krakauer Rabbiner und Sejmabgeordneten Ozjasz Thon charakterisiert von Soden kurz als „im Grund seines Wesens [...] einen ins Jüdische übertragenen Konservativen", wobei er natürlich an die Krakauer Konservativen denkt. Er bewundert die alte Synagoge in Kazimierz, die allerdings, wie er behauptet, neben den sich dort befindenden drei katholischen Kirchen den „einzige[n] Lichtblick im Schmutz und Elend" dieses Viertels darstellt, was ihn zu dem Fazit verleitet, dass „[d]ie Judenfrage [...] nach wie vor ein innerstaatlich unlösbares soziales Problem Polens [bleibt]". Die assimilatorischen Trends registriert er nur in den „obersten Schichten des zivilisierten Judentums", wobei der bekannte Historiker Szymon Askenazy als das „Haupt der assimilierten jüdischen Linken" bezeichnet wird. Vgl. von Soden, Polnische Erinnerungen V (wie Anmerkung 2), S. 759; von Soden, Polnische Erinnerungen III (wie Anmerkung 24), S. 387. Außerdem erwähnt von

dieser Stadt entstandenen polnischen Romantik ist Wilna seiner Meinung nach aber vor allem katholisch.

Hier trifft er auch einen Mann, der ihm den Zugang zu der Ideen- und Bilderwelt der polnischen Romantik wesentlich erleichtert: den Philosophen und Vertreter des liberalen Konservatismus, Rektor der Wilnaer Stefan Batory-Universität, den „Kresowiec" Marian Zdziechowski. Zdziechowski lehnt – was Carl-Oskar von Soden unterstreicht – den Nationalismus ab und gehört zu den Anhängern der deutsch-polnischen Verständigung.[47] Während von Soden mit Mickiewicz' Gedankenwelt und Dichtung zunächst im Warschauer „Kółko" um Korniłowicz in Berührung kam, wo solche Mickiewicz-Kenner wie Konrad Górski und Rafał Blüth verkehrten, führt ihn Zdziechowski in Zygmunt Krasińskis Werk ein. Er lenkt seine Aufmerksamkeit zudem auf die geistigen Strömungen Russlands, vor allem auf die Entwicklung der Slawophilie, deren degenerierte Überbleibsel laut Zdziechowski das Abendland immer mehr bedrohen.

Mit Visionen aus Krasińskis Drama *Irydion* ermahnt von Soden seine deutschen Leser eindringlich zum Nachdenken über die Gefährdung Europas, der die Verdrängung der Ethik aus der Politik zugrunde liege: „Hier, wo Wilna, die Stadt des Idealismus, an der Grenze uralter Despotie Wache hält, ist der Brennpunkt der Entscheidung, hier wird das abstrakte Problem personifiziert, hier wo Massinissa mit der Ostrabrama um Iridions Seele ringt..."[48] Masynissa, eine dämonische Figur, die „die großen Ideen vom Vaterland, vom allgemeinen Wohl, von der Demokratie aus Segnungen in einen Fluch für alle verwandelt, in Vergewaltigung und Verbrechen"[49], verliert diesen Kampf, weil Irydion sich letztendlich den universalen göttlichen Plänen unterwirft, die die Geschichte regieren, und in einem nördlichen Land der „Gräber und Kreuze", wo „selbst im nationalen Leben das Leiden zur Gnade gestaltet werden könne"[50], die Be-

---

Soden die zum Katholizismus konvertierenden Juden, z.B. in dem Kreis um Korniłowicz.

47 Von Soden betont Zdziechowskis Teilnahme an dem Ostertreffen der deutschen und polnischen Katholiken 1926 in Warschau sowie dessen Verbindungen zu Friedrich Wilhelm Foerster.
48 von Soden, Carl-Oskar: Polnische Erinnerungen III. Zwielicht des Ostens (Fortsetzung). In: Allgemeine Rundschau. Wochenschrift für Politik und Kultur (1927) Nr. 23, S. 359.
49 Ebd., S. 360.
50 von Soden, Carl-Oskar: Polnische Erinnerungen III. Zwielicht des Ostens (Fortsetzung). In: Allgemeine Rundschau. Wochenschrift für Politik und Kultur (1927) Nr. 22, S. 345.

deutung der Liebe und des Opfers kennen lernt. Als Anhänger der katholischen Friedensbewegung in Deutschland hofft von Soden darauf, dass die in den Werken der polnischen Romantik überlieferten Visionen „aktiver nationaler Leidensbereitschaft die Mission eines Vorbilds" erfüllen können – insbesondere für die von Krieg und Revolution gezeichnete junge Generation im Westen.

Die *Polnischen Erinnerungen* schließen mit einer ausführlichen Darstellung der *Hochzeit* von Stanisław Wyspiański, eines – wie von Soden betont – „furchtbar schönen Werks". Ihre Besprechung nimmt die drei letzten Folgen der *Erinnerungen* ein und trägt den Untertitel *Das Vermächtnis des Wernyhora*. Einige ganz kurze Ausschnitte aus der *Hochzeit* versucht der Autor sogar aus dem Französischen ins Deutsche zu übersetzen, weil zu seiner Zeit noch keine deutsche Fassung dieses Theaterstücks existierte.[51] Es ist für ihn vor allem ein Drama, das noch Jahrzehnte nach seiner Entstehung die Stärke der romantischen Überlieferung in der polnischen Geschichte, die „Hochzeit des Polen mit den Kräften des polnischen Totenreichs"[52] aufzeigt. Da diese Überlieferung aber in der christlichen Tradition verankert ist, kann der „Fluch der Dämonen" nicht die Oberhand gewinnen: „Wem das Leben Sterben und das Sterben Leben ist, über den haben die Toten keine Macht"[53].

Die Bekanntschaft zwischen von Soden und Zdziechowski hält auch an, nachdem der *Germania*-Korrespondent Wilna verlassen hat. Beide bleiben weiterhin im Briefkontakt, Marian Zdziechowski schickt von Soden Gratulationen zu seiner 1931 stattfindenden Priesterweihe.[54] Er liest die in der *Allgemeinen Rundschau* erschienenen *Polnischen Erinnerungen* und erwähnt von Sodens Bewunderung für *Irydion* in seinem 1935 in

---

51 Die erste Übersetzung – von Henryk Bereska – erschien erst im Jahr 1977. Zur Geschichte der deutschen Übersetzungen von *Wesele* vgl. Schultze, Brigitte: Kwadratura koła: *Wesele* Wyspiańskiego w przekładach niemieckich i angielskich. Übersetzung: Katarzyna Jaśtal. In: Schultze, Brigitte: Perspektywy polonistyczne i komparatystyczne. Kraków 1999, S. 243-259.
52 von Soden, Polnische Erinnerungen III (wie Anmerkung 50), S. 344.
53 von Soden, Carl-Oskar: Polnische Erinnerungen VI. Das Vermächtnis des Wernyhora (Schluß). In: Allgemeine Rundschau. Wochenschrift für Politik und Kultur (1927) Nr. 52, S. 824.
54 Die anderen Gratulanten aus Polen hießen: Władysław Korniłowicz, François Potocki und die Jesuiten aus Albertyn. Vgl. Trenner (wie Anmerkung 8), S. 105.

Berlin gehaltenen Vortrag über Zygmunt Krasiński.[55] Noch in dem 1938 herausgegebenen Buch *W obliczu końca* [Im Angesicht des Weltendes] greift der Wilnaer Gelehrte auf den letzten Aufsatz von Sodens zurück, der unter dem Titel *Das Naturrecht in der Situation* 1935 im *Hochland* erschien. Mit von Soden teilt er die Überzeugung, dass angesichts der heranziehenden Katastrophen die eschatologische Haltung die einzig mögliche sei. Zdziechowski spricht gewissermaßen auch für den im nationalsozialistischen Deutschland der Freiheit des Wortes beraubten Gesinnungsgenossen Carl-Oskar von Soden, wenn er hinzufügt, dass das Bewusstsein der eigenen Machtlosigkeit und Nichtigkeit den Menschen nicht von der Pflicht befreie, gegen das „Königreich Satans" zu kämpfen.[56]

*

Der Polenaufenthalt bildete temporär gesehen lediglich eine kurze Episode im Leben Carl-Oskar von Sodens. Doch seine Polenpublizistik und das gleichzeitige Engagement in der deutschen katholischen Friedensbewegung hinterließen durchaus Spuren. Mit kleinen Schritten ging von Soden beharrlich gegen die dominierenden Tendenzen seiner Zeit in Deutschland vor, wo der revisionistische Kurs gegenüber Polen von allen politischen Parteien, auch dem ihm nahe stehenden Zentrum, unterstützt wurde.[57] Schnell erwarb er sich ein beachtliches Wissen über die

---

55 Vgl. Zdziechowski, Marian: Zygmunt Krasiński (Odczyt wygłoszony w Berlinie 11 grudnia 1935 r., powtórzony w Wilnie w przekładzie polskim). Wilno 1936, S. 10.
56 Vgl. Zdziechowski, Marian: Zwiastuny satanizmu w Polsce. In: W obliczu końca. Warszawa 1999, S. 108.
57 Wie Peter Fischer feststellt, gab es Proteste deutscher Katholiken aus Westpolen gegen die Tätigkeit Carl-Oskar von Sodens. Der Posener Domherr Joseph Klinke, einer der politischen Führer der deutschen Minderheit in Großpolen, startete nach der Veröffentlichung der *Polnischen Erinnerungen* eine Briefaktion mit Protesten gegen von Sodens Überzeugung von der Möglichkeit einer Versöhnung von Deutschen und Polen auf der Grundlage des Christentums, weil er die Anerkennung der in Versailles festgelegten Grenzen für völlig ausgeschlossen hielt. Klinke wandte sich in seiner Aktion sowohl an prominente Privatpersonen aus dem katholischen Milieu als auch an angesehene Zentrumspolitiker. Die Abschrift eines der versendeten Briefe gelangte u.a. an das Posener Generalkonsulat, das das Auswärtige Amt informierte. Vgl. Fischer, Peter: Die deutsche Publizistik als Faktor der deutsch-polnischen Beziehungen 1919-1939. Wiesbaden 1991, S. 164 (Anmerkung 2).

polnische Kultur, Geschichte und Politik, das er seinen deutschen Lesern zu vermitteln suchte. In Polen gelang es ihm, an Deutschland interessierte Gesinnungsfreunde kennen zu lernen, die bereit waren, an der deutsch-polnischen Annäherung mitzuwirken.

Sicherlich überschätzte von Soden bei der Kommentierung der polnischen Wirklichkeit manches, einiges mag in seinen Aufsätzen aus der heutigen Perspektive nicht ganz korrekt erscheinen, auch der den Passagen über die polnische Romantik eigene pathetische Ton wirkt bei der Lektüre möglicherweise etwas künstlich, doch bemühte sich der Autor der *Polnischen Erinnerungen* redlich, wesentliche Grundzüge der polnischen Mentalität in der Zweiten Republik hervorhebend, die Eigentümlichkeiten und die Attraktivität des Nachbarlandes zu schildern. Viele Probleme des jungen Staates, z.B. den in manchen Kreisen starken Nationalismus und etliche damit verbundene innen- sowie außenpolitische Konflikte oder die vielerorts in die Augen springende Armut und wirtschaftliche Rückständigkeit, sprach von Soden an, versuchte sie jedoch nicht überzubetonen. Nicht alles interessierte ihn gleichermaßen; er betrachtete Polen vor allem aus dem Blickpunkt eines aus Süddeutschland kommenden Katholiken und Aktivisten der Friedensbewegung und hob Fragen hervor, die – seines Erachtens – insbesondere die Aufmerksamkeit dieser Zielgruppen wecken könnten.

Carl-Oskar von Soden verlässt Warschau im Herbst 1926 in der Hoffnung, mit Mitteln „rein publizistischer Art" einen kleinen Beitrag zur Beseitigung des Nationalismus und zur deutsch-polnischen Verständigung geleistet zu haben:

Und ich war mir bewusst, dass eine Arbeit geleistet worden war, die, was immer die nächsten Jahre bringen mögen, fortwirken wird an dem großen Gestalten, das jetzt durch Europa zieht und das siegreich über Dummheit und bösen Willen wegschreitend, dem noch fernen und doch schon deutlichen Horizont entgegeneilt, der Föderalisierung des Abendlands.[58]

Von Sodens Worte klingen hier selbstbewusst und siegesgewiss, was für den Tenor der *Polnischen Erinnerungen* gar nicht typisch ist. Die feste

---

58 von Soden, Polnische Erinnerungen I (wie Anmerkung 4), S. 85 (Hervorhebung des Verfassers).

Überzeugung von dem zukünftigen Erfolg schöpft der Verfasser aber aus dem christlichen Glauben. „Gottes Gnade hat gearbeitet, ich war das kaum bewusste Medium ihres Tuns"[59] – fügt er noch auf der gleichen Seite bescheiden hinzu.

Carl-Oskar von Soden wurde wegen der Radikalität seiner Friedenskonzepte in Bezug auf Polen von so manch einem deutschen Zeitgenossen für „verrückt"[60] gehalten. In der Forschungsliteratur zur Rolle der Kirchen in den deutsch-polnischen Beziehungen wird er, sofern sein Name dort überhaupt auftaucht, zu den Außenseitern gezählt, die „nicht viel" erreichen konnten.[61] Konrad Weiß, einer der Vertreter der demokratischen Opposition in der DDR, nennt allerdings seinen Namen in einem Zusammenhang, der die oben zitierten Worte von Sodens in einem etwas anderen Licht erscheinen lässt. In einer Skizze über die Tätigkeit der Aktion Sühnezeichen weist er darauf hin, dass Günter Särchen, 1966-1975 stellvertretender Leiter dieser Bewegung in der DDR, seine ersten Kontakte zu der polnischen katholischen Kirche dank der Vermittlung der Leipziger Priester Joseph Gülden und Wolfgang Trilling aufnahm, die ihrerseits an die Erfahrungen und Bekanntschaften Carl-Oskar von Sodens anknüpften: „Sie konnten ihm Menschen in Polen nennen, die gesprächsbereit waren und ihn aufgenommen und unterstützt haben. Das war zu jener Zeit, einige Jahre nach dem Krieg keineswegs eine Selbstverständlichkeit."[62]

Unabhängig von den politisch-gesellschaftlichen Nachwirkungen der Aktivität Carl-Oskar von Sodens verdienen es dessen *Polnische Erinnerungen,* auch im Kontext der deutschen Reiseliteratur über das Polen der Zwischenkriegszeit gelesen zu werden. Erst dann ließen sich ihre Bedeutung und Originalität gebührend würdigen. Im Rahmen dieses Aufsatzes kann dies nur ein Forschungspostulat bleiben.

---

59 Ebd.
60 So Klinke in seinem Brief. Zit. nach: Fischer (wie Anmerkung 57), S. 164.
61 Vgl. Żurek, Robert: Zwischen Nationalismus und Versöhnung. Die Kirchen und die deutsch-polnischen Beziehungen 1945-1956. Köln 2005, S. 34 f.
62 Weiß, Konrad: Aktion Sühnezeichen in Polen. Erste Schritte zur Aussöhnung und Verständigung. In: Zwangsverordnete Freundschaft? Die Beziehungen zwischen der DDR und Polen 1949-1990. Hrsg. von Basil Kerski, Andrzej Kotula, Kazimierz Wóycicki. Osnabrück 2003. S. 243-249, hier S. 244. Zur Bedeutung der Aktion Sühnezeichen für einen alternativen deutsch-polnischen Dialog in der DDR vgl. den Beitrag von Ludwig Mehlhorn in diesem Band.

Die konjunkturelle Polenfreundschaft der Nationalsozialisten 1934-1939

Karina Pryt

Als im Juni 1935 der Eisenbahnerchor „Hasło" aus Poznań (Posen) mit einem Konzert in Düsseldorf auftrat, waren dessen Mitglieder von der herzlichen Atmosphäre, die sie vorfanden, überrascht und tief beeindruckt. Wie der Sekretär des Chors später berichtete, wurden die Sänger nicht nur vom Publikum freundlich aufgenommen, sondern auch von den lokalen NS-Dienstträgern mit allen Ehren gewürdigt. Die örtliche Gaupropagandaleitung ließ für die Gäste einen großzügigen Empfang im Rathaus organisieren und den Empfangssaal zum ersten Mal in der Geschichte dieser Stadt mit polnischen Nationalfahnen schmücken. In den Ansprachen wurden „glühende Sympathien für Polen" bekundet.[1] Die sorgfältig vorbereitete Veranstaltung ließ die Besucher glauben, dass unter dem Hakenkreuz ein fundamentaler Umbruch in den historisch belasteten Beziehungen zwischen Deutschen und Polen stattfinde und eine dauerhafte Verständigung angestrebt werde.[2]

Diese Einschätzung erscheint aus der heutigen Perspektive verblüffend und naiv. Die polnischen Sänger kannten gleichwohl nicht den Fortgang der Geschichte. Ihre historischen Erfahrungen bezogen sich auf die Zeit der negativen Polenpolitik des Wilhelminischen Deutschlands und der Weimarer Republik, in der versucht wurde, polnische Kulturdarbietungen grundsätzlich zu verhindern. Die kurze Zeit zwischen 1916-1918 ausgenommen,[3] betrachtete Berlin es geradezu als eine Frage der Staatsraison, den Polen staatsmännische und kulturschöpfende Fähigkeiten abzusprechen. Eine ideologische Grundlage lieferten hierfür deut-

---

1 AAN, MSZ 8249, S. 85. Bericht des Sekretärs von „Hasło" Władysław Najwer von der Gastreise durch Länder Europas 25.6.1935-5.7.1935.
2 AAN, MSZ 8249, S. 68, PK Essen an MSZ vom 28.6.1935.
3 In der Zeit sah sich die deutsche Regierung durch die Gegnerschaft zur Russland veranlasst, um die polnische Loyalität u.a. mit kulturpolitischen Mitteln zu werben.

sche Historiker mit der *Kulturträger-* und *Kulturgefälletheorie*,[4] die die Teilungen Polens und das Recht auf die Einnahme und die Germanisierung der ehemals polnischen Gebiete von einer vermeintlichen Überlegenheit der deutschen *Kulturträger* ableiteten. Die Kulturpolitik des Kaiserreichs wie die der Weimarer Republik hielt an diesem Rechtfertigungsdiskurs fest, der sich Mitte des 19. Jahrhunderts gegen die Polensympathien der deutschen Frühliberalen durchgesetzt und seither die deutsche Vorstellung von dem östlichen Nachbarn bedeutend geprägt hatte. Die Weimarer Regierungen nutzten das negative Polenbild, um den Anspruch auf die an Polen abgetretenen Gebiete aufrechtzuerhalten und sich den gesellschaftlichen Rückhalt für die beabsichtige Verschiebung der deutschen Ostgrenze zu sichern.[5]

In dieser Hinsicht gingen die demokratischen Regierungen mit der NSDAP konform, die der Republik von Weimar den Kampf ansagte und 1933 mit antipolnischen, revisionistischen Stimmen an die Macht gelangte. Die Nationalsozialisten verbanden die revisionistische Politik mit den Plänen einer Ostexpansion, die weit über die an Polen abgetretenen Gebiete hinausreichen, den Deutschen „Lebensraum" geben und als Schlüssel zur Weltherrschaft fungieren sollte. Polen spielte in der Vielzahl außenpolitischer Entwürfe, die innerhalb der NSDAP vertreten waren, zwar keine zentrale Rolle. Die Mehrzahl der Nazi-Ideologen hielt dennoch eine gewaltsame Unterwerfung des Landes für notwendig und vertrat das abschätzige, nun rassenideologisch begründete Polenbild der Kulturträgertheorie.[6]

Adolf Hitler stand noch bis in die ersten Monate nach der Machtübergabe für das aggressive antipolnische Gebaren der NSDAP. Bis März 1933 wurden polnische Bürger misshandelt und polnische Nationalsymbole

---

4   Mehr dazu siehe: Wippermann, Wolfgang: Die Deutschen und der Osten, Traumbild und Traumland. Darmstadt 2007, S. 57-61; Der Verfasser geht insbesondere auf folgende Abhandlungen ein: Reitmeyer, Johann Friedrich: Geschichte des Preußischen Staates. 1805; Binder, Wilhelm Christian: Der Untergang des Polnischen Nationalstaates, pragmatisch entwickelt. 2 Bde. Stuttgart 1843-44, Treitschke, Heinrich Gotthardt von: Das deutsche Ordensland Preußen. Leipzig 1862.

5   Vgl. Fischer, Peter: Die deutsche Publizistik als Faktor der deutsch-polnischen Beziehungen 1919-1939. Wiesbaden 1991.

6   Vgl. Wippermann, Wolfgang: Der „Deutsche Drang nach Osten". Ideologie und Wirklichkeit eines politischen Schlagwortes. Darmstadt 1981, S. 67 u. 137.

geschändet. Von dem neuen Reichskanzler wurden daher in beiden Ländern eine Verschärfung der Spannungen und womöglich eine rasche Verschiebung der gemeinsamen Grenze erwartet beziehungsweise befürchtet. Hitler, der als Führer der NSDAP und deutscher Kanzler allgemein viel Opportunismus zeigte und innerhalb seiner grundlegenden Weltanschauung beweglich war,[7] nutzte dagegen seine Machtfülle, um ab Mai 1933 überraschenderweise eine Wende in der deutschen Ostpolitik einzuschlagen. Gegen massive Widerstände aus dem Auswärtigen Amt und den eigenen Reihen ließ er am 26. Januar 1934 die Nichtangriffserklärung mit Warschau unterschreiben, die im April 1939 vorzeitig gekündigt wurde.

In den fünf Jahren, in denen dieser Vertrag galt, war Hitler intensiv um eine Vertiefung der Beziehungen zu Polen bemüht. Gegenüber polnischen Politikern und Diplomaten sowie in der von den Nationalsozialisten geschaffenen Öffentlichkeit präsentierte er sich geradezu als Polenfreund und Anwalt einer bilateralen Verständigung. Hierfür wollte er die bestehenden Feindbilder revidieren und das gegenseitige Verhältnis umwerten lassen. In diesem Zusammenhang betonte er am 25. Januar 1934 gegenüber dem polnischen Gesandten Józef Lipski, dass die These von der deutsch-polnischen Erbfeindschaft falsch sei und „ausgemerzt werden"[8] müsse. Es sei auch möglich, wie Hitler ein Jahr später versicherte, dass „sich etwa in acht oder neun Jahren völlig andere Beziehungen durchsetzen werden, wenn beide Nationen sich kennen lernen und die alten Vorurteile überwinden."[9]

Hitler, der sich selbst als verhinderten Künstler sah und die Lenkung der Medien und des Kulturbetriebs als einen integralen Teil der Politik betrachtete, ging zeitweise davon aus, sein Ziel mit einer breit angelegten Werbekampagne für die bilaterale Verständigung erreichen zu können. Daher stimmte er dem gesonderten Presseabkommen vom 24. Februar 1934 zu, das nicht nur die Presse, sondern auch die Literatur, den Rundfunk sowie das Film- und Theaterwesen umfasste.[10] Darüber

---

7   Vgl. Kershaw, Ian: Hitler, Bd. 1. München 2002, S. 330.
8   Papers and Memoirs of Józef Lipski, Ambassador of Poland. Diplomat in Berlin 1933-1939, Hrsg. von Wacław Jędrzejewicz. New York, London 1963, S. 124 (Bericht von der Unterredung des polnischen Gesandten Lipskis mit dem deutschen Kanzler am 25.1.1934).
9   Ebd.
10 PA, Warschau, AA an die Deutsche Gesandtschaft Warschau vom 26.2.1934.

hinaus ließ er einen Kulturaustausch einleiten. Dabei musste er seine (ab dem 2. August 1934) institutionell unangefochtene Stellung einsetzen, um Widerstände auf der administrativen Ebene gegen die Durchführung polnischer Kulturveranstaltungen auszuräumen.

Auf Hitlers Befehl erlebte Deutschland ab 1935 eine, wie es ein holländischer Journalist ausrückte, geradezu einmalige „Invasion polnischer Kultur".[11] Anfang 1935 wurde in Berlin ein Deutsch-Polnisches Institut (DPI) gegründet und mit einem sehr gut besuchten Konzert von Jan Kiepura eingeweiht. Es folgte die Wanderausstellung polnischer Kunst, die noch 1930 aus politischen Gründen abgesagt worden war und nun am 29. März 1935 in der Preußischen Akademie der Künste unter Anwesenheit des deutschen „Führers und Reichskanzlers" eröffnet wurde.[12] Tourneen durch Deutschland absolvierten ferner die Ballettensembles von Feliks Parnell (drei Mal zwischen 1935 und 1937 mit insgesamt 60 Darbietungen) und von Bronisława Niżyńska (Februar-März 1938 mit etwa 19 Vorführungen). Nach der spektakulären reichsdeutschen Uraufführung der Nationaloper *Halka* von Stanisław Moniuszko in Hamburg (1935) erwog man, weitere polnische Musikwerke und Theaterstücke in das feste Bühnenrepertoire aufzunehmen.

Die Atmosphäre hierfür schien denkbar günstig zu sein, zumal Hitler sowie seine engsten Gefolgsmänner Hermann Göring und Joseph Goebbels ihren spontanen polenfreundlichen Gesinnungswandel gern zur Schau stellten. Es wurde immer dafür gesorgt, dass zumindest eine der führenden Persönlichkeiten den polnischen Veranstaltungen beiwohnte und somit öffentlichkeitswirksam Achtung vor polnischer Kultur bekundete. Die drei Staatsmänner wetteiferten darüber hinaus geradezu um die Sympathie polnischer Stars wie Pola Negri und Jan Kiepura und sicherten diesen zeitweise traumhafte Gagen im deutschen Film. Deutsche Filmgrößen wurden hingegen dazu angehalten, in Musikfilmen wie *Der Bettelstudent* (1934) die Schönheit polnischer Frauen zu besingen oder in Produktionen wie *Abschiedswalzer* (1934) und *Ritt in die Freiheit* (1937) tapfere, gegen die russische Teilungsmacht kämpfende „edle Polen" nachzuspielen.

---

11 So die Überschrift eines Artikels der Amsterdamer Tageszeitung „De Telegraph", zitiert nach: AAN, Amb. Berlin 2440, S. 79, Polnische Gesandtschaft in Den Haag an das MSZ vom 11.4.1935.

12 Die Kunstschau wurde nacheinander in den Städten Hamburg, Berlin, München, Frankfurt, Dresden, Düsseldorf, Köln, Königsberg und Stettin gezeigt.

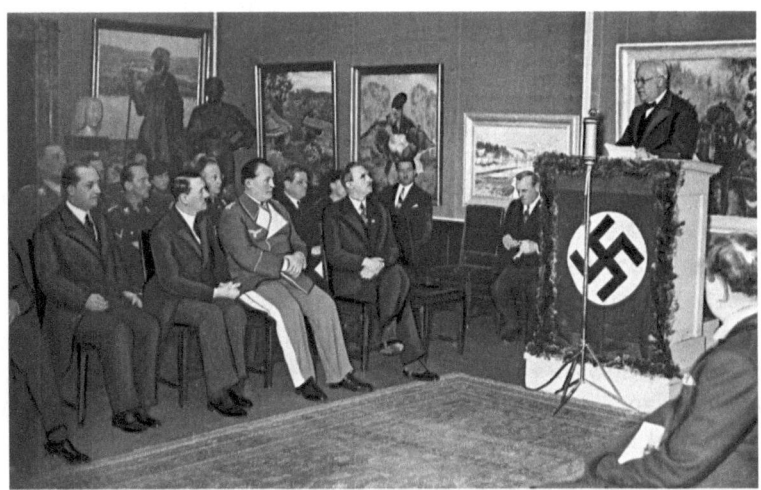

Feierliche Eröffnung der Polnischen Kunstschau am 29. März 1935 in Berlin. In der ersten Reihe von links der Botschafter der Republik Polen in Deutschland Józef Lipski, der Reichskanzler Adolf Hitler, der preußische Ministerpräsident Hermann Göring, der Kurator der Ausstellung Mieczysław Treter. Am Rednerpult der Präsident der Preußischen Akademie der Künste Georg Schumann. (Narodowe Archiwum Cyfrowe, Sign. 1-K-6247-2)

Jan Kiepura nimmt nach einem Konzert die Glückwünsche des preußischen Ministerpräsidenten Hermann Göring entgegen. Hinter Göring steht der Leiter des Deutsch-Polnischen Instituts Achim von Arnim. (Narodowe Archiwum Cyfrowe, Sign. 1-K-8276-11)

Die Staatsführung ließ so zwar die Polenfreundschaft des Vormärz in Erinnerung rufen. Sie unterschlug dabei aber, dass die deutschen Frühliberalen 1830/31 in den aufständischen Polen Träger der Ideale der französischen Revolution und Vorkämpfer der demokratischen Entwicklung in Europa gesehen hatten. Das menschenverachtende Regime vertuschte auch, dass die wenigen Protagonisten der deutsch-polnischen Verständigung aus der Weimarer Zeit, die in der Regel aus dem demokratischen, pazifistischen und katholischen Umfeld stammten, seit 1933 Repressalien ausgesetzt waren. Diese Menschen (wie Thomas Mann oder Elga Kern) wurden in den ersten Monaten nach der Machtübergabe dazu gezwungen, in den Untergrund oder ins Exil zu gehen. Viele der Journalisten, die unter schwierigen Umständen über polnische Kultur berichtet hatten, wurden verhaftet und gefoltert. Der Pazifist Karl von Ossietzky, der sich für die Aussöhnung mit Polen eingesetzt hatte, starb sogar an den Folgen des KZ-Aufenthaltes.

Hier stellt sich die Frage nach dem Sinn und Zweck dieser zur Schau gestellten Polenfreundschaft. Welche Umwertung der historisch belasteten Beziehungen zwischen Polen und Deutschland hatte Hitler im Sinne? Ging die Staatsführung ernsthaft auf Distanz zu dem abwertenden Polenbild der deutschen Kulturträgertheorie, die den Nationalsozialisten als richtungsweisend für die geplante Ostexpansion galt? Gab es eine Alternative zu dem als „Fall Weiß" bezeichneten Überfall auf Polen und der folgenden brutalen rassenideologisch untermauerten Vernichtungspolitik der nationalsozialistischen Besatzungsmacht?

Im Folgenden versuche ich mich diesen Fragen zu nähern und ordne dabei die befohlene Polenfreundschaft in das Weltbild und die außenpolitischen Konzeptionen Hitlers und seiner Gefolgsleute ein.

„Polenfreundschaft" und Polenpolitik Adolf Hitlers

Hitlers Annäherungspolitik an Warschau, die im Widerspruch zum revisionistischen Programm der NSDAP und der anvisierten Ostexpansion steht, wird in der Forschung kontrovers gedeutet. Die Meinungsverschiedenheiten rühren vor allem daher, dass es schwer fällt zu bestimmen, welche Stellung der deutsche Diktator Polen vor 1939 in seiner Vision einer

Neuordnung Europas zuwies.[13] Die Unklarheit ergibt sich daraus, dass Hitler wenig Schriftliches verfasste. Diese Zurückhaltung gehörte zu seiner Taktik. Er vermied es generell, sich auf eine konkrete Linie festzulegen und gab seine politischen und ideologischen Vorstellungen lediglich in allgemeinen Umrissen vor.[14]

Hitler hatte darüber hinaus keine genaue Vorstellung darüber, wie der Bau des deutschen Reiches im Osten im Detail umzusetzen sei und war sich vermutlich selbst nicht im Klaren darüber, welche Rolle Polen dabei spielen sollte. In *Mein Kampf* bezog er keine eindeutige Stellung dazu, ob das Land als Eroberungsziel der deutschen Ostexpansion zu gelten habe.[15] In Abhängigkeit von den Umständen änderte er seine Meinung über die Polen, denn sie hatten keinen fest umrissenen Platz in seinem rassenideologisch geformten Weltbild. Sein Antislawismus nahm nicht die Form einer zentralen und allumfassenden Phobie an, wie es bei seinem Antisemitismus der Fall war.[16]

Vor 1933 prägten zwar vor allem der verlorene Krieg und die Bestimmungen des Versailler Vertrags seine Einstellung zu Polen. Dieses war für ihn „aus dem deutschen Blut entstanden",[17] war neben den Juden

---

13 Vgl. Schattkowsky, Ralph: Innen- und außenpolitische Aspekte des deutsch-polnischen Nichtangriffsabkommen vom 26. Januar 1934. In: Deklaracja polsko-niemiecka o niestosowaniu przemocy z dnia 26 stycznia 1934 r. z perspektywy Polski i Europy w siedemdziesiątą rocznicę podpisania. Hrsg. von Mieczysław Wojciechowski. Toruń 2005, S. 22-39.
14 Kershaw (wie Anmerkung 7), S. 330.
15 Krasucki, Jerzy: Polska-Niemcy. Stosunki polityczne od zarania po czasy najnowsze [Polen und Deutschland. Politische Beziehunge vom Beginn an bis in die Gegenwart]. Poznań 2003, S. 255. Die Passage über die deutsche Expansion im Osten im zweiten Band seiner Schrift „Mein Kampf" ergibt kein eindeutiges Bild von der Stellung Polens. Hitler schrieb wörtlich, dass der „Lebensraum" für das deutsche Volk „Russland und die ihm untertanen Randstaaten" umfassen sollte. Da Polen zum Zeitpunkt des Verfassens ein unabhängiger Staat war, liegt der Schluss nahe, dass es nicht als Eroberungsziel gemeint sein konnte.
16 Vgl. Borejsza, Jerzy: Antyslawizm Adolfa Hitlera [Der Antislawismus Adolf Hitlers]. Warszawa 1988, S. 19 u. 44.
17 Aus Hitlers Rede vom 1.3.1922 auf dem Parteitag in München. In: Adolf Hitler. Sämtliche Aufzeichnungen 1905-1924. Hrsg. von Eberhard Jaeckel. Stuttgart 1980, S. 590. (Siehe auch S. 378, 393, 415, 430).

und den Sozialdemokraten Schuld an der deutschen Niederlage.[18] Als Österreicher war Hitler jedoch frei von dem antipolnischen Komplex der Preußen. Daher war es ihm möglich, bereits im Frühjahr 1933 zu erkennen, dass eine Verständigung mit Polen ihm helfen konnte, seine Macht im Inneren zu konsolidieren und Schritt für Schritt die „Fesseln von Versailles" zu lösen. Von diesem Zeitpunkt an sind seine positiven Äußerungen zu Polen überliefert, die Berichten polnischer Diplomaten und Politiker, aber auch den Tagebüchern seines Propagandaministers zu entnehmen sind.[19]

Aus taktischen Gründen zeigte sich Hitler vor allem im Zusammenhang mit den wichtigsten außenpolitischen Schritten als Polenfreund und Friedensmensch. So ließ er zeitgleich mit der Wiedereinführung der Wehrpflicht, der Remilitarisierung des Rheinlandes und der Ausweitung des Deutschen Reiches auf Österreich und das Sudetenland die Werbekampagne für die deutsch-polnische Verständigung gezielt intensivieren.[20] Die zur Schau gestellte Polenfreundschaft wurde somit geschickt in die allgemeine Friedenspropaganda eingebunden. Diese Strategie der Selbstverharmlosung half dem Regime, das negative Image nach innen wie nach außen zeitweise durchaus effektiv aufzubessern und von den eigentlichen aggressiven Zielen abzulenken. Viele Menschen, die, wie die polnischen Chorsänger in Düsseldorf, vom nationalsozialistischen Propagandaapparat umworben wurden, ließen sich täuschen und schenkten der vermeintlichen Friedensliebe der Staatsführung Glauben.[21]

Hitler distanzierte sich in dieser Zeit, wie es scheint, nicht nur oberflächlich von dem abschätzigen deutschen Polenbild. Er vereinnahmte vielmehr die Vorstellung eines wagemutigen, wehrhaften Polens, das als letzte Bastion europäischer Kultur im Osten galt. Dieses Bild leitete Hitler vor allem von dem Wiener Entsatz 1683 und der Niederlage der Roten Ar-

---

18 Vgl. Król, Eugeniusz C.: Polska i Polacy w propagandzie narodowego socjalizmu w Niemczech 1919-1945 [Polen und die Polen in der nationalsozialistischen Propaganda in Deutschland 1919-1945]. Warszawa 2006, S. 79 f.
19 Vgl. Wysocki, Alfred: Tajemnice dyplomatycznego sejfu, [Geheimnisse des diplomatischen Tresors]. Warszawa 1979; Beck, Józef: Ostatni raport [Die letzte Meldung]. Warszawa 1987; Die Tagebücher von Joseph Goebbels. Sämtliche Fragmente. Hrsg. von Elke Fröhlich, Bd. 2-3. München 1987.
20 Mehrere Beispiele in: Pryt, Karina, Befohlene Freundschaft. Die deutsch-polnischen Kulturbeziehungen 1934-1939. Osnabrück 2010.
21 Kershaw, Ian: Hitler, Bd. 2. München 2002, S. 20 f.

mee vor Warschau 1920 her.[22] Der überraschende Sieg gegen die Sowjets unter der Führung Józef Piłsudskis, das sogenannte Wunder an der Weichsel, war für Hitler der Beweis dafür, dass die Polen eine militante, wehrhafte Nation seien, die den Westen vor der „asiatisch-bolschewistischen Unterwanderung" schütze.[23] Seit dem polnisch-sowjetischen Krieg soll Hitler den Bezwinger der Roten Armee, Józef Piłsudski, aufrecht bewundert haben[24] und bis in die Mitte der 1930er Jahre hinein soll er auch von der Schlagkraft der polnischen Armee überzeugt gewesen sein.[25] Die Abwehr der Türken durch das deutsch-polnische Entsatzheer vor Wien nahm er hingegen als ein Argument dafür, dass ein militärisches Bündnis möglich sein könnte.[26]

Dieses sollte sich gegen die Sowjetunion richten. Hitler spekulierte darauf, dass Warschau dem gegen die UdSSR gerichteten Antikominternpakt beitreten und seine Außenpolitik an Berliner Zielen ausrichten werde. Das auf diese Weise international isolierte Polen sollte anschließend territoriale Abtretungen zugunsten Deutschlands hinnehmen und als Juniorpartner an der deutschen Seite kämpfen. Als Entschädigung war für Warschau eine Expansion in Richtung Schwarzes Meer angedacht.[27]

Diese Wunschvorstellungen konnten in der Verständigungskampagne nicht direkt vermittelt werden. Der Propagandaminister, der seine Anwei-

---

22 Vgl. Wysocki (wie Anmerkung 19), S. 141; Papers and Memoirs of Józef Lipski (wie Anmerkung 8), S. 124 u. 155, Der polnische Gesandte Lipski an Außenminister Beck vom 25.1.1934. Ein Bericht aus der Unterredung mit Hitler; Lipskis Notiz aus der Unterhaltung mit Hitler und Neurath vom 27.8.1934.
23 Ebd, S. 126-129, Der polnische Gesandte Lipski an Außenminister Beck vom 5.2.1934.
24 Roos, Hans: Polen und Europa. Studien zur polnischen Außenpolitik 1931-1939. Tübingen 1957, S. 219.
25 Vgl. Borejsza (wie Anmerkung 16), S. 53. Hitler äußerste seine Achtung für den Marschall mehrmals öffentlich und privat. Siehe auch: Riefenstahl, Leni: Memoiren. München-Hamburg 1987, S. 349.
26 Vgl. Papers and Memoirs of Józef Lipski (wie Anmerkung 8), S. 163, Bericht aus einer Unterredung des polnischen Gesandten Lipski mit dem deutschen Kanzler vom 24.1.1935.
27 Vgl. Wojciechowski, Marian: Die deutsch-polnischen Beziehungen 1933-1938. Leiden 1971; Żerko, Stanisław: Stosunki polsko-niemieckie 1938-1939 [Deutsch-Polnische Beziehungen 1938-1939]. Poznań 1998; Weitere Literaturangaben in: Pryt (wie Anmerkung 20), S. 14 (Anm. 5).

sungen stets nach den Äußerungen Hitlers richtete,[28] konnte nicht offen zugeben, dass es darum ging, Polen international zu isolieren, um es anschließend als Komplizen und Helfershelfer für eigene Hegemoniebestrebungen zu benutzen. In diesem Fall hätte Berlin die Unterstützung Warschaus verloren und die Westmächte zu einer Reaktion herausgefordert. Der Propagandaminister sah deswegen beispielsweise davon ab, die deutsch-polnische Waffenbrüderschaft am Beispiel des Wiener Entsatzes von 1683 filmisch darzustellen, obwohl die Abwehr der Türken ein fester Bezugspunkt in Hitlers Aussagen war. Dieses Motiv wurde allerdings in einigen literarischen Werken verarbeitet.[29]

Die erwünschten Inhalte wurden daher indirekt und verschlüsselt durch Filme wie *Abschiedswalzer*, *Mazurka*, *Ritt in die Freiheit*, *Eskapade* und *Warschauer Zitadelle* vermittelt. Diese riefen den polnischen Befreiungskampf gegen die russische Teilungsmacht in Erinnerung und knüpften an die polarisierende Sicht des „guten Polen" und „bösen Russen" an, die bereits während des Ersten Weltkriegs für die Freund- und Feindpropaganda eingesetzt worden war.[30] Die *edlen Polen* wurden unter Goebbels als nationalgesinnte draufgängerische Kämpfer in die propagandistische Vorbereitung des geplanten militärischen Vorgehens gegen die Sowjetunion mit einbezogen.[31]

---

28 Vgl. Michels, Helmut: Ideologie und Propaganda, Die Rolle Joseph Goebbels in der nationalsozialistischen Außenpolitik bis 1939. Frankfurt/Main 1992, S. 210-232.

29 Vgl. Chodera, Jan: Die deutsche Polenliteratur 1918-1939. Stoff- und Motivgeschichte. Poznań 1966, S. 234. Genannt werden Janetschek, Ottokar: Sobieski. Kreuzzug nach Wien. Leipzig 1934; Stratz, Rudolf: Rettet Wien! Stuttgart 1936.

30 Damals versuchte das wilhelminische Deutschland mit ähnlichen Filmproduktionen die Polen für die antirussische Politik zu gewinnen. Mehrere Beispiele in: Maśnicki, Jerzy: Niemy kraj. Polskie motywy w europejskim kinie niemym (1896-1930) [Stummes Land. Polnische Motive im europäischen Stummfilm (1896-1930)]. Gdańsk 2006.

31 In diesem Zusammenhang maßen der deutsche Kanzler und sein Propagandaminister insbesondere „Ritt in die Freiheit" eine besondere Bedeutung zu. Siehe: BArch, R 109 I 1031 b, S. 68, Vorführungen vor dem Führer Nr. 1188 vom 13.10.1936. Zu den Filmen vgl. Pryt (wie Anmerkung 20), S. 345-405; Roschke, Carsten: Der umworbene „Urfeind". Polen in der nationalsozialistischen Propaganda 1934-1939. Marburg 2000; Gerken, Marei: Stilisierung und Stigma: Vom patriotischen Helden zum Untermenschen. Polenbilder im deutschen Spielfilm der dreißiger und frühen vierziger Jahre. In: Studien zur Kulturgeschichte des deutschen Polenbildes 1848-1939. Hrsg. von Hendrik Feindt. Wiesbaden 1995, S. 213-225.

Diese Produktionen spiegeln ziemlich genau die Wertschätzung, die Hitler in jener Zeit Polen entgegenbrachte. Diese bezog sich vorwiegend, wenn nicht ausschließlich, auf diejenigen Eigenschaften, die für die geplante militärische Auseinandersetzung mit der UdSSR relevant waren. Ansonsten ging Hitler weiterhin von einem grundsätzlichen Hierarchiegefälle im deutsch-polnischen Verhältnis aus. Seinem spontanen polenfreundlichen Gesinnungswandel lag von Anfang an die Überzeugung zugrunde, dass der anvisierte slawische Juniorpartner im Laufe der Jahre ohnehin als politischer Faktor graduell an Bedeutung verlieren werde. In einer internen Presseanweisung hieß es, dass „das geistig bedeutendere deutsche Volk in allmählicher Aufbauarbeit das polnische Element zurückdrängen [...] und es bevölkerungspolitisch und geistig nach Jahren zur Defensive treib[en]" werde.[32] Dieser Zuversicht baute auf den grundsätzlichen Glauben an das deutsche Kulturträgertum, und die Evolutionsgesetze, die gleichsam den Weg zur Errichtung des tausendjährigen Reiches im Osten bahnen sollen. Hitler nahm insofern in seiner Polenpolitik Abstand von der These der deutsch-polnischen Erbfeindschaft, aber nicht von der Kulturträgertheorie. Diese begründete für ihn weiterhin den deutschen Führungsanspruch gegenüber Polen, die dem Machtstreben der „Herrenrasse" auf dem quasi natürlichen und friedlichen Wege zu weichen hatten.

Diese theoretischen Annahmen eröffneten der Staatsführung die Möglichkeit, die Annäherung an Warschau in die langfristigen Ziele einzubinden und mit den völkischen Konzepten der rassischen Neuordnung Osteuropas in Einklang zu bringen. Somit wurde hypothetisch die Aussicht geboten, von dem deutsch-polnischen Konflikt abzurücken und eine vermeintlich polenfreundliche Einstellung anzunehmen, ohne auf die „verlorenen Gebiete" sowie den deutschen Machtanspruch im Osten verzichten zu müssen. Der deutsche Diktator brach insofern bei seiner Annäherung an Warschau weder mit den ideologischen Grundsätzen noch mit den langfristigen außenpolitischen Zielen des Nationalsozialismus. Die Zielsetzung blieb dieselbe, nur die Mittel waren andere.

Aus pragmatischen Gründen beabsichtigte Hitler das Land zunächst nicht gewaltsam, sondern friedlich mit kulturpolitischen Mitteln dem

---

32 NS-Presseanweisungen der Vorkriegszeit. Edition und Dokumentation. Hrsg. von Hans Bohrmann, Bd. 1: 1933, München u.a. 1984, S. 91 (Bestellung vom 8.8.1933).

deutschen Einfluss zu unterstellen. Aus diesem Grund versuchte die Staatsführung auf der Grundlage des Presseabkommens Einfluss auf die polnische Medienlandschaft zu gewinnen und das Land mit deutscher Kulturwerbung ideologisch zu infiltrieren.[33] Hierfür wurde der polnischen Regierung der Abschluss eines Filmabkommens (22. Dezember 1937) abgerungen.[34] Das offizielle Ziel war, den Filmexport zu sichern. Das Propagandaministerium strebte zugleich an, in Warschau eine von Berlin abhängige „arische" Filmindustrie einzurichten, die als Vorposten der kulturimperialistischen Politik fungieren sollte. Von ihm aus sollte eine Monopolstellung auf dem polnischen Filmmarkt eingenommen und die nationalsozialistische Unterwanderung des Landes begünstigt werden. Diese Pläne scheiterten schließlich an der ablehnenden Haltung der polnischen Regierung.[35]

„Polenfreundschaft" in den unteren Rängen der NSDAP: Gefolgschaft oder Sabotage?

Die in der Praxis wenig erfolgreiche Strategie einer friedlichen Unterwanderung Polens fand in den Reihen der NSDAP nur vereinzelt Anhänger. Hitlers Polenpolitik war bei den nationalsozialistischen Dienstträgern und Ideologen grundsätzlich unpopulär. Das totalitäre Regime konnte zwar mit Restriktionen antipolnische Äußerungen (vor allem bis Herbst 1936) unterbinden und das Bekunden von Polensympathien befehlen. Die Verbote und die Autorität Hitlers reichten aber in vielen Fällen nicht aus, um aus den fremdenfeindlichen und oft stark antipolnisch einge-

---

33 PA, Warschau, AA an die Deutsche Gesandtschaft Warschau vom 26.2.1934. Die polnische Regierung verpflichtete sich in dem Presseabkommen Kritik an der deutschen Politik und den führenden Persönlichkeiten zu verhindern. Das Deutsche Reich konnte darüber hinaus ein Verbot der Emigrantenpresse und die Zulassung nationalsozialistischen Schrifttums in Polen verlangen.
34 Das Filmabkommen wurde unter Ausschluss der Öffentlichkeit und der polnischen Filmproduzenten zwischen den beiden Regierungen geschlossen. In dem Vertrag, der bis Mai 1939 in Kraft war, wurde der Austausch von 50 deutschen gegen 5-6 polnische Filme vereinbart. PA, Warschau 197, Deutsche Botschaft Warschau. Aufzeichnung vom 17.12.1937.
35 Mehr dazu: Pryt (wie Anmerkung 20), S. 387-405.

stellten Funktionären Polenfreunde zu machen. Während Hitler in seiner „Weltanschauung" gegenüber Polen flexibel war, war der Antislawismus und Antipolonismus bei einer ganzen Reihe einflussreicher Genossen programmatisch. Dutzende bedeutende Personen im „Dritten Reich" verweigerten Hitlers Polenpolitik die Gefolgschaft.

Die Nationalsozialisten in Mittel- und Westdeutschland akzeptierten die Verständigung mit Warschau in der Regel als ein Ablenkungsmanöver. Hierfür war charakteristisch, dass sie vor allem, wenn nicht ausschließlich, ihre Polenfreundschaft in Zeiten der gesteigerten außenpolitischen Aktivitäten (ab 1935 bis Herbst 1936 und Frühjahr 1938) demonstrierten. Der vorgetäuschte Enthusiasmus kühlte in dem Maße ab, in dem das Regime sich innenpolitisch festigte und außenpolitisch an Geltung gewann. Grundsätzlich begann Polen bereits ab Herbst 1936 für die lokalen Nationalsozialisten im mittleren und westlichen Deutschland „uninteressant" zu werden.[36]

Die Nationalsozialisten in den östlichen Gebieten versuchten dagegen von Anfang an, die Umsetzung von Hitlers Polenpolitik zu verhindern. Die Annäherung an Warschau war für viele örtliche Gauleiter sowie für Mitglieder des Bundes Deutscher Osten (BDO), der 1933 als Nachfolger des „Deutschen Ostmarkenvereins" gegründet worden war, aus innenpolitischen und aus ideologischen Gründen nicht annehmbar. Sie hielten an der „deutsch-polnischen Erbfeindschaft" fest und suchten nach Mitteln und Wegen, um die Anweisungen Berlins zu umgehen. Vielerorts konnten sie die Durchführung von polnischen Kulturdarbietungen verhindern. Der BDO ging ferner 1937 dazu über, die vermeintlich polenfreundliche Haltung der deutschen Filmindustrie zu kritisieren. Die BDO-Zeitschrift *Ostland* bezeichnete Produktionen mit polnischen Themen als einen Akt „nationaler Selbstverleugnung"[37] und sah darin ein ehrloses Aufgeben des deutschen Machtanspruches im Osten.

Diese Beanstandung deutet darauf hin, dass Hitlers auf lange Sicht kalkulierte Polenpolitik in den unteren Parteirängen nicht verstanden wurde. Dies lag womöglich daran, dass es dem deutschen Diktator an ergebenen Volkstumsforschern fehlte, die bereit gewesen wären, die Idee einer friedlichen Unterwanderung Polens auszuarbeiten und zu

---

36 Vgl. Wojciechowski (wie Anmerkung 27), S. 306.
37 „Zusammenarbeit im Film". In: „Ostland" Nr. 4 vom 15.2.1937.

verbreiten. Die NSDAP war generell bis weit in die 1930er Jahre hinein nicht in der Lage, aus ihrem Personalbestand eine eigene akademische Elite zu bilden.[38] Bereits bestehende Einrichtungen wie die Grenzuniversitäten in Königsberg oder in Breslau, die Deutsche Gesellschaft zum Studium Osteuropas und die Nordostdeutsche Forschungsgemeinschaft, die eigentlich für eine Neuorientierung des deutsch-polnischen Verhältnisses zuständig gewesen wären, waren nicht gewillt, Hitlers Polenpolitik zu folgen. Die Publikationsstelle in Berlin Dahlem, die Denkfabrik künftiger Volkstumspolitik in den besetzten Gebieten, sah sich ebenso wenig in die Pflicht genommen, eine polonophile Wende einzuschlagen. Die Vordenker der rassischen Neuordnung Europas legten die Nichtangriffserklärung lediglich als eine Übergangslösung aus, die es ermöglichen sollte, das Reich zunächst nach innen zu konsolidieren, um eine günstigere Ausgangsstellung für die Erweiterung des deutschen „Lebensraums im Osten" zu schaffen. Für diese Forscher ging die beabsichtigte Ostexpansion mit dem deutsch-polnischen Antagonismus einher.[39]

Nur eine Handvoll Funktionsträger im „Dritten Reich" konnte sich dazu durchringen, den früheren Feind als einen möglichen Verbündeten zu akzeptieren und die Option einer deutschen Ostexpansion anzunehmen, die sich mit einer „Verständigungspolitik" gegenüber Warschau vertragen sollte. Dazu gehörte der Danziger Senatspräsident, Hermann Rauschning, der bis zum Ausscheiden aus seinem Amt und aus der NSDAP im November 1934 darum bemüht war, Hitlers Polenpolitik eine theoretische Fundierung zu liefern. Daher ließ er in Danzig die „Gesellschaft zum Studium Polens" gründen, die ihre Tätigkeit aber bereits im November 1934 einstellen musste. Ferner beauftragte er Kurt Lück, einen Minderheitenaktivisten aus Posen, mit dem Verfassen eines Buches, das an historischen Beispielen deutscher Kulturbeeinflussung den Weg für eine friedliche kulturpolitische Unterwanderung Polens vorgab. Die schnell verfasste Abhandlung griff den von der Staatsführung vorgegebenen Gedanken „allmählicher Aufbauarbeit" auf, die deutschen Machtinteressen in Polen Vorschub leisten sollte.[40] Lück zeigte „(d)eutsche Aufbaukräfte in der Ent-

---

38 Vgl. Haar, Ingo: Historiker im Nationalsozialismus, Deutsche Geschichtswissenschaft und der „Volkstumskampf" im Osten. Göttingen 2000, S. 369.
39 Vgl. ebd. S. 217 f. u. 250.
40 NS-Presseanweisungen, Bd. 1: 1933, S. 91 (Bestellung vom 8.8.1933).

wicklung Polens" – so der Titel des Buches – und stellte die slawischen Nachbarn als ein für den deutschen Einfluss offenes Volk dar. Von einem solchen projizierten Hierarchiegefälle leitete der Verfasser die Möglichkeit ab, das Land friedlich und allmählich einzunehmen.[41]

Dieser Gedanke wurde anschließend im erwähnten DPI vertreten, das im Oktober 1938 in die Deutsch-Polnische Gesellschaft umgewandelt wurde. Das Berliner DPI/DPG stand in enger Verbindung zur Reichskanzlei, zum Propagandaministerium und zur Dienststelle Ribbentrop, der Arbeitsgemeinschaft des späteren Außenministers, die den Antikominternpakt vorbereitete. Das Institut verschrieb sich offiziell der Aufgabe, die bilaterale Freundschaft fördern zu wollen. Es war vorwiegend bis Herbst 1936 aktiv und ließ Gastvorträge polnischer Wissenschaftler durchführen, begleitete Gastvorführungen polnischer Künstler und organisierte gesellschaftliche Treffen. Ferner bot das Institut Polnischkurse an und war an einigen Filmproduktionen mit polnischen Themen beteiligt.

Sein eigentliches Ziel war es, die Staatsführung bei der kulturpolitischen Vereinnahmung Polens zu unterstützen. Vorstandsmitglieder des DPI/DPG wie der SA-Oberführer Achim von Arnim sowie die Mitarbeiter der Dienststelle Ribbentrop Peter Kleist und Werner Boehning übernahmen das Konzept der Annäherung, das auf der projizierten völkischen und kulturellen Ungleichheit zwischen den beiden Völkern basierte. Sie betrachteten den östlichen Nachbarstaat instrumentell als Komplizen und als Zielland deutscher Expansion.[42]

Charakteristisch hierfür war die sozialdarwinistische Position des Institutsleiters Achim von Arnim. Er bestritt nach Hitler die These von der deutsch-polnischen Erbfeindschaft[43] und stand für die „polenschonende" Ausweitung des deutschen Reiches.

Der überzeugte Nationalsozialist sah sich selbst und seine Parteigenossen – so die Einschätzung des polnischen Militärattachés Antoni Szymański – in die Fußstapfen der alten germanischen Stämme treten. Die-

---

41 Vgl. Lück, Kurt: Deutsche Aufbaukräfte in der Entwicklung Polens. Forschungen zur deutsch-polnischen Nachbarschaft im Ostmitteleuropäischen Raum (= Ostdeutsche Forschungen. Hrsg. von Viktor Kauder). Plauen 1934. Die Entstehung des Werkes wurde ausnahmsweise von der Nordostdeutschen Forschungsgemeinschaft unterstützt.
42 Vgl. Wodzicki, Roman: Wspomnienia: Gdańsk – Warszawa – Berlin 1928-1939 [Erinnerungen: Danzig – Warschau – Berlin 1928-1939]. Warschau 1972, S. 452.
43 Vgl. von Arnim, Achim: Festung Deutschland. Berlin 1938, S. 181 f.

se hätten nach Arnims Auslegung der frühmittelalterlichen Geschichte die slawischen Siedlungen eingenommen und sich somit im Kampf um das Überleben als stärker und lebensfähiger bewährt. Die scheinbar geerbte Stärke gab in Arnims Augen den Nationalsozialisten das Recht, den Führungsanspruch im Osten Europas wahrzunehmen.[44]

Achtlos und chauvinistisch traten weitere „Polenfreunde" aus dem DPI auf. So Wilhelm Prager, der für den Ausbau der bilateralen Filmbeziehungen zuständig war.[45] Auch der Polnischlektor Julius Bochnik sah Polen, das sein Geburtsland war, durch das Prisma der Kulturträgertheorie. Er plädierte dafür, die „alte deutsche Kulturmission wiederaufzunehmen", um die „geistige Führung Polens zu befruchten und damit implizit zu leiten".[46] Bochnik trat dafür ein, einen „Kreis polnischer Männer [...] zu finden, die bereit sind, an die historische Tatsache deutscher Kulturbeeinflussung in Polen anzuknüpfen".[47] Idealtypisch sollten es glühende Antisemiten sein, die sich für den Nationalsozialismus begeistern konnten. Sie müssten zugleich bereit sein, zu akzeptieren, dass ihr Land ausschließlich unter dem Einfluss der deutschen Kultur stehe und stehen werde.[48]

Die DPG hielt bis in die Endphase der „Freundschaftsära" an diesem für die polnische Seite unannehmbaren Konzept fest. Hierfür wurde 1939 noch eine Forschungsarbeit in Auftrag gegeben, die im Frühjahr 1940 erscheinen sollte.[49] Diese nicht abgeschlossene Arbeit mit dem aussagekräftigen Titel „Polnische Bekenntnisse zum deutschen Geist" sollte an historischen Beispielen den Führungsanspruch der Nationalsozialisten bekräftigen.[50]

---

44 Vgl. Szymański, Antoni: Zły sąsiad. Niemcy 1932-1939 w oświetleniu polskiego attaché wojskowego w Berlinie, [Böser Nachbar. Deutschland 1932-1939 aus der Perspektive des polnischen Militärattachés in Berlin]. London 1959, S. 79.
45 AAN, MSZ 7229, S. 136-138 (Roman Ingarden an MSZ vom 5.2.1936).
46 PA, Warschau 196, Abschrift: J. T. Bochnik. Warschauer Eindrücke vom 5.8.1937. In: RMfVuP an AA vom 23.9.1937.
47 Ebd.
48 PA R 61310, RMfVuP an AA vom 20.2.1939.
49 PA, R 61310, AA an die Deutsch-Polnische Gesellschaft vom 27.6.1939.
50 PA, R 61310, AA an die DPG vom 27.6.1939. Die Forschungsarbeit wurde im Juni 1939, also fast zwei Monate nach der Kündigung der Nichtangriffserklärung, eingestellt.

Das DPI/DPG stand insgesamt kaum für eine „Polenbegeisterung", sondern forderte eine Begeisterung der Polen für die Deutschen ein. Die Nachbarn sollten sich dem deutschen Einfluss willig öffnen und sich diesem im Laufe der Zeit unterwerfen. Der damalige polnische Diplomat Roman Wodzicki schrieb zutreffend, dass die nationalsozialistischen Polenfreunde für Polen das gleiche Schicksal vorsahen, wie für die elbslawischen Stämme der Wenden und Liutizen. „Die politische, nationale und kulturelle Vernichtung unseres Landes" führte Wodzicki aus „sollte auf diesem Wege mit der Zeit automatisch erfolgen."[51]

Fazit

Die Polenfreundschaft, die im nationalsozialistischen Deutschland von 1934 bis 1939 mit großem finanziellen und propagandistischen Aufwand vorgespielt wurde, war selbstverständlich nicht authentisch. Der ebenso plötzliche wie verblüffende Gesinnungswandel führender Politiker knüpfte zwar an einige Überlieferungen aus dem deutschen Vormärz an. Ideologisch und politisch gab es aber mit der Polensympathie der deutschen Frühliberalen keine Überschneidungspunkte. Diese hatten die Wiedererlangung der polnischen Unabhängigkeit als Voraussetzung für das Zusammenbrechen der konservativen Teilungsmächte und eine Demokratisierung Europas betrachtet. Die nationalsozialistischen „Polenfreunde" strebten dagegen langfristig eine politische und kulturelle Entmündigung des östlichen Nachbarn an. Ihre "Polensympathien" waren konjunkturell, instrumentalisiert und bewegten sich im Rahmen des grundlegenden rassistischen Weltbildes, mit dem ein hegemonialer Machtanspruch einherging. Hitler wollte zwar die „deutsch-polnische Erbfeindschaft" überwinden, nicht aber die ideologischen und politischen Implikationen, die von der Kulturträgertheorie abgeleitet wurden. Diese begründete für ihn und die Anhänger seiner Polenpolitik weiterhin ein grundsätzliches Hierarchiegefälle im deutsch-polnischen Verhältnis.

Für die konjunkturelle und instrumentalisierte Polenfreundschaft der Nationalsozialisten war auch charakteristisch, dass selbst ihre Hauptträger, Hitler und Goebbels, mit der Abkühlung der Beziehungen zu Warschau

---

51 Wodzicki (wie Anmerkung 42), S. 452.

sehr schnell wieder zu den alten Feindbildern zurückfanden. Nachdem die polnische Regierung am 28. März 1939 wiederholt die deutschen Forderungen nach der Eingliederung der Freien Stadt Danzig in das Deutsche Reich, einer exterritorialen Verbindung mit Ostpreußen und dem Beitritt Polens zum Antikominternpakt abgelehnt hatte, waren die Polen für den Propagandaminister wieder die „Polacken", die „Feinde" Deutschlands.[52] Diese Abneigung, die zwischen 1934 und 1937 in den Tagebüchern Goebbels fehlte, steigerte sich nach dem politischen Bruch. Nachdem Hitler den Entschluss gefasst hatte, einen Krieg gegen Polen zu führen, den er eigentlich hatte vermeiden wollen, schloss er das Land bezeichnenderweise aus dem europäischen Kulturkreis aus und ordnete es dem asiatischen Osten zu.[53] In der schroff dualistischen Weise, in der er die Dinge zu sehen pflegte, stufte er die Polen zugleich auf seiner Rassenskala herab. Diese Abwertung zu „Untermenschen" vollendete sich nach dem Überfall auf Polen.[54]

Die früheren nationalsozialistischen Protagonisten der Annäherung an Polen arrangierten sich relativ problemlos mit dem neuen ostpolitischen Kurs. Auf solche „amtlichen Freundschaften"[55] war kein Verlass, wie 1935 ein vorausschauender Deutscher dem polnischen Konsul in Stettin mitteilte. Sie waren „von oben angeordnet und (konnten) sich jederzeit ändern".[56] So wurde die DPG nach Abschluss des Hitler-Stalin-Paktes in eine deutsch-sowjetische Organisation mit dem Namen „Zentralstelle Osteuropa" umgewandelt. In der Satzung der Gesellschaft wurde nun das Wort „polnisch" durch „osteuropäisch" ersetzt.[57]

---

52 Die Tagebücher von Joseph Goebbels (wie Anmerkung 19), Bd. 3, S. 584, Eintragung vom 28.3.1939.
53 Vgl. ebd., Bd. 4, S. 609, Eintragung vom 14.10.1939: „Es fängt eben in Polen schon Asien an. Die Kultur dieses Volkes ist unter aller Kritik."
54 Vgl. ebd., S. 603, Eintragung vom 10.10.1939.
55 AAN, MSZ 7060, S. 187-193, PK Stettin an MSZ vom 21.5.1935.
56 Ebd.
57 PA R 61311, Schreiben der Zentralstelle Osteuropas vom 19.7.1940 an das AA.

Abkürzungen

AA	Auswärtiges Amt
AAN	Archiwum Akt Nowych (Warschau)
Amb.	Ambasada (Botschaft)
BArch	Bundesarchiv (Berlin)
MSZ	Ministerstwo Spraw Zagranicznych (Außenministerium)
PA	Politisches Archiv des Auswärtigen Amtes (Berlin)
PK	Polnisches Konsulat
RMfVuP	Reichsministerium für Volksaufklärung und Propaganda

Alternative Polenfreundschaft in der DDR

Ludwig Mehlhorn

... hat mir Frau Brandt über den Beitrag geschrieben.[1] Also muss ich zunächst etwas sagen zum Thema: Alternative wozu, nämlich zu der von Staats wegen von oben proklamierten, verordneten Freundschaft. Wie verklemmt und unaufrichtig die staatsoffiziellen Beziehungen zwischen Polen und der DDR waren, die auf breite gesellschaftliche Schichten abgefärbt haben, ist wahrscheinlich erst dann voll bewusst geworden, als es vor gut 20 Jahren damit zu Ende war. Als die stillgestellte Geschichte wieder in Bewegung geraten war und man nicht umhin konnte, einen auffallenden Mangel an Kommunikation zwischen zwei Ländern in der Mitte Europas festzustellen, die doch seit Jahrzehnten „im selben Boot" saßen, das sich „sozialistisches Lager" nannte. Anna Wolff-Powęska hat über die Beziehungen zwischen Polen und der DDR ein vernichtendes Urteil gefällt: „Der fehlende Austausch von Menschen, Ideen und Gedanken bewirkte, dass man aneinander vorbei oder gegeneinander lebte. Beurteilt man die Nachbarschaft Polen/DDR in diesem Kontext, so ist festzustellen, dass die verflossenen 40 Jahre vergeudet wurden und heute alles von vorne beginnen muss." Was war der Grund für diese gegenseitige Ignoranz? Woher die Feindseligkeit und Abneigung, das stets neue Aufleben vergessen geglaubter Vorurteile, die Unsicherheit im Umgang miteinander auch bei den Gutwilligen?

Schon zu kommunistischen Zeiten haben nicht parteigebundene Intellektuelle und die demokratische Opposition auf beiden Seiten dieses Verhältnis als verkrampft und von Misstrauen durchsetzt gekennzeichnet und dazu den Begriff „Zwangsfreundschaft" benutzt. Er diente in erster Linie dazu, die Verlogenheit der staatsoffiziellen Propaganda bloßzulegen, welche die hinter der Politik stehenden Interessen der herrschenden Politbürokratie gegenüber der Öffentlichkeit des In- und Auslands zu verschleiern suchte. Der Schleier musste deshalb zerrissen, die Inszenierung der Freundschaft als bloßes „Theater" gezeigt werden. Der Begriff ent-

---

1 Ludwig Mehlhorn hat den Beitrag nicht mehr zum Druck vorbereiten können. Die Herausgeberin dankt Heimgard Mehlhorn für die Abdruckerlaubnis.

larvt die tiefe Kluft zwischen der Wirklichkeit und dem schönen Schein. Er hatte in diesem Sinne eine ideologiekritische Funktion.

Eine andere Frage ist es, inwiefern er eine durchaus differenzierte Beziehungsgeschichte angemessen beschreibt, die nicht nur die offizielle Ebene der kommunistischen Parteien und der beiden Staaten einbezieht, sondern auch die Ebene der Gesellschaft und einzelne ihrer Gruppen berücksichtigt. In diesem Punkt wird sich zeigen, dass durchaus Zweifel angebracht sind. Die Tragfähigkeit des Begriffs stößt an eine Grenze. Andernfalls müsste man unterstellen, dass die Beziehungen zwischen Polen und der DDR auch auf den nichtstaatlichen Feldern der gesellschaftlichen, kulturellen, kirchlichen und privaten Kontakte nichts als eine Kette von Absurditäten sind.

Das Urteil von Anna Wolff-Powęska beschreibt das Große-Ganze zutreffend. Aber das schließt nicht aus, dass man die eine oder andere Facette konterkarierend hinzufügen kann. Denn es gab durchaus einen – freilich von Minderheiten und unter den Bedingungen der staatlich kontrollierten Medien notwendigerweise abseits der Öffentlichkeit geführten – authentischen Dialog. Ich beschränke mich im Folgenden auf die kirchlich-ökumenischen Gruppen am Beispiel der Aktion Sühnezeichen und auf die demokratische Opposition seit Mitte der siebziger Jahre – wohl wissend, dass man auch im Bereich von Kultur und Literatur einige Autoren, Übersetzer, Verleger, Theaterleute nennen müsste, die Denkschablonen, Tabus und vor allem die Schlussstrich-Mentalität überwunden und so zum besseren Verstehen unserer Nachbarn beigetragen haben.

Dies war die entscheidende Prämisse, die die offizielle DDR falsch gesetzt hatte: Sie zog unter die Geschichte „gruba kreska",[2] indem sie sich auf die Seite der „Sieger der Geschichte" schlug und „Freundschaft" postulierte, ohne Rücksicht auf die wirklichen Gefühle und Erwartungen der Menschen zu nehmen. Auch in einem demokratisch verfassten Gemeinwesen muss das Interesse des Staates von der öffentlichen Meinung und der sozialen Befindlichkeit bestimmter Bevölkerungsgruppen

---

2   „gruba kreska": dicker Strich. Tadeusz Mazowiecki kündete 1989 in seiner Antrittsrede als Premier an, dass seine nach halbfreien Wahlen gebildete Regierung von der Vergangenheit ein „dicker Strich" (gruba linia) trenne, d.h. dass sie keine Verantwortung für das übernehme, was in den 45 Jahren Volkspolen geschehen sei. Diese Äußerung wurde als eine Absage an die Abrechnung mit der kommunistischen Vergangenheit verstanden. (Erg. d. Hrsg.)

unterschieden werden. Dass diese Ebenen jedoch vollständig entkoppelt werden konnten, war nur in der Diktatur möglich. Hinter der Fassade erzwungener Bündnistreue blieben Misstrauen und Argwohn, hinter dem postulierten Internationalismus ein tiefer Bodensatz nationalistischer Einstellungen, weil über das Entscheidende nicht gesprochen wurde – über historische und politische Schuld, über die moralische und materielle Hinterlassenschaft von Besatzung und Shoah, über die Chancen eines Neubeginns in den gegenseitigen Beziehungen, die nicht auf dem Vergessen fußen, über die Gestaltung einer zukunftsfähigen Nachbarschaft.

Das ist der gesellschaftspolitische und mentale Hintergrund für die Arbeit der Aktion Sühnezeichen in Polen. Die Zwangsprivatisierung dessen, was eigentlich in den Raum der politischen Öffentlichkeit, der Bürgergesellschaft gehört, scheint mir auch für diese Aktivitäten, die von der DDR aus in den ersten sechziger Jahren begannen, die entscheidende Rahmenbedingung zu sein. Manches wurde getan, aber man konnte nicht öffentlich darüber reden. Der Staat duldete das Auftreten der Aktion Sühnezeichen in Polen solange, wie dies im Verborgenen geschah.

Ich selbst bin über die von Aktion Sühnezeichen gebauten Wege nach Polen gekommen, erstmals 1970. In der Jesuitenabtei Święta Lipka (Heiligenlinde), deren üppiger Barock unerwartet in der masurischen Seenlandschaft auftaucht, trafen wir – zehn oder zwölf Studenten aus der DDR – mit einer Gruppe junger Leute aus der Posener Studentengemeinde zusammen. Zwei oder drei Wochen lebten wir gemeinsam und halfen bei der Ernte und diversen Bauarbeiten. An den Nachmittagen diskutierten wir mit Hilfe unseres Gruppenleiters, der zum Glück der polnischen Sprache mächtig war. Wir waren guten Willens, ansonsten aber völlig ahnungslos. Als wir wieder nach Hause fuhren, konnten unsere neuen polnischen Freunde die ersten deutschen Sätze sagen, während wir kein polnisches Wort über die Lippen brachten. Nicht nur die Sprache, auch fast alles andere kam uns fremd vor. Dass in dieser Gegend noch vor einer Generation Deutsche gelebt hatten – es interessierte nicht weiter. Wir wussten nur, dass von Deutschland ein schrecklicher Krieg ausgegangen war, der jeden fünften polnischen Bürger das Leben gekostet hatte. Aber dieses Wissen war ziemlich abstrakt.

Bei diesem ersten Aufenthalt in Polen wurde mir deutlich, dass die geschichtliche Katastrophe auch auf uns – der jungen Generation – lastet. In der Regel hatten wir weder in der Familie noch in der Schule eine solide Aufklärung darüber erhalten, was Deutsche in Polen angerichtet hatten. Der Zweite Weltkrieg – das war in unserem Geschichtsunterricht vor allem ein blutiger Kampf zwischen Hitlerdeutschland und der Sowjetunion, in dem schließlich die Kräfte des Fortschritts siegten – beinahe nach dem Motto „Ende gut alles gut".

Mehrere Jahre lang waren die Sommerlager der Aktion Sühnezeichen in Polen ein Teil der Sommerferien. Was wir dort an praktischer Arbeit getan haben, waren nie große Leistungen. Aber wir hatten das Glück, auf Menschen zu treffen, die unsere ehrlichen Absichten nicht in Frage stellten und den jugendlichen Enthusiasmus akzeptierten, Fragen beantworteten, zu Gesprächen bereit waren, uns als Partner annahmen. So erfuhren wir mehr und mehr von der Eigenart dieses Landes, seiner Geschichte und Kultur, vom Glauben und Leben der Menschen. Wir ließen uns faszinieren von einer Kultur der Selbstbehauptung und des Widerstands gegen die immer noch aktuelle totalitäre Anmaßung.

Die Partner in Polen gehörten in der großen Mehrzahl zum Milieu des „Znak"[3] – dem weltoffenen und proeuropäischen Flügel im polnischen Laienkatholizismus. Als katholische Gruppierungen handelten sie in engem Einvernehmen mit der Kirche, blieben aber organisatorisch vom Episkopat unabhängig. Im Verhältnis zu Partei und Staat vermied „Znak" die offene Konfrontation, um nicht als „feindlich" abgestempelt zu werden und suchte einen pragmatischen *modus vivendi*. Seit 1956 verfügten die Gruppen über ein Netz von Klubs und mehreren Zeitschriften. Diese unterlagen zwar der Zensur, die Publikationen blieben jedoch frei von Zugeständnissen an die Erwartungshaltungen des Staates. „Znak" war tagespolitisch weitgehend abstinent, verfügte aber über eine langfristige Strategie. Erst später wurde mir klar, dass diese Menschen zu den hervorragendsten Geistern in Polen gehörten. Im Bereich der deutsch-polnischen Beziehungen setzten sie auf eine Überwindung des Komplexes der Feindschaft, im eigenen Land suchten sie Wege in die Demokratie. Vor allem die Jüngeren, uns Gleichaltrigen, an denen wir selbst uns zu messen

---

3 Den Kreis um „Znak" bildeten Publizisten der Periodika *Tygodnik Powszechny* (Allgemeines Wochenblatt), *Znak* (Zeichen) und *Więź* (Bindung), Mitglieder der Katholischen Klubs der Intelligenz sowie die Abgeordneten der Parlamentsgruppe „Znak". (Erg. d. Hrsg.)

hatten, nahmen immer stärker an den Aktivitäten der demokratischen Opposition teil.

Diese Kontakte, Begegnungen, Gespräche im Rahmen der Aktion Sühnezeichen – Erfahrungen, die zum Bewusstsein dessen führten, was uns unterscheidet, aber mehr noch zu dem, was uns verbindet, waren vermutlich für mehrere Hundert, möglicherweise einige Tausend junger Menschen in der DDR maßgebend – nicht nur, was das Bild Polens im engeren Sinne angeht. Diese Erfahrungen waren zugleich eine Schule für politische und soziale Verantwortung, die wir nach Lage der Dinge nirgendwo sonst in der DDR hätten lernen können.

Dieser ersten Phase, gekennzeichnet durch die Konfrontation mit der eigenen Geschichte, folgte eine zweite Phase der Politisierung. Mitte der 70er Jahre wachte Polen aus der sozialistischen Lethargie auf. Unsere Freunde, die wir nun schon einige Jahre kannten, scharten sich um das KOR[4] und begannen, im Untergrund zu drucken. Die Krakauer Studenten organisierten einen Trauermarsch für ihren Kommilitonen Stanislaw Pyjas, der vom Geheimdienst ermordet worden war,[5] gründeten das SKS[6] und gingen in die Vorlesungen bei der TKN[7], den „Fliegenden Universitäten". So war es unvermeidlich, dass sich mit der Zäsur der innenpolitischen Entwicklung in Polen Mitte der siebziger Jahre auch unsere Beziehungen politisierten.

---

4   KOR: Komitet Obrony Robotników. Das Komitee zur Verteidigung der Arbeiter (ab 1977 Komitet Samoobrony Społecznej KOR – Komitee zur gesellschaftlichen Selbstverteidigung KOR) war die erste offen agierende Oppositionsgruppe in Volkspolen. Sie entstand nach den Streiks in Ursus und Radom im Jahr 1976, zunächst zur Unterstützung der verhafteten Arbeiter und ihrer Familien, und bildete bis zur Selbstauflösung im Herbst 1981 ein Zentrum der Opposition in Polen. (Erg. d. Hrsg.)

5   Stanisław Pyjas (1953-1977) war Student der polnischen Philologie an der Jagiellonen-Universität in Krakau. Der Mord an ihm wurde bis heute nicht aufgeklärt. (Erg. d. Hrsg.)

6   SKS: Studencki Komitet Solidarności – Studentisches Solidaritätskomitee. Oppositionsgruppe, die von Studenten der Jagiellonen-Universität in Krakau gegründet wurde. Nach ihrem Vorbild entstanden seit dem Herbst 1977 auch an anderen Universitäten solche Komitees. (Erg. d. Hrsg.)

7   TKN: Towarzystwo Kursów Naukowych – Gesellschaft für wissenschaftliche Kurse, eine unabhängige, staatlicherseits mit verschiedenen Mitteln bekämpfte Bildungsinitiative. Von 1978 bis zur Verhängung des Kriegszustandes im Dezember 1981 organisierte sie in Wohnungen Vorlesungen, Kolloquien und Seminare. (Erg. d. Hrsg.)

In endlosen Nächten diskutierten wir über alles – den März 1968 in Warschau und den Dezember 1970 an der Küste, den Prager Frühling und den Einmarsch in die Tschechoslowakei, an dem sich sowohl die DDR als auch Polen beteiligt hatten, über den Hitler-Stalin-Pakt und den Totalitarismusbegriff von Hannah Arendt, über den Eurokommunismus und die Vatikanische Ostpolitik. Am heftigsten redeten wir darüber, wie weit man in Polen gehen kann, ohne eine sowjetische Intervention zu riskieren. Und ob es gelingen kann, den „polnischen Bazillus" in die DDR einzuschleppen. Dies haben wir immerhin versucht, anfangs in allzu naiver Überschätzung unserer Möglichkeiten. Jedenfalls hat die Staatssicherheit – in meinem Falle übrigens nach einem Wink ihrer polnischen Genossen – Bemühungen in dieser Richtung zunichte gemacht.

Ich verdanke es wesentlich dem Einfluss dieser Gespräche, dass ich mich in dieser sehr bewegten Zeit endgültig von der Hoffnung auf einen „demokratischen Sozialismus" und Reformen „von oben" verabschiedet habe. Aus der Perspektive der DDR sah Polen in dieser Zeit äußerst hoffnungsvoll aus. Das Land war geistig in Bewegung und boomte vor Tatendrang und Hoffnung auf Veränderung, so dass der Kontrast zur DDR immer augenfälliger wurde. Bei uns fanden wir eine geschlossene Gesellschaft und eine verschlossene Welt vor. Der 17. Juni 1953 war mit sowjetischen Panzern pazifiziert worden und hatte ein Trauma hinterlassen, das bei der älteren Generation immer noch nachwirkte. Die Mauer stand seit 1961 stabil in der geopolitischen Landschaft. Mit großen Hoffnungen hatten wir den Reformversuch der Tschechen und Slowaken begleitet. Was aber darauf folgte, war eine „Normalisierung" nach neostalinistischem Muster. Was konnte man in einer solchen Lage tun, wenn einerseits die Option der Ausreise in den Westen und andererseits eine Kooperation – oder gar Kollaboration – mit dem Regime nicht in Frage kam?

Eine Antwort fand ich in Polen. 1977 entzifferten wir in Krakau Jacek Kuroń[8] *Ideen für ein Aktionsprogramm* (*Myśli o programie działania*) in einer schwer lesbaren hektographierten Untergrund-Ausgabe. Ich begriff, dass auf längere Sicht die demokratische Opposition in Polen auch für uns einen Weg aus diesem Dilemma zeigte. Gewiss war die polnische

---

[8] Jacek Kuroń (1934-2004), Mitbegründer des KOR, einer der bekanntesten Oppositionellen in Volkspolen. Den hier genannten Text, der für die damalige Opposition von programmatischer Bedeutung war, schrieb er im Herbst 1976. (Erg. d. Hrsg.)

Situation auf die unsere nicht übertragbar. Bei uns streikten keine Arbeiter und Studenten gingen nicht mit Demonstrationen auf die Straße. Wir hatten keine Kirche, die stellvertretend für die ganze Gesellschaft zu sprechen über eine hinreichende Autorität verfügte. Es gab keine nennenswerten Versuche, das kulturelle und geistige Leben durch den Aufbau von Selbstverlagen der totalen Staatskontrolle zu entziehen. Aber der Ansatz musste auch für uns richtig sein – nicht den Marsch durch die Institutionen antreten, um irgendwann „von oben" Reformen befördern zu können, sondern Widerstand durch soziale Bewegung; nicht den Dialog mit den Vertretern des Staates suchen, sondern in der Gesellschaft Räume unzensierter Kommunikation aufbauen; weg von der Staatsfixierung – wichtiger als Forderungen an den Staat zu stellen ist es, untereinander Solidarität zu üben; nicht anonym handeln, sondern mit vollem Namen und damit vollem Risiko; keine übertriebene Angst vor einer sowjetischen Intervention – sie kommen nur dann mit ihren Panzern, wenn es zu gewaltsamen Ausschreitungen kommt, also die Opposition schwach ist, aber nicht, wenn dem Regime maßvolle Reformen abgetrotzt werden.

Aus der heutigen Sicht und mit unseren heutigen Erfahrungen mutet dieses Programm wie eine Aufzählung von Trivialitäten an. Aber damals war das für uns eine Erleuchtung. Wir sahen, wie wirksam kleine Gruppen sein können. Wir merkten, dass schon das Verlassen der verordneten Sprache eine befreiende Wirkung hat. Wir sahen, wie die Frage der Menschen- und Bürgerrechte Priorität gewann gegenüber irgendwelchen traditionellen ideologischen oder „weltanschaulichen" Differenzen. Wir erlebten beim ersten Besuch des Papstes in Krakau, wie sich die polnische Gesellschaft als autonomes Subjekt der Politik wahrnahm, und sahen dann, wie aus diesen Ansätzen die „Solidarność" hervorging, bei der alle unsere Freunde mitarbeiteten. Zum ersten Mal sahen sich die Kommunisten gezwungen, mit einer Bürgerbewegung zu verhandeln, statt auf sie zu schießen oder sie einzusperren. Und diese große gesamtnationale Bewegung konnte sich zu unserer großen Überraschung 16 Monate halten – länger als jemals zuvor eine unabhängige Bürgerbewegung in der kommunistischen Welt.

Die DDR hat darauf mit Empörung und Unverständnis reagiert. Schon im Herbst 1980 zeigte sich, dass die offiziellen beiderseitigen Freundschaftsbekundungen stark von der politischen Konjunktur abhingen.

Nicht obwohl, sondern weil das offizielle Bild von Polen als „Brudervolk" von oben angeordnet war, ließ sich die Freundschaft bei Bedarf auch wieder verbieten. Die SED hat mit sicherem Machtinstinkt sofort die Bedrohung durch „Solidarność" erkannt. Eine freie und unabhängige Gewerkschaft, die als Massenorganisation den Führungsanspruch der regierenden Einheitspartei als „Avantgarde" der „Arbeiter und Bauern" konterkarierte – das verstieß gegen elementare Prinzipien der Machtsicherung. Bereits Ende September 1980 stellte die SED in einer Analyse, die dem Politbüro vorgelegt wurde, das Sündenregister der polnischen Bruderpartei zusammen. Der PVAP wurde u.a. vorgeworfen: Negieren der „konterrevolutionären Kräfte", „rückwärtsgerichtete Fehlerdiskussionen", „Isolierung von den Massen", Duldung der Kirche als „einem zweiten Zentrum der Macht", „Spaltung der Gewerkschaftsbewegung", Deformierung der „sozialistischen Demokratie in Richtung einer bürgerlichen Gewaltenteilung", Verletzung des „Prinzips der Einheit von Wirtschafts- und Sozialpolitik", „Aktionslosigkeit und Kapitulantentum", Vernachlässigung der Auseinandersetzung mit „Nationalismus, Antisowjetismus und Revisionismus".

Noch vor der offiziellen Zulassung der „Solidarność" definierte die SED die Ereignisse als „Konterrevolution" und schätzte die Lage in Polen „schlimmer als 1968 in der CSSR, schlimmer als unter Dubček" ein.[9] Ende Oktober 1980 beschloss die SED in panischer, aber übertriebener Angst vor dem „polnischen Virus", den visafreien Reiseverkehr einseitig „zeitweise auszusetzen". Nach der Registrierung der „Solidarität" im November 1980 wollte Honecker selbst auf das „Blutvergießen" als „das letzte Mittel" nicht mehr verzichten, „wenn die Arbeiter- und Bauernmacht verteidigt werden muss". Er konnte sich damit aber in Moskau nicht durchsetzen. Bis zum 13. Dezember 1981 blieb ihr nur die Drohpolitik nach außen und innen. Die Parteipresse setzte eine Desinformations- und Hetzkampagne in Gang. Die Schlagzeilen lauteten: „Solidarność stürzt Polen ins Chaos", „Ohne Arbeit kann keine Gesellschaft leben" oder „Antisozialistische Kräfte werden immer dreister" – eine Propaganda, die zwischen den Zeilen unverhohlen an das Vorurteil von der „polni-

---

9 Zitate nach: SED-Politbüro und polnische Krise 1980-82. Aus den Protokollen des Politbüros des ZK der SED zu Polen, den innerdeutschen Beziehungen und der Wirtschaftskrise der DDR. Hrsg. von Manfred Wilke u.a., Bd. 1, Berlin 1993.

schen Wirtschaft" appellierte. Die Genossen reagierten zum Teil offen aggressiv und geradezu hasserfüllt, vor allem in internen Schulungen auch unter Verlust aller historischen Maßstäbe. Ein Dozent für Marxismus-Leninismus hat im Dezember 1980 an einer Hochschule erklärt, die seit den Auguststreiks verursachten Produktionsausfälle hätten zu größeren wirtschaftlichen Schäden geführt als der Zweite Weltkrieg.

Die Staatssicherheit verstärkte ihre konspirativen Aktivitäten in Polen. Über den betreffenden Zeitraum existieren zahlreiche Lageeinschätzungen und Stimmungsberichte aus der polnischen Bevölkerung. Peinlich genau registrierte sie Reaktionen aus verschiedenen Kreisen der DDR-Bevölkerung. Diese Berichte lassen eindeutig erkennen, dass sich die SED zum damaligen Zeitpunkt keine Sorgen machen musste, der „polnische Bazillus" könnte die DDR erfassen.

Im Unterschied zur SED reagierte die Bevölkerung auf die „Solidarność" mehrheitlich zunächst mit Respekt und der Hoffnung, es möge den Polen gelingen, den Herrschenden ein Stück mehr Freiheit abzutrotzen. Diese erste Phase wurde aber – sicher auch unter dem Eindruck der SED-Kampagne – ziemlich schnell abgelöst durch eine Haltung des Unverständnisses und der Besorgnis vor nachteiligen Folgen für die wirtschaftlichen und politischen Verhältnisse in der DDR. Bei der eher ablehnenden Beurteilung des polnischen Weges spielte auch die Angst, wie 1968 in ein militärisches Eingreifen der Warschauer-Pakt-Staaten hineingezogen zu werden, eine große Rolle. Mit der Überzeugung, dass die Polen „zu weit gehen" dürfte sich die DDR-Gesellschaft allerdings von der dominierenden Stimmung im Westen nicht besonders unterschieden haben. Als am 13. Dezember 1981 der Kriegszustand eingeführt wurde, überwog ein Gefühl der Erleichterung darüber, dass die Polen selber „Ordnung schaffen" und damit der befürchtete Einmarsch ausblieb.

*

In den 80er Jahren brachen viele Kontakte ab, der direkte Austausch wurde schwächer. Aber Polen war keine *terra incognita* mehr. So hat denn die „Solidarność" auch nach ihrer Delegalisierung Einfluss auf Denken und Handeln der Opposition in der DDR ausgeübt. Die entscheidende Wirkung liegt in den Lernprozessen, die im Laufe der achtziger Jahre möglich wurden. Sie lässt sich in drei Faktoren zusammenfassen. Erstens im Ethos der

„Solidarność" – keine Freiheit ohne Solidarität –, das im Grunde keine neue Erkenntnis war, sich aber nun in der politischen Alltagspraxis bewährt hatte, in Polen auch über schwere Phasen der Unterdrückung und Ohnmacht hinweg trug und deshalb über die Grenzen Polens hinaus eine Quelle der Ermutigung blieb.

Zweitens vermittelte das polnische Beispiel wichtige politische Erfahrungen – etwa über die Grenzen des Kompromisses in der Diktatur. Politik bedarf des Kompromisses, man kommt nicht ohne taktische Manöver aus und muss immer wieder Risiken abwägen. Man darf sich aber nie in die Falle der offiziellen Staatssprache und ihrer ideologischen Sprachregelungen locken lassen. Moralischer Relativismus und taktische Zugeständnisse in der Sprache sind in der Diktatur tödlich.

Drittens belegte der Fortgang der polnischen Ereignisse, dass die während der späten siebziger Jahre entwickelten Konzeptionen der demokratischen Opposition wirklich funktionierten. Der Ansatz einer sich selbst beschränkenden Revolution war erfolgreich. Die Strategie, durch Druck emanzipatorischer Bürgerbewegungen den Wiederaufbau der enteigneten „zivilen Gesellschaft" und damit soziale, kulturelle und politische Mitbestimmung zu erreichen, ging auf. Polen war bei der Schaffung von Parallelstrukturen der selbstorganisierten Gesellschaft am weitesten fortgeschritten. Sie bestanden unter dem Kriegsrecht ihre ersten Bewährungsproben.

Somit lautet mein Fazit: Die Bürgerbewegung der DDR profitierte vom ethisch-politischen Denken und den praktischen Erfahrungen dieser Bewegungen in Polen und auch in anderen ostmitteleuropäischen Ländern. Auch bei uns schälten sich mehr und mehr die Menschen- und Bürgerrechte als die entscheidende Frage heraus. An andere Themen gekoppelt, etwa friedenspolitische und ökologische Themen, entwickelten maßgebliche Gruppen der DDR-Opposition ähnliche Strategien, die sich in der politischen Praxis und den damit verbundenen kulturellen Ausdrucksformen niederschlugen.

Der politische Umbruch des Herbstes 1989 und der Fall der Mauer lassen sich gewiss nicht als Ergebnis eines abgestimmten und organisierten Zusammenwirkens der demokratischen Oppositionsbewegungen beschreiben, schon weil alle diese Gruppen und Bewegungen völlig autonom handelten. Doch ohne den Einfluss aus dem Osten, ohne die von der „Solidarność" ausgehende Inspiration, hätte der Reifeprozess der DDR-Opposition erheblich länger gedauert.

Deutsche Schriftsteller und die „Solidarność"

Marion Brandt

Reiner Kunze liest in seinem Gedicht *Posen, denkmal der aufstände* das Denkmal für den Aufstand vom Juni 1956 als Bild nicht nur für das Zusammenwirken der Streikenden in Poznań und Gdańsk, sondern auch für das von Polen und Deutschland:

Posen, denkmal der aufstände
1956/68/70/76/80/81

Zwei kreuze
aneinandergeseilt
und am himmel vertäut:

Posen Danzig

Mir aber war, als schlügen
Polen und Deutschland
gemeinsam das kreuz,

und der polnische adler
halte den flügel
schützend[1]

Das Ich spricht von seinem Gefühl, der Vorstellung, dass Deutschland und Polen im Kampf um Demokratie und nationale Selbständigkeit einander geholfen hätten. In einem Interview, das Reiner Kunze 1990 gab, bezog er sich direkt auf den gemeinsamen Freiheitskampf von Polen und Deutschen. Mit dem Jahr 1989 habe sich für ihn der berühmte Satz von Georg Herwegh bewahrheitet: „Kein freies Deutschland ohne ein freies Polen und kein freies Polen ohne ein freies Deutschland".[2] Die liberale Polen-

---

1 Kunze, Reiner: ein tag auf dieser erde. Gedichte. Frankfurt/Main 1998, S.33.
2 Vgl. Nie jestem pisarzem emigracyjnym [Ich bin kein Emigrationsschriftsteller]. Rozmowa z Reinerem Kunze. In: Res Publica 4 (1990) 1, S. 136 f.

freundschaft des Vormärz, die mit diesem Satz überschrieben werden kann, wurde in den 1980er Jahren aber nicht nur für Reiner Kunze lebendig. So notierte Horst Bienek in seinem Tagebuch *Beschreibung einer Provinz* im Sommer 1981:

> *Nach dem gescheiterten Aufstand 1830 in ganz Europa Polenbegeisterung. Besonders stark in Deutschland. Von Heine bis Uhland und Platen werden Lieder und Gedichte für Polen verfaßt. ‚Vermächtnis der sterbenden Polen an die Deutschen' (Platen) kannte damals fast jeder gebildete Deutsche. Vielleicht – es ist zu hoffen – wiederholt sich das heute wieder.*[3]

Bieneks Hoffnungen erfüllten sich nur zum Teil. Zwar gründeten sich in einigen Städten der Bundesrepublik und in Westberlin 1980 Komitees „Solidarität mit Solidarność", die mit polnischen Emigrantenorganisationen zusammenarbeiteten, Hilfs- und Protestveranstaltungen organisierten und Informationen über die Opposition in Polen verbreiteten,[4] sie hatten aber für die politische Öffentlichkeit in Deutschland eine wesentlich geringere Bedeutung als die Polenvereine von 1830/31. Auch wenn sich Zeitzeugen aus der Bundesrepublik, nach ihrer damaligen Haltung befragt, häufig an ihren Enthusiasmus für „Solidarność" erinnern,[5] zeigt die Publizistik jener Zeit, dass im Laufe des Jahres 1981 in der westdeutschen Gesellschaft Unverständnis und Vorbehalte gegenüber „Solidarność" zunahmen. Die wohl größte soziale Bewegung in der Bundesrepublik, die Friedensbewegung, die sich gegen die Militärpolitik der NATO richtete, war auf dem linken Auge fast gänzlich blind. Während Demonstrationen gegen den NATO-Doppelbeschluss eine halbe Million Menschen auf die Straße zogen, nahmen an den Protesten gegen das Kriegsrecht in Polen nur einige Tausend in einer Handvoll Städte teil. Die SPD-geführte Bundesre-

---

3 Bienek, Horst: Beschreibung einer Provinz. Aufzeichnungen. München 1986, S. 178.
4 Im September 1981 schufen sie einen gemeinsamen Koordinationsausschuss und gaben das Informationsbulletin „Solidarität mit Solidarność" heraus. Dessen Ausgabe vom Januar 1982 enthält die Adressen von Komitees in Westberlin, Hamburg, Bremen, Braunschweig, Hannover, Dortmund, Köln, Aachen, Düsseldorf, Marburg, Frankfurt, Hanau, Saarbrücken, Ludwigshafen, Mannheim, Karlsruhe, Ludwigsburg, Würzburg und Nürnberg.
5 Als Beweis der Sympathie mit Solidarność wird häufig auch die große materielle Hilfe für Polen nach der Verhängung des Kriegszustandes genannt. Diese hatte allerdings weniger politischen als humanitären Charakter.

gierung war die als erste westeuropäische Regierung, die das polnische Militärregime nach der Verhängung des Kriegsrechts im Dezember 1981 anerkannte. Die Politik der SPD gegenüber Polen war bekanntlich von der Angst vor einer Störung der Entspannungspolitik und der deutschdeutschen Annäherung geprägt, was sich u.a. in Berichten und Kommentaren so einflussreicher Periodika wie *Die Zeit* oder *Der Spiegel* niederschlug, in denen die Verhängung des Kriegsrechts im Vergleich mit der sowjetischen Intervention als das „kleinere Übel", als Notwendigkeit und als Rettung in einer unhaltbar gewordenen Situation angesehen wurde.[6] Die Mehrheit der westdeutschen Intellektuellen reagierte in ähnlicher Weise und der in München lebende Schriftsteller und Publizist Tadeusz Nowakowski schrieb im Frühjahr 1982 voll Bedauern in der *Frankfurter Allgemeinen Zeitung*, dass sich zwar „die polnische Geschichte wiederholt", deutsche Intellektuelle aber eine Berufung auf den Völkerfrühling für nicht zeitgemäß hielten, sondern von „Freiheitsromantik", vom „lebensgefährlichen Leichtsinn" der Polen sprachen.[7]

Im zweiten deutschen Staat, der DDR, blickten die Menschen im Sommer 1980, als die Danziger Werftarbeiter streiken und sich ihnen immer mehr Betriebe aus ganz Polen anschlossen, durchaus mit Hoffnung auf das Nachbarland, in der Erwartung, dass dort Veränderungen erkämpft würden, die auch in der DDR Folgen nach sich ziehen würden. Mit der feindlichen Reaktion der SED-Regierung und ihrer Propaganda, die nicht davor zurückschreckte, nationalen Egoismus, Vorurteile und Ressentiments zu schüren beziehungsweise zu reaktivieren, verwandelte sich diese Haltung in Angst, Ablehnung und Feindseligkeit. Erich Honecker forderte im November 1980 (nach der Registrierung der neuen unabhängigen Gewerkschaft „Solidarność" durch das Oberste Gericht) sogar ein militärisches Eingreifen in Polen, das die Armeeführung dann auch vorbereitete, und in den Medien der DDR wurde „Solidarność" nicht nur als antisozialistisch eindeutig auf der Seite des politischen Gegners verortet,

---

6   Als Beispiel: Bender, Peter: Die Armee als letzte Chance? In: Die Zeit v. 11.12.1981, Nr. 51, S. 3; Sommer, Theo: Rückfall in den Kalten Krieg? In: Die Zeit v. 18.12.1981, Nr. 52, S. 1.
7   Nowakowski, Tadeusz: Nichts zu beweinen. In: Frankfurter Allgemeine Zeitung v. 7.4.1982, S. 3; vgl. auch: ders.: Elftes Gebot: Du sollst dich nicht einmischen. In: Die Zeit v. 22.1.1982, S.35.

sondern auch als faschistisch und terroristisch diffamiert, u.a. mit Falschmeldungen über Waffendepots und SA-ähnliche Schlägertrupps.

Ein Teil der Bevölkerung in der DDR hatte die militärische Niederschlagung des Prager Frühlings von 1968 noch gut in Erinnerung und viele fragten sich: Sollte es diesmal anders enden? Und würden dann nicht auch Soldaten aus der DDR in Polen einmarschieren? Diese Vorstellung weckte Angst und der SED gelang es vortrefflich, diese in eine Angst vor Polen umzuwandeln, vor einer Gefahr, die von Polen ausging, zumal diejenigen, die sich über westliche Medien informierten, auch dort dieser Angst begegneten.[8] Nicht die Sowjetunion und der Warschauer Pakt mit der sogenannten Breschnew-Doktrin[9] wurden für eine mögliche militärische Intervention verantwortlich gemacht, sondern „die Polen", die aus Sicht der Realpolitiker „zu weit gingen", „zu viel wollten", „leichtsinnig" und „abenteuerlich" handelten.

Obwohl in der DDR Sympathiebekundungen für Polen kriminalisiert wurden – so konnte man für das Anbringen eines „Solidarność"-Plakates ins Gefängnis kommen –, gab es sie: Flugblätter, Aufschriften auf Mauern und Straßen, die heute fast legendären Fahrradfahrten von Roland Jahn in Jena mit einem kleinen Polenfähnchen und der Aufschrift „Solidarność z polskim narodem" [Solidarität mit dem polnischen Volk], materielle Hilfe, Wehrdienstverweigerungen, Sympathie-Erklärungen auf Gottesdiensten und am 14.12.1981 einen Hungerstreik für Polen unter den Gefangenen in der Haftanstalt Bautzen.[10]

---

8 Vgl. Brandys, Kazimierz: Warschauer Tagebuch. Die Monate davor. 1979-1981. Frankfurt/Main 1990, S. 228, 235 f.
9 Die Breschnew-Doktrin ermöglichte es der UdSSR und den anderen Staaten des Warschauer Pakts, in jedem beliebigen Land des Ostblocks militärisch einzugreifen, wenn sie die bestehenden Machtverhältnisse in Gefahr sahen. Diese Doktrin wurde 1968 beschlossen, um den Einmarsch in Prag nachträglich zu legitimieren, und bestand bis 1988.
10 Vgl. Brandt, Marion: Für eure und unsere Freiheit? Der Polnische Oktober und die Solidarność-Revolution in der Wahrnehmung von Schriftstellern aus der DDR. Berlin 2002, S. 303-307, 341-349, 358-360, 383 f.

Schriftsteller aus der DDR

Dieses Spektrum an Reaktionen – von feindseliger Ablehnung bis hin zu vereinzelten Solidaritätsbekundungen – findet sich ebenfalls unter den Schriftstellern in der DDR. Die überwiegende Mehrheit von ihnen äußerte sich nicht öffentlich zu Polen, was angesichts der Fülle von Polentexten, die nach der Öffnung der Grenze zwischen beiden Ländern in den 1970er Jahren entstanden waren, besonders auffällig ist. Nicht nur die Grenzschließung im Oktober 1980 und die Zensur waren ein Grund dafür, dass selbst Schriftsteller, die – wie z.B. Christa Wolf – in mancher Hinsicht der Politik der DDR-Regierung durchaus kritisch gegenüberstanden, zu deren Polenpolitik und -propaganda schwiegen. Sie sahen trotz anfänglicher Sympathie in der polnischen Demokratiebewegung schließlich eine Gefahr für den Sozialismus, an dem sie selber, trotz aller Enttäuschungen, weiterhin festhielten. Andererseits fällt auch auf, dass sich die feindselige Sicht auf „Solidarność" nur in ganz wenigen und in literarisch schwachen Texten, wie in den Erzählungen von Vera Friedländer, niederschlug.[11] Literarische und publizistische Texte, in denen Autoren mit Sympathie über „Solidarność" schrieben, konnten selbstverständlich in keinem Verlag der DDR erscheinen. Wie es jemandem erging, der es dennoch versuchte, zeigt die Geschichte von Monika Nothing, die verschiedenen Repressalien ausgesetzt und aus dem kulturellen Leben ausgegrenzt wurde.[12] Die meisten solcher Texte wurden im Westen oder im Untergrund veröffentlicht. Einige Autoren bewahrten sie bis 1989 in der Schublade auf, so F. Eckhard Ulrich, dessen Gedichte zwar bereits 1981 ins Polnische übersetzt, im Original aber erst nach 1989 der Öffentlichkeit bekannt wurden.[13]

Nur einer der bekannten DDR-Schriftsteller publizierte in Westdeutschland einen Text, in dem er auf „Solidarność" Bezug nahm. Es war Volker Braun, ein Dichter, der trotz seiner seit 1976 zunehmenden Kritik

---

11 Vgl. ebd., S. 404-406, 491-494, 506-508, 542-544.
12 Ihr Roman „Zu den Wurzeln steigen", dessen erste Fassung bereits im Jahr 1981 fertiggestellt war, erhielt kurz vor dem Ende der DDR die Freigabe zum Druck und erschien im Februar 1990 im Hinstorff-Verlag in Rostock. Vgl. ebd., S. 406-409, 494 f., 510 f., 521.
13 Vgl. Ulrich, F. Eckhard: ich habe aufgegeben dieses land zu lieben. Gedichte. Eine Auswahl aus den Jahren 1960 bis 1987. Halle/Saale 1994.

an der Politik der DDR-Regierung weiterhin an sozialistischen Ideen festhielt und aus dieser Perspektive auch über die Ereignisse in Polen schrieb. Sein Text gehört zu den von der Zensurbehörde gestrichenen Teilen aus den Berichten von Hinze und Kunze (1983), die fast gleichzeitig unzensiert im Westen erschienen.

Fortschritt, unverhofft
Oder: Einmischung der Dialektik

Als in den großen Betrieben eines Bruderlandes die Arbeiter streikten und Forderungen stellten, murmelte Kunze, so laut es ging: Da muß man Ordnung schaffen. – Was nennst Du Ordnung? fragte Hinze. Er hatte nämlich, merkte er jetzt, nichts gegen eine gewisse Unordnung. Diese Leute, sagte er, haben Beschwerden. Sie kümmern sich darum. Sie besinnen sich auf ihre Kraft. Wie du es immer verlangt hast! Sie machen es. So verworren sie sind, sie verhalten sich plötzlich. Es ist erreicht. – Was ist erreicht? fuhr Kunze auf, Produktionsausfall. Gefährdung alles Erreichten. – Ja, der Staat ist auf diesen Fortschritt, sagte Hinze, nicht vorbereitet. Er ist nicht dafür eingerichtet. Diese massenhafte Mitarbeit (Mitarbeit, Kunze: Streik!) läuft seinen Gewohnheiten zuwider. Der Fortschritt ist das Chaos, und die Ordnung hat die Wahl, den dummen August zu spielen oder den eisernen Hintern. – Worauf willst du eigentlich hinaus, fragte Kunze kalt. – Ich doch nicht, lächelte Hinze. – Weißt du, wer da seine Hände im Spiel hat! – Der Klassenfeind gewiß, erwiderte Hinze, vor allem aber die Dialektik.[14]

Volker Braun lässt die beiden Figuren Hinze und Kunze entgegengesetzte Haltungen zu den Ereignissen in Polen einnehmen. Kunze vertritt die offizielle Position der SED-Führung, nach der in Polen „Chaos" herrsche, der Sozialismus auf dem Spiel stehe und – dies laut zu sagen, traut er sich aber nicht – endlich „Ordnung" geschaffen werden müsse. Hinze hingegen erkennt in Polen eine schöpferische Unruhe, in der etwas Neues, auch für den Sozialismus, entstehen kann.

Die Braunsche Sorge um den Sozialismus findet sich in den Texten jüngerer Autoren, die in unabhängigen Zeitschriften publizierten, nicht mehr, vielmehr sympathisierten diese Autoren mit „Solidarność", weil

---

14 Braun, Volker: Berichte von Hinze und Kunze. Frankfurt/Main 1983, S. 64 f.

sie sich Alternativen zum Leben in der DDR ersehnten und hofften, mit einer Liberalisierung in Polen könne es auch zu Veränderungen in der DDR kommen. Die wichtigste unabhängige Publikation zu Polen war die Anthologie *Oder. Literarische Texte*, die 1987 in Berlin erschien und Gedichte enthielt, die sich auf „Solidarność" beziehen. Deren Verfasser waren 1980 zwischen 20 und 30 Jahre alt: Esther-Marie Ullmann-Goertz (*1957), Uwe Kolbe (*1957), Rüdiger Rosenthal (*1952), Wilfried M. Bonsack (*1951) und Beate Petras (*1951). Ihre Texte sind keineswegs politische Gedichte; die mit „Solidarność" verbundene Hoffnung hat wenig konkrete Konturen und ist vor allem ein Versprechen von Glück und erfülltem, authentischem, würdigem Leben. Die Zerschlagung dieser Hoffnung mit der Verhängung des Kriegszustandes am 13. Dezember 1981 wird in einem Teil dieser Texte als eine existentielle Zerstörung wahrgenommen, als ein Verlust, der tief in das eigene Leben einschneidet. In dem Gedicht *Syrena 81* von Wilfried M. Bonsack heißt es:

nichts bleibt als die höhenangabe
der hoffnung.[15]

Von einer zerschlagenen Hoffnung („Europa bleibt heillos") spricht auch Uwe Kolbes Gedicht *Einflugschneise Berlin Tegel, September 1982*.[16] Das Bild eines möglichen Neubeginns wie am Ende des Gedichtes *Slawischer Marsch* von Esther Ullmann Goertz ist dagegen ungewöhnlich:

Die Boten sind schon erwartet
Die berichten vom letzten Kampf
Da wird aus dem Pfau ein Phönix
Bei seinem Erscheinen ist's Tag.[17]

Andere Akzente in der Wahrnehmung der polnischen Demokratiebewegung finden sich in den Essays des 1942 geborenen Gert Neumann, der bis 1989 nicht in der DDR publizieren durfte und seine Texte in der von

---

15 Bonsack, Wilfried M.: syrena 81. In: Oder. Literarische Texte. Hrsg. von Michael Bartoszek, Ludwig Mehlhorn und Joachim Zeller (= radix-blätter 4). Berlin, 1987, S. 73.
16 Kolbe, Uwe: Vaterlandkanal. Frankfurt/Main 1990, S.46.
17 Ullmann-Goertz, Esther-Marie: Slawischer Marsch. In: Oder (wie Anmerkung 15), S. 62, Nachdruck u.a. in: dies.: Ferse Verse. Gedichte 1976-1999. Berlin 2001, S. 29.

ihm herausgegebenen Untergrundzeitschrift *Anschlag* sowie illegal in westdeutschen Verlagen veröffentlichte.[18] Neumann verband mit „Solidarność" das Ringen um eine geistige Alternative, um ein Denken, „das sich mit einem Ausweg aus den Tatsachen des Realsozialismus beschäftigen möchte, oder muß".[19] Dieses Denken „jenseits der Macht" sei nur dann möglich, „wenn es die Solidarität der Antwort erfährt".[20] Das so geborene Gespräch eröffne den Weg in geistige Freiheit, zu Poesie und Würde. Neumann assoziierte es mit „Solidarität", „um den Akzent, den dieses Wort bei uns aus dem polnischen erhalten hat, als die über die Verhältnisse tatsächlich hinausreichende Methode der Begegnung" anzudeuten.[21] Er spricht von der „Praxis", dem „Werk" und dem „Ethos" Solidarität, mit dem „der Wahrheit in der Gegenwart des realen Sozialismus ein sittlicher Ort bereitet" werde.[22]

Außer diesen beiden Publikationen gibt es in den unabhängigen Literaturzeitschriften in der DDR nur wenig Äußerungen zu „Solidarność" und zu Polen. Das hängt vor allem damit zusammen, dass sich die Künstler dieser Szene von der Politik als solcher abgewandt hatten, aber auch mit deren Vorbehalten gegenüber dem Katholizismus, der das geistige Fundament der polnischen Demokratiebewegung bildete. Umso größeres Gewicht erhält das *Lied für den Märtyrer Jerzy Popiełuszko*, das Steffen Mohr im November 1984 nach der Ermordung des Priesters durch die Geheimpolizei schrieb.[23]

---

18 D.h. unter Umgehung des sogenannten Devisengesetzes, laut dem solche Publikationen den Behörden in der DDR gemeldet werden mussten. Im Gegensatz zu Autoren wie Volker Braun oder Christa Wolf, die in offiziellen DDR-Verlagen und westdeutschen Verlagen gleichzeitig publizieren konnten, erhielt ein in der DDR verbotener Autor nicht die Möglichkeit, seine Texte im Westen zu veröffentlichen und wurde, wenn er es tat, strafrechtlich verfolgt.
19 Neumann, Gert: Übungen jenseits der Möglichkeit. Frankfurt/Main 1991, S. 51.
20 Geheimsprache „Klandestinität" / mit Gert Neumann im Gespräch. In: Sprache & Antwort. Stimmen und Texte einer anderen Literatur aus der DDR. Hrsg. von Egmont Hesse. Frankfurt/Main 1988, S. 128-144, hier S. 137.
21 Neumann (wie Anmerkung 19), S. 15.
22 Ebd., S. 50.
23 Vgl. Mohr, Steffen: Mo(h)ritaten. Lieder eines Galgenvogels und andere schwarze Gesänge. Leipzig 1996, S. 41.

Die Titelvignette der Anthologie *Oder. Literarische Texte*, die 1987 von Michael Bartoszek, Ludwig Mehlhorn und Joachim Zeller als ein Heft der illegal gedruckten *Radix-Blätter* herausgegeben wurde, erinnerte in Schrift und Größe sowie mit dem Fähnchen an das „Solidarność"-Abzeichen.

Die entscheidende politische Inspiration, die für kritische Intellektuelle in der DDR von Polen ausging, lag in der Idee und Praxis der gesellschaftlichen Selbstorganisation, in der Schaffung einer unabhängigen Öffentlichkeit, mit der sich die Gesellschaft – im Sinne Hannah Arendts – den politischen Raum (wieder) aneignen und den Status eines politischen Subjekts (zurück)gewinnen konnte, der durch die Errichtung totalitärer Herrschaft zerstört worden war. Die polnischen Einflüsse lassen sich vor allem am Wirken der Bürgerrechtler Ludwig Mehlhorn und Wolfgang Templin sowie an einzelnen gesellschaftlichen Initiativen wie dem 1986 gegründeten Arbeitskreis „Solidarische Kirche" nachweisen. Aber auch die Entscheidung für unabhängige literarische Publikationen wurde durch die Begegnung mit Polen inspiriert, wie das Beispiel des Dichters Uwe Kolbe zeigt. Nach seiner Polenreise im Frühjahr 1981 brachte er unter dem Titel *Der Kaiser ist nackt* eine Publikation in Umlauf, die am Anfang der unabhängigen Zeitschriftenkultur in Berlin stand. Sie sollte Forum für ein offenes Gespräch sein, so ähnlich wie es Kolbe in Polen erlebt hatte.

Starkes Interesse, auch intensive Unterstützung fand die polnische Demokratiebewegung unter früheren DDR-Bürgern, die auf eigenen Entschluss in den Westen gegangen oder aus der DDR zwangsausgebürgert worden waren. Unter ihnen befanden sich auch Schriftsteller: der Liedermacher Wolf Biermann, dem nach seinem Kölner Konzert im November 1976 die Staatsbürgerschaft der DDR aberkannt worden war, die Dichter Jürgen Fuchs und Utz Rachowski, die u.a. wegen ihrer Proteste gegen die Zwangsausbürgerung Biermanns ins Gefängnis gekommen und von dort in den Westen abgeschoben worden waren, Reiner Kunze, der sich nach Publikationsverboten, langjährigen Repressalien und angesichts einer drohenden Haftstrafe 1977 entschlossen hatte, in den Westen zu gehen. Sie alle verfolgten die Ereignisse in Polen mit größter Aufmerksamkeit, oft in der Hoffnung darauf, dass sie im gesamten sozialistischen Lager zu demokratischen Veränderungen führen würden. Wolf Biermann schrieb mehrere Lieder zu Polen, polemisierte mit den Vorbehalten seiner „linken Freunde" gegenüber „Solidarność" und trat nach der Verhängung des Kriegszustandes auf Solidaritätskonzerten für Polen auf. Jürgen Fuchs unterstützte die „polnische Revolution", wie er „Solidarność" nannte, von Westberlin aus so aktiv, dass die Staatssicherheit 1982 einen für alle sozialistischen Staaten geltenden Haftbefehl gegen ihn zu erwirkte. So wie Biermann und Fuchs glaubte auch Helga

M. Novak an die Möglichkeit, dass ein Sozialismus „mit menschlichem Antlitz" errichtet werden könne. Sie interessierte sich besonders für die „anarchosyndikalistische Komponente der Betriebsbesetzungen, der Selbstverwaltung und der anderen Solidarność-Sachen."[24] Wohl als einzige Ausgebürgerte konnte sie mit Lebensmitteln und anderen Spenden nach Polen fahren, da sie die isländische Staatsbürgerschaft besaß.

Für den Dichter Reiner Kunze hatte die sozialistische Idee zu dieser Zeit längst an Bedeutung verloren. Er schrieb über Polen aus Sympathie für diejenigen, die gegen das unmenschliche System aufbegehrten, und wohl auch aus einem besonderen Verantwortungsgefühl, das für ihn aus der Geschichte der deutsch-polnischen Beziehungen resultierte. Anfang Dezember 1980, als sich die Armeen der Warschauer Pakt-Staaten auf einen Einmarsch in Polen vorbereiteten, verfasste er das Gedicht *die küste von Danzig*, das von Angst nicht nur um Polen spricht, sondern auch um diejenigen, die möglicherweise gegen Polen kämpfen müssen: die jungen Männer in der Armee der DDR.[25]

Wie leidenschaftlich Horst Bienek die Geschichte der „Solidarność"-Revolution miterlebte, zeigt sein bereits zitiertes Tagebuch *Beschreibung einer Provinz*. Er schrieb darin, dass er „mit brennender Neugier jeden Morgen die Nachrichten über Polen"[26] las. Sogar mit seinem Roman *Erde und Feuer*, dem letzten Teil seiner Gleiwitzer Tetralogie, reagierte er auf sie.[27] Bienek sah in der Gründung der „Solidarność" den Beginn vom Ende des sozialistischen Weltsystems. Nach der Unterzeichnung der Danziger Vereinbarung im Sommer 1980 notierte er:

Mir erscheint, was jetzt in Polen geschieht, als ein Riß im kommunistischen Monolith. Die Russen begreifen noch nicht ganz (und sogar der Westen nicht), daß hier die Sterbestunde des Kommunismus eingeläutet wird. Dieser Funke wird gewiß eines Tages auch in die Sowjetunion überspringen.[28]

---

24 Ein hohes Maß an Denkfaulheit. Interview mit Helga M. Novak. In: Die Tageszeitung v. 07.10.1982.
25 Vgl. Brandt, Für eure und unsere Freiheit? (wie Anmerkung 10), S. 501-503.
26 Bienek, Beschreibung einer Provinz (wie Anmerkung 3), S. 170.
27 Vgl. Zielińska, Mirosława: Narrative Bewältigung von Schuld und Trauma in der deutschsprachigen Autobiographik vor 1989/90, Dresden, Wrocław 2011, S. 210-212.
28 Bienek: Beschreibung einer Provinz (wie Anmerkung 3), S. 162.

Es waren sicherlich seine Erfahrungen mit dem Osten und dem Sozialismus – die Verurteilung durch den NKWD zu 20 Jahren Zwangsarbeit, der mehrjährige Aufenthalt im Gulag und nach der vorzeitigen Freilassung die intensiven Kontakte zu Dissidenten und Emigranten aus den osteuropäischen Ländern – aus denen heraus er diesen prophetischen Weitblick entwickeln konnte.

Schriftsteller in der Bundesrepublik Deutschland

Horst Bienek hatte auch in anderer Hinsicht Recht: Im Westen verstanden nur wenige die Bedeutung dessen, was in Polen geschah. Wie der Konflikt um das sogenannte Polentelegramm des Verbandes deutscher Schriftsteller zeigt, betraf dies auch Schriftsteller. Als der Polnische Schriftstellerverband im August 1983 zwangsaufgelöst und sofort die Gründung eines neuen, regimetreuen Verbandes unter demselben Namen vorbereitet wurde, nahm der Vorsitzende des Verbandes deutscher Schriftsteller Bernt Engelmann in einem Telegrammschreiben an General Jaruzelski dazu auf sehr zweideutige Weise Stellung: Er protestierte nicht nur gegen die Auflösung des alten, sondern legitimierte auch den neugegründeten Verband. Die Kritiker dieses Schreibens waren im Schriftstellerverband in der Minderheit, von einigen Kollegen wurden sie direkt angegriffen und diffamiert, bei den meisten stießen sie auf Unverständnis. Die Gründe dafür lagen nicht nur in der Unkenntnis dessen, was in Polen geschah, im Desinteresse und Denken nach realpolitischen Kategorien, auch politische Einflüsse der SED waren hier wirksam.

Zu den wenigen Schriftstellern, die sich öffentlich über Polen äußerten, gehörte Heinrich Böll, der nach der Verhängung des Kriegsrechts im Dezember 1981 eine Pressekonferenz im ZDF organisierte, auf der er von der Internationalen Arbeitsorganisation der UNO die Entsendung einer Untersuchungskommission nach Polen forderte. Er dachte öffentlich darüber nach, worin die Gründe für die zurückhaltenden Reaktionen westdeutscher Intellektueller auf das Kriegsrecht in Polen liegen. Es seien die aus dem Zweiten Weltkrieg herrührenden Schuldkomplexe Deutscher gegenüber Polen, die es ihnen nicht gestatten würden, die Politik einer polnischen Regierung zu kritisieren und sich in polnische Angelegenheiten einzumischen. Böll verwies auf blinde Flecken in der Wahrnehmung des

Ostens durch die westeuropäische Linke, die sich schwertat, Verbrechen und Unterdrückungspolitik der sozialistischen Regierungen zur Kenntnis zu nehmen. Schließlich erklärte er die Zurückhaltung westdeutscher Intellektueller auch mit „antikirchlichen Komplexen", mit einem „töricht laizistisch-areligiösen Element".[29] Zudem lebten auch unter westdeutschen Schriftstellern traditionelle deutsche Polenbilder fort, wie sonst ließe sich eine Äußerung wie diese erklären:

Mehr als Arbeit und Disziplin verschreiben kann der polnischen Nation ohnehin kein Mensch auf der Welt – doch wer bringt neben der nötigen Courage auch noch den Mut auf, sie tatsächlich zu verordnen?[30]

Selbstverständlich protestierten einzelne Institutionen wie das deutsche PEN-Zentrum gegen Verhaftungen von polnischen Schriftstellern, organisierten einige Autoren individuell Unterschriftensammlungen. Interesse weckten die Ereignisse in Polen aber nur bei wenigen, etwa bei denjenigen, die eine besondere, oft persönliche Beziehung zu Polen hatten wie Günter Grass, Siegfried Lenz oder Horst Bienek. Andere interessierten sich für „Solidarność" aus rein politischen Gründen. Auf der Suche nach einer Alternative zu bundesrepublikanischen Verhältnissen glaubten sie an die Möglichkeit eines dritten Weges zwischen Sozialismus und Kapitalismus und unterstützten daher seit Mitte der siebziger Jahre die Opposition und Demokratiebewegungen in den osteuropäischen Ländern. Zu ihnen gehörten vor allem Westberliner Schriftsteller wie Hannes Schwenger, Johano Strasser und Hans Christoph Buch.

Unter den genannten Schriftstellern hatte Günter Grass zweifellos die engsten Beziehungen zu Polen. Er verdankte es sogar dem Streik der Danziger Werftarbeiter, dass er im Juni 1981 zum ersten Mal offiziell in seine Geburtsstadt eingeladen wurde und dort öffentlich auftreten durfte. In Interviews und Gesprächen verlieh er seiner Bewunderung für die polnischen Arbeiter Ausdruck. Für Grass hatte sich in „Solidarność" Rosa Luxemburgs Idee von der Spontaneität revolutionärer Massenbewegungen verwirklicht. Die Versuche einer Realisierung reichten für ihn vom

---

29 Böll, Heinrich: Ein neues Vokabularium finden. Protokoll einer Pressekonferenz. In: Verantwortlich für Polen? Hrsg. von Heinrich Böll, Freimut Duve und Klaus Staeck, Hamburg 1982, S. 9-17, hier S. 16.
30 Rühmkorf, Peter: Nebelbänke. In: Ebd., S. 158-163, hier S. 162.

Matrosenaufstand in Kronstadt 1921 über Budapest 1956 und Prag 1968 bis Gdańsk/Danzig. Grass verband die „Unruhe stiftende Basisbewegung" oder auch Volksbewegung, wie er sie nannte, mit der Tradition der Sozialdemokratie beziehungsweise dem Kampf für soziale Gerechtigkeit. Er wünschte sich, dass „Solidarność" auch der westdeutschen Gesellschaft, „unserem mittlerweile verkrusteten Gesellschaftsgefüge", ein Beispiel gebe.[31]

Die aktuellen Ereignisse in Polen griff Grass ebenfalls in seinem literarischen Werk auf. Bereits in *Der Butt* (1977) erinnerte er an die Proteste der Werftarbeiter vom Dezember 1970. Im Roman *Die Rättin* (1986) knüpft er an die „Solidarność" an, hebt das Ideal einer solidarischen Gesellschaft auf eine menschheitsgeschichtliche Ebene und drückt zugleich tiefe Skepsis an der Möglichkeit seiner Realisierung aus. Auf der Feier des 107. Geburtstages von Anna Koljaiczek, der Großmutter von Oskar Matzerath, erweist sich, dass der polnische Teil der kaschubischen Familie über die zum schmiedeeisernen Schriftzug erstarrte „Solidarność" zerstritten ist: Die polnische Gesellschaft prägt Streit statt Solidarität. Zur gleichen Zeit geht die Menschheit in einem Dritten Weltkrieg unter und das Ethos der „Solidarität" verwirklichen nicht die Menschen, sondern die vom Erzähler geträumten Ratten. Sie besiedeln Danzig neu nach dem „großen Knall" und errichten die solidarische Gesellschaft. Bei ihrer Verteidigung gegen die Rattenmenschen, die sie kolonisieren wollen, erhält der „Solidarność"-Schriftzug wie im Märchen eine magische Kraft.

Diese Einbettung der polnischen Zeitgeschichte in die Erzählung eines durch Neutronen- und Atomwaffen herbeigeführten Endes der menschlichen Zivilisation geht einher mit Grass' Engagement in der Friedensbewegung jener Zeit. Bemerkenswert ist, dass „Solidarność" für Grass nicht – wie damals oft behauptet – den Weltfrieden gefährdete, sondern dass umgekehrt die Ideale, die sie auf ihre Fahne geschrieben hatte, den gesellschaftlichen und politischen Frieden erst ermöglichen.

*

---

[31] Grass, Günter: Der Dreck am eigenen Stecken. Der „freie Westen" und das Kriegsrecht in Polen. In: L '80. Demokratie und Sozialismus. Politische und Literarische Beiträge (1982) Nr. 21, S. 154-157, hier S. 155.

Staunen, Geraune im Osten, im Westen
Husten und Haß, und rundrum das große
Zittern und Hoffen und Wittern und
Gaffen – und jeder gibt seinem Affen[32]

schrieb Wolf Biermann in seinem Lied *Aber vorher* (1980) über die Reaktionen auf die polnische Revolution. Tatsächlich zeigen Gedichte, Prosatexte, Essays, dass die „Solidarność" sehr unterschiedliche Bedeutungen für Schriftsteller im Osten und Westen Deutschlands annehmen konnte. Diejenigen, die mit ihr sympathisierten, sahen in ihr zumeist eine soziale Bewegung, die zu einer Demokratisierung des Sozialismus führen konnte, nur wenige erkannten gerade das Gegenteil in ihr: den Anfang vom Ende des sozialistischen Weltsystems. Dass sie auch ein Aufstand für nationale Selbständigkeit war, wurde nicht thematisiert und bewirkte eher Distanzierung. Mit „Solidarność" wurden zutiefst persönliche Hoffnungen auf Lebensveränderungen verbunden, sie wurde zum Ausdruck eines hohen gesellschaftlichen Ethos und erhielt über die aktuelle Situation hinausreichende historische Bedeutung. Am weitesten in der künstlerischen Ausdeutung der Ereignisse in Polen ging wohl der Schweizer Dramatiker Friedrich Dürrenmatt, der in seiner Komödie „Achterloo" (1983-1988)[33] mit Hilfe literarischer und historischer Zitate beziehungsweise Anspielungen – Georg Büchners „Woyzeck" und „Dantons Tod", Peter Weiss' „Marat" – diese als Teil einer Welt zeigt, die zu einem Irrenhaus geworden ist. Er überführte, so Sabine Schu, den zeitgenössischen Stoff „in ein überzeitliches Welttheater".[34]

Wie eingangs bereits gezeigt, zogen einige Schriftsteller in ihren Werken und in publizistischen Äußerungen auch Parallelen zur frühliberalen deutschen Polenfreundschaft. Zu ihnen gehörte Rüdiger Rosenthal, der

---

32 Biermann, Wolf: Verdrehte Welt – das seh' ich gerne. Lieder, Balladen, Gedichte, Prosa, Köln 1982, S. 159.
33 Dürrenmatt, Friedrich: Werkausgabe, Bd. 18: Achterloo I. Komödie in zwei Akten / Rollenspiele. Protokoll einer fiktiven Inszenierung von Charlotte Kerr sowie Achterloo III / Achterloo IV. Komödie. Zürich 1998.
34 Schu, Sabine: „Der Schriftsteller hat sich den Schriftsteller einverleibt" – Georg Büchner als literarisches Alter Ego in Friedrich Dürrenmatts Endspiel „Achterloo". In: Georg Büchner Jahrbuch 12. Hrsg. von Burghard Dedner, Matthias Gröbel, Eva-Maria Vering. Berlin, Boston 2012, S. 275-302, hier S. 299.

seinem Gedichtzyklus *Polnische Reise*, den er 1984 – noch in Ostberlin wohnend – im Westberliner Oberbaumverlag veröffentlichte,[35] als Motto die folgende Strophe von Friedrich Hebbels Gedicht *Die Polen sollen leben* (1835) voranstellte:

Sie sahn das Schicksal winken
Und haben's wohl erkannt,
Daß Polen bald dem Toten gleicht,
Doch keiner ahnt wie bald vielleicht
Die Welt dem Polenland.

Glücklicherweise führte die Verhängung des Kriegsrechts am 13. Dezember 1981 nicht zur Friedhofsruhe – weder in Polen, noch in den anderen sozialistischen Ländern.

---

35 Rosenthal, Rüdiger: Polnische Reise. Poetische Erzählung und andere Gedichte. Berlin 1984.

Freundschaft und Interessen in den deutsch-polnischen Beziehungen nach 1989

Kazimierz Wóycicki

Dem Andenken Ludwig Mehlhorns gewidmet, dessen Leben ein Zeugnis der Freundschaft mit Polen war.

Einführung – Die Dialektik von Freundschaft und Interessen

Für das Voranschreiten der europäischen Integration stellt die Vertiefung der deutsch-polnischen Zusammenarbeit einen unverzichtbaren Faktor dar. Das Wort „Freundschaft" gehört allerdings – mit Ausnahme sogenannter Sonntagsreden – nicht zum Wortschatz der politischen Sprache. In der Politik spricht man vor allem von Interessen. Politiker repräsentieren die Gesellschaft und sollen deren Interessen (zumindest im weitesten Sinne) verteidigen; sie haben nicht das Recht, diese im Namen eines vagen Begriffs von Freundschaft aufs Spiel zu setzen. Und dennoch hat die Rede von „Freundschaft" in den Beziehungen zwischen den Nationen (nicht zwischen den Regierungen) eine gewisse Berechtigung. Gegenseitige Sympathien oder Antipathien von Gesellschaften beziehungsweise Nationen bilden einen wichtigen Hintergrund des politischen Handelns. Zuweilen stecken sie weitere Rahmen ab, in denen sich Politiker bewegen und zukunftsträchtige Entscheidungen treffen können. „Freundschaft" bedeutet in diesem Zusammenhang ein größeres gegenseitiges Vertrauen im gesellschaftlichen Sinn, ein Respektieren der politischen Vernunft der anderen Gemeinschaft, die Möglichkeit, schwierige konfliktgeladene Probleme lösen zu können, und nicht nur den politischen Partnern auf die Finger zu schauen.

Als im Jahr 1989 eine neue Epoche in den deutsch-polnischen Beziehungen begann, gab es nur wenig von solch gegenseitiger Sympathie, dagegen viel Vorurteil und Antipathie. Es bestand auch große Unsicherheit darüber, in welcher Weise man gemeinsame Interessen verhandeln könne. Das Wort des polnischen Außenministers Skubiszewski von der „deutsch-polnischen Interessengemeinschaft" bezeichnete eher ein anspruchsvolles politisches Projekt als eine Realität.

Mehr als zwei Jahrzehnte später kann man sicher sagen, dass die gegenseitigen Sympathien entschieden gewachsen und Warschau und Berlin in der Lage sind, wichtige gemeinsame Interessengebiete zu definieren. Die Zeit der konflikthaften und manchmal katastrophalen deutsch-polnischen Beziehungen scheint hinter uns zu liegen.

Diese zweifellose Verbesserung der deutsch-polnischen Beziehungen ist mit der Neuentdeckung der gemeinsamen Interessen beider Staaten verbunden. Wie aber steht es um Freundschaft, gegenseitiges Verstehen der Gesellschaften und Kenntnis der Kultur, um gegenseitige Achtung und Respekt? Kann Freundschaft im weiteren Sinne das Verhandeln von Interessenunterschieden erleichtern, vor allem dann, wenn diese sich bis zu einem bestimmten Maß als notwendig herausstellen?

Es lohnt sich durchaus die Frage zu stellen, wie es um die deutsch-polnische Freundschaft bestellt ist, auch wenn dieser Begriff an sich sehr unpräzise ist. Im Grunde genommen ist es die Frage danach, inwieweit Polen und Deutsche sich eingehender mit dem schwierigen Erbe der gegenseitigen Beziehungen in den letzten 200 Jahren auseinandergesetzt haben. Dafür scheint zunächst eine Untersuchung der Dialektik von Freundschaft und Interesse notwendig zu sein.

Der schwierige Weg zu den Verträgen – Versöhnung und Interessen

Um über die Dialektik zwischen Freundschaft und Interessen in den deutsch-polnischen Beziehungen nachdenken zu können, ist es wichtig, zuerst den Weg zu reflektieren, der zu den deutsch-polnischen Verträgen führte.

Als der polnische Staat 1989 seine Unabhängigkeit erlangte und die Deutschen zur Wiedervereinigung strebten, schienen die deutsch-polnischen Beziehungen äußerst kompliziert und – was ihre Zukunft betraf – unsicher zu sein. Beide Seiten hatten berechtigte Gründe für gewisse Ängste und standen vor der Notwendigkeit, ihre Interessen neu zu definieren. Die Deutschen konnten ein polnisches Veto für die Einheit befürchten; die Polen hatten das begründete Recht, um die territoriale Integrität ihres Staates zu bangen. Alle hatten Angst davor, dass die geopolitische Konstellation des 19. Jahrhunderts zurückkehren könnte.

Die Bedingung *sine qua non* für die Einheit war die von den Deutschen bereits vorgenommene grundlegende Auseinandersetzung mit der eigenen Vergangenheit.[1] Das Paradox besteht aber darin, dass gerade die Wiedervereinigung in gewisser Weise die deutsche Erinnerung, wie sie sich in den 1980er Jahren mit der Aufarbeitung der Geschichte von 1933-45 geformt hatte, verändern musste.

Auf polnischer Seite wiederum war es notwendig, Ängste und Vorurteile gegenüber den Deutschen zu überwinden, die sich vor allem aus dem Zweiten Weltkrieg ergaben und aus dessen Konsequenz, dass ein Drittel des Territoriums Polens früher zu Deutschland gehörte. Eine Neubewertung verlangte auch die geopolitische Lage. Es musste die Möglichkeit einer anderen Konstellation als die einer von Unglück überschatteten Position zwischen zwei feindlichen Mächten – Russland und Deutschland – wahrgenommen werden. Beide Seiten standen also vor schwierigen Herausforderungen.

Die „Solidarność"-Opposition, die 1989 an die Macht kam, war von der Prämisse ausgegangen, dass es nicht möglich sei, sich von der russischen Dominanz zu befreien, wenn man Deutschland dabei den Rücken zukehrt. Sie hatte auch argumentiert, dass sich die Deutschen grundlegend verändert hätten, das Bild vom Deutschen als Feind überholt sei und man sich mit den Deutschen verständigen müsse. In besonderer Weise unterstrichen dies der künftige Premier Tadeusz Mazowiecki und der mit ihm verbundene „Znak"-Kreis mit einigen Persönlichkeiten, die sich wie Stanisław Stomma große Verdienste um den deutsch-polnischen Dialog erworben hatten. Die Notwendigkeit, sich den Deutschen anzunähern, stieß in der Elite der „Solidarność"-Bewegung auf keinen nennenswerten Widerspruch.

Dennoch war die Situation in den Jahren 1988 und 1989 für die polnische Opposition nicht einfach. Ihr Problem mit der CDU, damals Regierungspartei, bestand darin, dass ein Teil der Parteiklientel Vorbehalte in der Grenzfrage hatte. Diese Zweifel in der Anerkennung der Grenze bestanden im

---

1 Vgl. Wóycicki, Kazimierz: Niemiecki rachunek sumienia. Niemcy wobec swojej przeszłości 1933-45. Wrocław 2003.

Fall der SPD, der größten Oppositionspartei, nicht. Doch die Sozialdemokraten hatten wiederum eine große Distanz zur „Solidarność"-Bewegung, in der sie Nationalismus und politische Verantwortungslosigkeit zu erkennen glaubten.

Von dem Augenblick an, als sich im Herbst 1989 die Perspektive der deutschen Wiedervereinigung abzeichnete, wurde für die Regierung Mazowiecki die Grenzfrage absolut erstrangig. Warschau sprach sich für die deutsche Einheit aus, was aber – so die Ergebnisse von Meinungsumfragen – nicht zu 100 % den gesellschaftlichen Stimmungen entsprach. Misstöne tauchten schon beim Abschluss des Grenzvertrages auf. Premier Mazowiecki ging sogar so weit, dass er Janusz Reiter (dem späteren Botschafter in Bonn) erlaubte, in der *Gazeta Wyborcza* einen Artikel mit der Aussage zu veröffentlichen, dass Polen sich solange nicht um den Abzug der sowjetischen Truppen bemühen würde, ehe nicht die Frage der deutsch-polnischen Grenze endgültig geklärt sei. Dieser Standpunkt bedeutete selbstverständlich einen Schlag für den deutschen Einigungsprozess. Bundeskanzler Kohl verstand die Haltung des polnischen Premiers trotz der demonstrativen Versöhnungsgesten in Krzyżowa/Kreisau offenbar als Ausdruck mangelnden Vertrauens. Er erwartete, dass Mazowiecki ihm vertraute und bei einer Angelegenheit, die für ihn selbst die wichtigste war, die Wiedervereinigung, keine Steine in den Weg legte.

Darin lag eine gewisse Bevormundung der polnischen Seite, aber auch die Vorstellung, dass der neu berufene Premier in einer so außergewöhnlichen historischen Situation im Vertrauen auf das Wort des deutschen Kanzlers gegenüber der öffentlichen Meinung im eigenen Land gleichgültig sein konnte. Kohl wiederum musste vor allem auf einen Teil der eigenen politischen Klientel, die direkt oder indirekt mit den Vertriebenenverbänden zusammenhing, Rücksicht nehmen.[2] Er schien nicht verstanden zu haben, dass auch Mazowiecki mit einer gesellschaftlichen Öffentlichkeit zu rechnen hatte.

Doch Bundeskanzler Kohl und Ministerpräsident Mazowiecki konnten als Menschen guten Willens und großer politischer Vorstellungskraft, im Wissen darum, dass es wichtigere Dinge als vorübergehende Unstimmigkeiten gibt, die politischen Animositäten besiegen.

---

[2] Die spätere Vorsitzende des Bundes der Vertriebenen Erika Steinbach stimmte als einzige Abgeordnete im Bundestag gegen den Grenzvertrag mit Polen.

Das Verhältnis zwischen diesen beiden bedeutenden Staatsmännern vermag die Schwierigkeiten in den deutsch-polnischen Beziehungen hervorragend zu illustrieren. Die Zusammenarbeit war dank einer ähnlichen Beurteilung der Interessen möglich. Bedeutend schwieriger aber war es, bei dem politischen Partner Verständnis für die Motive des eigenen Handelns zu finden.

Von der Verständigung zur Normalisierung

Die weitere Geschichte der deutsch-polnischen Beziehungen verweist ebenfalls auf das Übergewicht der „Interessengemeinschaft" gegenüber der „Freundschaft".

In Deutschland wurde die Euphorie der Wiedervereinigung von Euro-Optimismus begleitet. In Polen war die Euphorie der wiedererlangten staatlichen Souveränität mit der Hoffnung verbunden, sich dem Westen anzuschließen.

Die Botschaft von Bundeskanzler Kohl für ganz Europa lautete: Das vereinigte Deutschland wird nicht weniger proeuropäisch sein als die Bonner Republik und das Vereinigte Europa hat eine große Karriere vor sich. Diese Botschaft war Polen sehr recht, dem Deutschland zudem auf dem Weg zur EU-Mitgliedschaft seine Hilfe zusagte.

Die Gefahr der Wiedergeburt eines „Großdeutschlands" war auch eine Sorge der Deutschen selbst, nicht nur die ihrer Nachbarn. Seit den sechziger Jahren wiederholten deutsche Historiker, Publizisten und Politiker wie ein politisches Mantra: „Deutschland war zu klein, um auf dem Kontinent zu dominieren, aber zu groß, um mit seinen kleineren Nachbarn partnerschaftlich zusammenarbeiten zu können." Diese Feststellung betraf das Deutschland vom Ende des 19. Jahrhunderts bis zum Dritten Reich, und in nur wenig geringerem Maße auch die Bonner Republik. Die Perspektive der deutschen Einheit zwang aber zum Nachdenken darüber, welche Erkenntnisse die Deutschen aus der bitteren Geschichtslektion, die ihnen erteilt wurde, gezogen haben. Vor dem Jahr 1989 war dies eine rein theoretische Überlegung. Der Zerfall des Sowjetblocks und die unerwartet schnelle Wiedervereinigung Deutschlands führten jedoch zur Rückkehr des alten Dilemmas der deutschen Politik des „Zu groß und zu klein", und jetzt musste eine praktische Antwort auf diese Frage gegeben werden, eine theoretische reichte nicht mehr aus. Eine dieser Antworten war das Projekt der gemeinsamen Währung und der Erweiterung der Europäischen Union.

In Polen, vor allem in der polnischen Öffentlichkeit, begleiteten die deutsche Wiedervereinigung ernsthafte Befürchtungen. Die innerdeutschen Diskussionen waren hier wenig bekannt. Letztlich fand man sich aber doch mit der deutschen Einheit ab, denn sie brachte mehr Vor- als Nachteile, letztere schienen zudem eher imaginiert als real zu sein.

Allmählich aber erwies sich, dass der Prozess der Aufnahme von neuen Mitgliedern in die EU langwierig und ermüdend ist. Auch ist die EU kein Superstar und geriet allmählich in eine immer deutlicher sichtbare finanzielle und wirtschaftliche Krise.

Das deutsche Rezept gegen die Krise war von Anfang an klar. Wenn ihr eine Verschuldung zugrunde liegt, dann muss gespart werden. Hier ist nicht der Ort, die Komplexität dieses für viele umstrittenen Rezepts näher zu beleuchten. Wichtig ist, dass das polnische Rezept für die Krise ein ganz ähnliches ist. So können beide Regierungen eng zusammenarbeiten, obwohl sie verschiedene Handlungsmöglichkeiten haben. Die deutsche Bundeskanzlerin hat auf diese Weise in der Person des polnischen Premiers einen politischen Partner gefunden.

Auf die deutsch-polnischen Beziehungen wirkten sich auch Veränderungen im deutsch-französischen Verhältnis aus. Dieses ist weiterhin von grundlegender Bedeutung für die Existenz der Europäischen Union, hat jedoch seinen Charakter etwas gewandelt. Frankreich sah eine Bedrohung der eigenen Position nicht nur in der deutschen Einheit an sich, sondern auch in der Erweiterung der EU nach Osteuropa, wo historisch gesehen deutsche Einflüsse präsent sind. Paris versuchte also in den 1990er Jahren die Erweiterung der Union zu verlangsamen und betrieb gleichzeitig eine selbständige Politik in der Mittelmeerregion, um den südlichen Bereich der Unionspolitik zu dominieren. Später, bereits zu Krisenzeiten, strebte es nach der Einrichtung separater Institutionen ausschließlich für die Euro-Zone, was eine schwerwiegende Einschränkung der europäischen Idee und der Integrationsmöglichkeiten bedeutet hätte. Diese Versuche wurden jedes Mal durch Berlin blockiert.

Die Deutschen blieben Anhänger der erweiterten Union. Die Integration Mitteleuropas gewährte ihnen eine sichere und stabile Position im Zentrum des Kontinents. Umgeben von Mitgliedsstaaten der EU, von denen ein Teil dazu geneigt ist, der „weichen" Führung Berlins zu folgen, hätten sie sich nichts Besseres wünschen können. Diese Berliner Politik entsprach den polnischen Interessen. Gab sie Polen doch zugleich die Chance, unmittelbar im Zentrum Europas zum Partner von Deutschland und Frankreich zu werden. Warschau ist, wie man zugeben muss, zwar der schwächste Partner in diesem Dreieck, aber in gewissem Sinne für Berlin unverzichtbar. Im deutschen Interesse liegt die europäische Integration von Mitteleuropa und diese wäre ohne Polen – dem größten Land in dieser Region mit der sechstgrößten Wirtschaft in der Union – nicht möglich.

Hinzugefügt sei noch, dass diese Einschätzung auch durch Zahlen bestätigt wird. Die deutsche Wirtschaft macht gerade einmal 20 % der europäischen Wirtschaft aus[3] und obwohl sie in der Union die stärkste Wirtschaftsmacht darstellt, wäre sie viel zu gering, um entscheidenden Einfluss ausüben zu können. Deutschland ist um ein Mehrfaches zu klein, um eine selbständige Rolle auf der großen Bühne der Weltpolitik zu spielen. Im globalen Maßstab macht die deutsche Wirtschaft lediglich 4 % aus. Nur im Verein mit anderen Ländern der EU ist Deutschland in der Lage, sich in der ersten Liga der Weltwirtschaft zu halten. Hinzu kommt, dass die deutsche Wirtschaft wegen der demographischen Situation keine vielversprechende Perspektive vor sich hat.

Das „kleinere" Deutschland hat also immer mehr gemeinsame Interessen mit dem „um vieles kleineren" Polen. Dies ist der Grund der politischen Annäherung: Sie wird durch gemeinsame Interessen bewirkt. Wie steht es aber um Freundschaft und gegenseitiges Verständnis, um Empathie für die Probleme des Anderen, um das Verständnis der anderen Kultur und ihrer Geschichte? Wie steht es um das gegenseitige gesellschaftliche Vertrauen?

Fallstudie:
Der Holocaust im Bewusstsein von Deutschen und Polen

Die Erinnerung an den Holocaust zeigt ausgezeichnet, wie unvereinbar das polnische und das deutsche kulturelle Gedächtnis sind, welche

---

3   Es sei ergänzt, dass die deutsche Wirtschaft nach den Angaben der Weltbank siebenmal so stark ist wie die polnische Wirtschaft, aber nur viermal so stark in der Kaufkraft.

Schwierigkeiten durch diese ‚Inkompatibilität' hervorgerufen werden und mit welch emotionsgeladenen Herausforderungen jede der beiden Seiten konfrontiert ist. Das jüngste Beispiel dafür sind die Kontroversen um die ZDF-Fernsehserie *Unsere Mütter, unsere Väter*.

Wie schwierig es war, zur Kenntnis zu nehmen, was der Holocaust bedeutet, und wie lange dieser Erkenntnisprozess dauerte, sehen wir heute immer besser. Erst in den 1970er und 1980er Jahren wurde die Erinnerung an den Holocaust zu einem Grundbestandteil der deutschen Erinnerungskultur.

In den 1950er Jahren fühlten sich die Deutschen oft ebenfalls als Opfer des Zweiten Weltkrieges und die Kriegsereignisse wurden mit der allgemeinen Brutalität des Krieges gerechtfertigt. Erst die Einzigartigkeit des an den Juden begangenen Verbrechens schlug eine Bresche in diese allgegenwärtige Verteidigungshaltung, und diese bahnte dann den Weg zum Nachdenken über andere Verbrechen, also an solche, die nicht nur an den Juden, sondern auch an Roma, Polen, Ukrainern und vielen anderen begangen worden waren. Insofern hat die Erinnerung an die anderen Opfer des Nationalsozialismus der Erinnerung an den Holocaust sehr viel zu verdanken.

Das Bewusstsein dessen, was der Krieg für Polen bedeutete, reifte in Deutschland aber erst langsam heran und ist bis heute, trotz aller Bemühungen, sehr begrenzt. Die gezielte Ermordung von 40 % der polnischen Intelligenz, also der Elite der Nation, darunter auch vieler polnischer Juden, ist eine Tatsache, die in Deutschland bislang unzureichend bekannt ist. Es muss selbstverständlich betont werden, dass Hitler und Stalin diesen Mord gemeinsam organisierten.

In Polen verläuft der Prozess der Erinnerung an den Holocaust vollkommen anders als in Deutschland. Entscheidenden Einfluss darauf hatte die politische Situation nach dem Zweiten Weltkrieg, die (zumindest bis zum Jahr 1956) fast unbeschränkte Sowjetherrschaft, die erst 1989 endete. Deshalb muss für die Zeit von 1945 bis 1989 sorgfältig zwischen einer offiziellen und einer nichtoffiziellen (unabhängigen, alternativen) Erinnerung unterschieden werden.

Den kommunistischen Machthabern lag im Grunde nie daran, zwischen Verbrechen an Polen und Juden zu unterscheiden. Mehr als drei Millionen polnische Juden, die dem Holocaust zum Opfer fielen, waren in den offiziellen Statistiken der sechs Millionen polnischer Bürger (man sprach in Kurzform aber immer von Polen) verborgen, die während des Krieges ihr Leben verloren. Nur in der unmittelbaren Nachkriegszeit, als in Warschau das Denkmal für die Helden des Ghettoaufstandes errichtet wurde, war eine gesonderte Diskussion über die Tragödie der jüdischen Gesellschaft möglich. Bei der Heroisierung des Aufstandes geriet das Leid der Opfer oft in Vergessenheit. Zugleich verhinderten die Machthaber das Gedenken an den zweiten Aufstand in Warschau im Jahr 1944. Mit der Zeit begannen viele Deutsche die beiden Aufstände sogar zu verwechseln, was sowohl Polen als auch Juden verletzt.

Was das inoffizielle historische Gedächtnis betrifft, so war die Pflege der Erinnerung an das polnische Martyrium von enormer Bedeutung für den Widerstandsgeist gegen die sowjetische Herrschaft. Stalinistische Verbrechen wie Katyń waren vollkommen tabuisiert und die Erinnerung an sie war ein wichtiger Faktor, um das Gefühl der Unabhängigkeit wachzuhalten. Die Polen fühlten sich als ein besonders schwer geprüftes Opfer des Zweiten Weltkrieges, nicht nur durch die Verbrechen Hitlers und Stalins, sondern auch durch den Verlust der staatlichen Souveränität, die sie trotz der formalen Zugehörigkeit ihres Landes zum Lager der Siegermächte und des Status eines Alliierten am Ende des Krieges hinnehmen mussten.

Die Betonung des außergewöhnlichen Leids der Juden bei gleichzeitigem Schweigen über das Leid der Polen konnte vielen von ihnen wie eine Relativierung der polnischen Opfer erscheinen und mit Sicherheit erschien es vielen auch so. Dieses Beispiel für eine Konkurrenz der Opfer – wir kennen mehr solcher Beispiele – begünstigte in einer Zeit, in der angesichts der kommunistischen Medienkontrolle keine öffentliche Diskussion möglich war, keinesfalls die Herausbildung eines Bewusstseins dessen, was der Holocaust war. Im allgemeinen Bewusstsein litten Polen ähnlich wie Juden, der Unterschied der Schicksale äußerte sich nur in der Ansicht, dass Polen „die nächsten auf dem Weg ins Gas" gewesen seien. Diese Problematik ist für Deutsche offenbar bis heute kaum verständlich. Solche Filme wie die genannte Fernsehserie *Unsere Mütter, unsere Väter* erwecken bei Polen den Eindruck, als suchten die Deutschen Mitschuldige für ihre Verbrechen, wollten aber ihr Wissen über die an Polen begangenen Verbrechen nicht erweitern.

Zweifellos waren die polnisch-jüdischen Beziehungen durch den Antisemitismus vergiftet. Nach dem Jahr 1989, mit dem Erlangen der Unabhängigkeit Polens, wurde es möglich, eine öffentliche Debatte darüber zu führen. Die Erinnerung an den Holocaust gewann zunehmend an Gewicht. Die große Debatte über das Verbrechen in Jedwabne, über die Beteiligung der polnischen Bevölkerung an der Ermordung der Juden, ist in ihrer Bedeutung für das gesellschaftliche Bewusstsein durchaus mit dem deutschen Historikerstreit vergleichbar. Der *Spiegel*-Bericht über den Film *Pokłosie* konzentriert sich aber auf den „polnischen Antisemitismus" und einer seiner Untertitel verkündet fast wie ein Slogan: „vom Volk der Opfer zum Volk der Mittäter" – obwohl der Rezensent selbst bemerkt, dass der Film Teil einer polnischen Debatte um die Aufarbeitung der Geschichte ist.[4]

Für die deutsche Seite steht der Holocaust im Zentrum der Erinnerung an die schwierige Vergangenheit der Jahre 1933-45. Im gewissen Sinne ist es sogar verständlich, dass die Deutschen von anderen Nationen ein ähnliches Verhältnis zum Holocaust erwarten, wie sie selbst es haben. In Polen aber wird der Holocaust im Zusammenhang mit den eigenen Opfern des Zweiten Weltkrieges gesehen und hier befinden sich die Polen als Verfolgte auf derselben Seite wie die Juden. Die deutschen Versuche, auf Mittäter beim Verbrechen des Holocaust zu verweisen,[5] und ganz besonders der Verweis auf Polen, werden als eine Geschichtsfälschung und zugleich als eine Relativierung der deutschen Verantwortung betrachtet. Die hier skizzierten, unterschiedlichen Positionen sind mit starken Emotionen beladen. So klagen Polen die Deutschen an, nach Mittätern zu suchen und die eigene Rolle im Zweiten Weltkrieg zu relativieren. Begegnen Deutsche diesen Reaktionen, fühlen sie sich nur noch mehr in ihrer Ansicht bestätigt, dass Polen Antisemiten und Nationalisten seien, die Schwierigkeiten haben, sich mit der eigenen Vergangenheit auseinanderzusetzen.

---

4 http://www.spiegel.de/kultur/kino/antisemitismus-in-polen-pasikowskis-film-poklosie-sorgt-fuer-streit-a-876678.html.
5 So in dem *Spiegel*-Text „Der dunkle Kontinent", der mit den Worten angekündigt wurde: „Die Deutschen sind für den Holocaust, die industriell betriebene Massentötung der Juden, verantwortlich. Weitgehend unbeachtet blieb bisher, dass Hitlers Schergen auch im Ausland willige Helfer hatten [...]." Bönisch, Georg u.a.: Der dunkle Kontinent. In: Der Spiegel, 18. Mai 2009, S. 82-92. Die polnische Kritik an diesem Text bezeichnete „Die Welt" als einen „neuen Anfall von Geschichtshysterie". Gnauck, Gerhard: Ein neuer Anfall von Geschichtshysterie. In: Die Welt v. 23. Mai 2009.

Polen in den Augen von Deutschen: Bewunderung, Gleichgültigkeit, Abneigung

Beginnen wir zunächst mit dem Alltäglichsten, also mit dem, was uns Umfragen zu den Meinungen Deutscher über Polen sagen. Polen haben danach eine bessere Meinung über Deutsche als Deutsche über Polen. Dies wäre die allgemeinste Schlussfolgerung aus den seit vielen Jahren durchgeführten Umfragen. Noch vor kurzem fühlten sich die Meinungsforscher zudem zu folgender Feststellung berechtigt:

Das Polenbild blieb unverändert oder verschlechterte sich. Ähnlich wie im Jahr 2006 meint nur ein Fünftel der Befragten, dass es in Polen Marktwirtschaft gäbe, und jeder Dritte, dass die Bürgerrechte akzeptiert würden. Es wuchs die Gruppe, die der Ansicht ist, in unserem Land herrsche Korruption und polnische Politiker seien inkompetent.[6]

Für dieses Bild und die genannte Asymmetrie lässt sich leicht eine Erklärung in der Geschichte der deutsch-polnischen Beziehungen finden. Seit dem Ende des 18. Jahrhunderts war Polen kein politisches Subjekt, mit dem Deutschland rechnen musste. Preußen konstruierte eine Legitimierung der Teilungen Polens. Hier sind die Anfänge von Stereotypen wie das der ‚polnischen Wirtschaft' zu finden. Sie sind bereits Gegenstand eingehender Forschungen geworden, die auf die starke historische Verwurzelung dieser Bilder verweisen.[7] Die Polensympathie in der Zeit des Aufstandes von 1830/31 blieb im Grunde eine Episode, aber sie nach 1989 um der Versöhnung willen herauszustellen, hatte durchaus Sinn.

Die deutschen Eliten, die nach der Einheit Deutschlands strebten, konstatierten schon im Jahr 1848 das Divergieren der deutschen und polnischen Interessen. In der zweiten Hälfte des 19. Jahrhunderts gewannen in der deutschen Kultur polenfeindliche Einstellungen immer stärker an Einfluss.[8] In der Geschichtswissenschaft konstruierte man das

---

6 Kolarska-Bobińska, Lena; Łada, Agnieszka: Polska-Niemcy. Wzajemny wizerunek i wizja Europy, Warszawa 2009, S.17.
7 Siehe Orłowski, Hubert: Polnische Wirtschaft. Zum deutschen Polendiskurs der Neuzeit. Wiesbaden 1996, sowie Surynt, Izabela: Das „ferne", „unheimliche Land". Dresden 2004.
8 Vgl. ebd.

Bild von der Kolonisierung des Ostens, glorifizierte die angebliche deutsche Kulturmission. Das deutsche Kaiserreich hatte auf dem Höhepunkt seiner Macht keinerlei Motivation, sich mit polnischen Angelegenheiten zu beschäftigen. Das kurze Tauwetter während des Ersten Weltkrieges war mit dem Versuch verbunden, Polen (wie auch Ukrainer) als Verbündete im Konflikt mit Russland zu gewinnen. Die Weimarer Republik konnte – obwohl sie demokratisch war – die Entstehung des polnischen Staates mit seinen Grenzen nicht verwinden, und in den Jahren 1939 bis 1945 erreichte die deutsche Polenfeindlichkeit dann ihren Höhepunkt.

Die Nachkriegszeit war der Überwindung von historisch gewachsenen Feindbildern ebenfalls nicht günstig. Der Eiserne Vorhang begrenzte die Kontakte zwischen Polen und Bundesdeutschen enorm. Über einen langen Zeitraum wurde das Bild von Polen durch „Vertriebenen"-Kreise gestaltet, die Polen als Täter und sich selbst als Opfer ansehen.[9] Die Situation in der DDR war kaum anders. Jens Reich schildert sie so:

In der Schule waren viele Umsiedlerkinder. [...] Ich habe zahlreiche Erzählungen, zum Teil mit farbigen Details, über marodierende Polen gehört. Nach allgemeiner Ansicht waren ‚die Polen', deren Armee der Roten Armee folgte, viel schlimmer als ‚die Russen'. Diese plünderten und vergewaltigten, im Siegesrausch, und zogen bald weiter und wurden in Kasernen gesperrt, während jene angeblich mit Haß und systematisch wüteten, Rache nahmen. [...] Ich bin aber überzeugt, daß Berichte dieser Art fest im kollektiven Unbewußten zahlreicher Deutscher meiner Generation weitergegeben worden sind.[10]

Gut beschreibt diese Situation auch Ludwig Mehlhorn, ein anderer ostdeutscher Oppositioneller, der sich in außergewöhnlicher Weise für die deutsch-polnische Versöhnung einsetzte:

---

9   Es soll jedoch hervorgehoben werden, dass selbst eine so belastete Thematik wie die Aussiedlung der Deutschen nach dem Krieg ein Thema war, das Möglichkeiten zur Versöhnung bot. Siehe beispielhaft dazu: von Krockow, Christian: Die Stunde der Frauen. Bericht aus Pommern 1944 bis 1947 nach einer Erzählung von Libussa Fritz-Krockow. Stuttgart 1988 (pln. 1990).
10 Reich, Jens: Rückkehr nach Europa. München 1991, S. 89.

An eine solide Aufklärung in der Schule über die Naziverbrechen in Polen kann ich mich nicht erinnern. Der Zweite Weltkrieg war in unserem Geschichtsunterricht vor allem ein welthistorischer und schließlich siegreicher Abwehrkampf der Sowjetunion gegen den deutschen Faschismus.[11]

Ebenso auffällig ist das Fehlen der polnischen Thematik in der Geschichtsschreibung nach 1989/90. Eine hier nur exemplarisch mögliche Sichtung von Überblicksdarstellungen deutscher Historiker, die als Standardwerke gelten und den Anspruch erheben, die Bedeutung des Epochenumbruchs von 1989 zu erhellen, vermag zu zeigen, dass in zentralen Bereichen der Zeitgeschichte die polnische Thematik nicht existiert.[12]

In der monumentalen Arbeit *Der lange Weg nach Westen* von Heinrich August Winkler[13] findet sich keine explizite Bezugnahme auf Polen, wenn sich auch keinesfalls behaupten lässt, dass dieser bedeutende Historiker Polen überhaupt nicht wahrnehmen würde. Der Gegenstand seiner Überlegungen ist lediglich Deutschlands Verhältnis zum Westen. Der historische Umbruch, den die Wiedervereinigung darstellte, zugleich auch Impuls für das Entstehen der Arbeit, fordert nicht zu einer Analyse des Verhältnisses Deutschlands zum Osten und speziell zu Polen heraus. Der deutsche ‚Sonderweg' wird als eine gefährliche Distanzierung vom Westen, nicht aber als ein pathologisches Verhältnis zum Osten analysiert. Im Falle Winklers ist dieses Fehlen einer weiterführenden Interpretation des Verhältnisses zu Polen um so überraschender, als er Verfasser eines

---

11 Mehlhorn, Ludwig: Die wichtigsten Themen waren Tabu. Ein Rückblick aus ostdeutscher Sicht. In: Dialog 9 (1995) 2/3, S. 33-35, hier S. 34.
12 Der Vollständigkeit halber muss hier an einige außergewöhnlich wichtige Arbeiten deutscher Historiker erinnert werden, die der Opposition und Demokratiebewegung in Polen gewidmet sind, auch wenn diese Arbeiten leider nicht zum Mainstream der deutschen Geschichtsschreibung zählen. Siehe Brandt, Marion: Für eure und unsere Freiheit? Der Polnische Oktober und die Solidarność-Revolution in der Wahrnehmung von Schriftstellern aus der DDR. Berlin 2002; Olschowsky, Burkhard: Einvernehmen und Konflikt. Das Verhältnis zwischen der DDR und der Volksrepublik Polen 1980-1989. Osnabrück 2005; Kühn, Hartmut: Das Jahrzehnt der Solidarność: Die politische Geschichte Polens 1980-1990. Berlin 1999; Fehr, Helmut: Unabhängige Öffentlichkeit und soziale Bewegungen. Fallstudien über Bürgerbewegungen in Polen und der DDR. Opladen 1996.
13 Winkler, Heinrich August: Der lange Weg nach Westen. Bd. 1-2. München 2000.

Essays ist, der fast als eine Instruktion zum Führen eines deutsch-polnischen Dialogs über schwierige Themen gelesen werden kann.[14]
Noch deutlicher zeigt sich das Problem in der Publikation *Die Umkehr. Deutsche Wandlungen 1945-1995* von Konrad Jarausch.[15] Eine ihrer Grundthesen lautet, dass der Zusammenbruch des Kommunismus den Abschluss und die Ausbreitung eines Prozesses ermöglichte, der als ‚Zivilisierung' und ‚Verwestlichung' Deutschlands charakterisiert werden kann. Als ein Kriterium dafür sieht der Verfasser die Schaffung einer Zivilgesellschaft an. In diesem Zusammenhang widmet er der Opposition in der DDR große Aufmerksamkeit, was ihn jedoch zu keinerlei Bemerkungen über deren Beziehungen zu Polen veranlasst. Bei der Beschreibung des ‚Zivilisationsprozesses' der deutschen Gesellschaft fragt er nicht nach dem Verhältnis und nach der Öffnung zum östlichen Nachbarn.

Das Buch *Das geteilte Land* von Peter Graf Kielmansegg enthält eine der scharfsinnigsten und zugleich kritischsten Analysen der deutschen Nachkriegsgeschichte. In ihm findet sich die folgende Feststellung:

Polen hatte mit seinem immer neuen Aufbegehren gegen das kommunistische Regime wie gegen den russischen Imperialismus zum Einsturz der Moskauer Hegemonialordnung in Osteuropa einen entscheidenden Beitrag geleistet.[16]

Dies ist in dem interessanten und klugen Buch aber auch schon die einzige Äußerung, die Polen gewidmet ist. Auch bei diesem Historiker lässt sich keinesfalls eine Abneigung gegenüber Polen vermuten, es ist aber auffällig, dass das Verhältnis zum unmittelbaren östlichen Nachbarn kein Bestandteil deutscher Zeitgeschichtsschreibung ist. Polen scheint von zu geringer Bedeutung zu sein, als dass man ihm bei der Diskussion deutscher Angelegenheiten auch nur ein wenig Beachtung zu schenken bräuchte.

---

14 Winkler, Heinrich August: Polnische Befreiung und deutsche Vereinigung. Der mühsame Weg von zwei Jahrhundertfragen / Polskie wyzwolenie, niemieckie zjednoczenie. Trudna droga do rozwiązania dwóch kwestii stulecia. Manuskript der ersten Willy-Brandt-Vorlesung der Friedrich-Ebert-Stiftung am Willy-Brandt-Zentrum für Deutschland- und Europastudien der Universität Breslau/Wroclaw vom 11. Oktober 2002.
15 Jarausch, Konrad: Die Umkehr. Deutsche Wandlungen 1945-1995. München 2004.
16 Kielmansegg, Peter: Das geteilte Land. Deutsche Geschichte 1945-1990. München 2007, S. 666.

Die begrenzte Wahrnehmung der Bedeutung von „Solidarność", wie sie für die deutsche Geschichtsschreibung und Publizistik charakteristisch ist, scheinen Auftritte deutscher Politiker auszugleichen. In ihren Reden erfährt die „Solidarność"-Bewegung eine hohe Wertschätzung. Wie bedeutsam diese Stimmen auch sind, so muss doch darauf aufmerksam gemacht werden, dass sie sich vor allem an die polnische und nur sehr selten an die deutsche Öffentlichkeit richten.[17] Zugeben, der Bundespräsident Joachim Gauck wandte sich vor etwa einem Jahr mit sehr freundlichen Äußerungen über Polen gerade an die deutsche Öffentlichkeit. Er setzte sich damit allerdings auch einiger Kritik aus.

Die Feststellung, dass nur Politiker sich über Polen äußern würden, wäre aber falsch, denn ohne Schwierigkeiten lässt sich die Existenz einer Gegenströmung im intellektuellen Leben Deutschlands feststellen. So hob der bereits erwähnte Heinrich August Winkler in seiner Vorlesung am Willy-Brandt-Zentrum für Deutschland- und Europastudien der Universität Wrocław (Breslau) im Jahr 2002 die polnischen Verdienste für die Demokratiebewegung in der DDR und für die deutsche Einheit hervor. Die Deutschen, so unterstrich er, hätten allen Grund, den Polen dankbar zu sein.[18]

Dass Polen für kritische und oppositionelle Geister in der DDR ein Vorbild war, bestätigen Erinnerungen von Bürgerrechtlern in der DDR, so die von Ludwig Mehlhorn, aber auch die des bedeutenden Übersetzers polnischer Literatur Henryk Bereska sowie einige wenig bekannte historische Arbeiten.[19] Joachim Gauck fand in der feierlichen Debatte zum 10. Jahrestag des Falls der Berliner Mauer im Bundestag deutliche Worte:

---

17 Vgl. z.B. die Rede von Roman Herzog auf der Westerplatte aus Anlass des 60. Jahrestages des Ausbruchs des Zweiten Weltkrieges. Archiv der Gegenwart. Deutschland 1949-1999, Bd. 10. S. 9918. Eine ausführlichere Analyse der Äußerungen deutscher Politiker ist nachzulesen bei Wóycicki, Kazimierz; Czachur, Waldemar: Polen im Gespräch mit Deutschland. Zur Spezifik des Dialogs und seinen europäischen Herausforderungen. Mit einem Vorwort von Gesine Schwan und Heinrich Oberreuter. Wrocław 2009.
18 Winkler, Polnische Befreiung und deutsche Vereinigung (wie Anmerkung 14), S.21.
19 Vgl. Der politische Umbruch in Ost-und Mitteleuropa und seine Bedeutung für die Bürgerbewegung in der DDR. In: Materialien der Enquete-Kommission. Aufarbeitung von Geschichte und Folgen der SED-Diktatur in Deutschland. Hrsg. vom Deutschen Bundestag. Bd. VII. Baden-Baden, Frankfurt/Main 1995, S. 1436; Bereska, Henryk: Polnische Literatur in der DDR. Glanz und Elend – Ein Epilog. In: Umgang mit Freiheit. Lite-

Ganz sicher haben wir dabei von den Erfahrungen der Polen gezehrt – der Herr Präsident des Hauses hat daran erinnert –, die zehn Jahre vor uns aufgestanden waren, weit mehr riskiert und schließlich gewonnen hatten.[20]

Im vereinten Deutschland kam es zu keiner ‚polnischen Debatte' und die Frage des Verhältnisses zu Polen mit all seinen historischen Belastungen wurde nicht zum Gegenstand einer breiten öffentlichen Reflexion, übrigens ebenso wenig wie das Verhältnis der Deutschen zu Ostmitteleuropa überhaupt. Das heute bereits klassische Werk *Deutsche Kultur 1945-2000* von Hermann Glaser, das die Veränderungen im deutschen Geistesleben ausführlich dokumentiert, verweist auf keine einzige wichtige Diskussion, die mit Polen verbunden gewesen wäre. Hier handelt es sich keineswegs um ein Wahrnehmungsdefizit des Autors.

Deutsche in den Augen von Polen – Zerrspiegel der Geschichte

Polen sehen in Deutschland vor allem einen mächtigen und gefährlichen Monolith, was mit Sicherheit auf die Erfahrungen der Jahre 1939 bis 1945 zurückgeht. Die Entwicklung der deutsch-polnischen Beziehungen bis zum Jahr 1989 bewirkte, dass man Deutschland heute nicht mehr als die große Bedrohung wahrnimmt, aber das Bild von Deutschland ist in sich kaum differenziert. Die deutsche Geschichte ist in Polen entgegen allem Anschein nur wenig bekannt und die gegenwärtig guten deutsch-polnischen Beziehungen beruhen auf Versöhnungsgesten, nicht aber auf einer gegenseitigen Geschichtskenntnis.

So weiß man in Polen nicht, dass der deutsche Nationalstaat erst verhältnismäßig spät entstand. Den Prozess der Nationsbildung kennzeichnet in Deutschland eine Spezifik, die man in Polen nicht versteht. Als

---

rarischer Dialog mit Polen. Hrsg. von Bożena Chrząstowska, Hans Dieter Zimmermann. Berlin 1994, S. 225-232, sowie die unter Anm. 12 genannten Publikationen.

20 Rede von Joachim Gauck, Bundesbeauftragter für die Unterlagen des Staatssicherheitsdienstes der ehemaligen DDR anlässlich der Sonderveranstaltung „10. Jahrestag des Mauerfalls" im Deutschen Bundestag am 9.11.1999, http://www.bundestag.de/kulturundgeschichte/geschichte/gastredner/gorbatschow/gauck.html.

Nationalstaat ging Deutschland aus einem bedeutend größeren Gebiet deutscher Sprache und Kultur hervor. Und diese Staatsgründung war das Werk von Preußen, eines politisch mächtigen Landes, das sich aber an der Peripherie des damaligen deutschen Kulturkreises entwickelte. Im Grunde genommen hat die deutsche Nationsbildung erst mit der Vereinigung Deutschlands nach dem Jahr 1989/90 ihren Abschluss gefunden.

Der deutsche Föderalismus ist nicht nur ein Gegengift gegen den deutschen Nationalismus, sondern er ist tief in der deutschen Vergangenheit verwurzelt, in der jahrhundertelangen Teilung Deutschlands. Deshalb hat Deutschland keine solche republikanische Tradition wie Polen und kann es sie auch nicht haben.

Das Deutschland des Mittelalters ist die verdünnte Konzeption eines Kaiserreichs von universalem Anspruch, dessen Bezugnahme auf die deutsche Kultur sich sehr langsam entwickelt. Es ist auf jeden Fall ein loseres und anderes Verhältnis als die Beziehung des polnischen Königtums zur polnischen Kultur. Danach versinkt dieses Kaiserreich in Krieg und Chaos, verliert jeglichen politischen Zusammenhalt. Für eine gewisse Zeit wird Prag sein Zentrum. Noch später zeigt sich, dass das Streben der habsburgischen Kaiser keineswegs in der „Vereinigung der deutschen Länder" besteht. Die deutsche Kultur entwickelt sich in einem zersplitterten Land und zur literarischen Hauptstadt Deutschlands wird nicht zufällig das kleine Weimar.

Das, was als ewiger deutsch-polnischer Konflikt wahrgenommen wird, ist in Wirklichkeit der recht spät entstandene preußisch-polnische Antagonismus. Das ganze Mittelalter ist eher eine Geschichte der deutsch-polnischen Durchdringung. Der Konflikt zwischen dem Deutschen Orden und Polen lässt sich nur schwer als ein deutsch-polnischer Konflikt betrachten. Vom 16. bis zur Mitte des 18. Jahrhunderts ist Polen eine europäische Großmacht, während Deutschland ein Konglomerat von Kleinstaaten darstellt, dem ein politisches Zentrum fehlt. Es fällt schwer, in dieser Epoche überhaupt von deutsch-polnischen Beziehungen zu sprechen, umso mehr noch von einem Antagonismus, denn Deutschland wird in Polen nicht als Ganzheit wahrgenommen.

Die Wahl der Wettiner auf den polnischen Königsthron ist der beste Beweis für das Nichtvorhandensein eines deutsch-polnischen Gegensatzes. Hinzugefügt sei, dass Polen an Sachsen und Preußen grenzte und nicht an einen nichtexistierenden deutschen Staat.

Der Konflikt, der die deutsch-polnischen Beziehungen später so sehr belastete, wird mit Preußen geboren, einem Staat, der an der Wende vom 17. zum 18. Jahrhundert noch wenig Bedeutung hat, aber einen unglaublichen Aufstieg erlebt und dies im Laufe der Zeit immer mehr auf Kosten Polens. Weil Preußen es ist, das schließlich das zersplitterte Deutschland eint, wird dieser Konflikt zu einem deutsch-polnischen.

Wichtig ist aber, dass noch bis zur Mitte des 19. Jahrhunderts nicht absehbar war, wie der Prozess der modernen Nationsbildung verlaufen würde. Wenn als Erfolgskriterium dieses Prozesses die Fähigkeit zur Zusammenführung der Länder deutscher Kultur und Sprache angesehen wird, dann erfolgte die deutsche Nationsbildung verspätet, wie Helmut Plessner richtig bemerkte. Im Ergebnis der Nationalbewegungen, hier vor allem der Tschechen, verloren die deutsche Sprache und Kultur auf dem Gebiet des Habsburger Reiches zudem immer mehr an Gewicht. So wurde Prag, ehemals ein deutschsprachiges Zentrum, erneut zum Mittelpunkt der tschechischen Kultur. Der Erste Weltkrieg bildete eine weitere Station auf dem Rückzug des Deutschen, doch die tatsächliche Niederlage erfolgte mit dem Zweiten Weltkrieg. Die Deutschen verlieren einen großen Teil von Territorien, in denen über ganze Jahrhunderte ihre Sprache und Kultur dominierten.

Schließlich entsteht ein wiedervereinigter deutscher Staat mit einer völlig asymmetrisch, nahe der polnischen Grenze, gelegenen Hauptstadt. Hinzugefügt werden muss, dass die deutsche Metropole sich auf einem Gebiet befindet, das sich in weitem Ausmaß entvölkert. Hier sei auf eine Bemerkung des bedeutenden polnischen Publizisten Kazimierz Brakoniecki verwiesen:

Die Verlegung der Hauptstadt nach Berlin wird gewiss riesige Bedeutung für die künftige Geschichte Deutschlands (Europas und Polens) haben. Früher oder später kommt es zu einer Neuinterpretation der Geschichte Preußens und Mitteleuropas, auf die Deutsche und Preußen so starken Einfluss hatten.[21]

Polen sehen Deutschland im Zerrspiegel lediglich einer Tradition – des am Ende des 19. Jahrhunderts triumphierenden Preußen. Tatsächlich

---

21 Brakoniecki, Kazimierz: Polak, Niemiec i Pan Bóg. Olsztyn 2009, S. 97.

aber erlischt dieses Erbe. Die deutsche Einheit kann als der Abschluss der Nationsbildung betrachtet werden, als Ankunft auf dem „langen Weg nach Westen" wie Heinrich August Winkler schreibt; sie ist keine Rückkehr zur Vergangenheit.

Divergierende Geschichtsnarrative – Monologe ohne Dialog

Im Bereich des Politischen ist es zu einer weitgehenden Normalisierung der Beziehungen gekommen. Doch wenn es um ein tieferes wechselseitiges Verständnis der Gesellschaften geht, um gegenseitigen Respekt, um Vorstellungen und um das Bild des Anderen, dann lässt sich nur schwer von Normalisierung sprechen. Die Beschreibung dieser Situation sollte nicht als Klage oder Kritik missverstanden werden, es geht vor allem um Analyse und Diagnose. Das Fehlen von Verständigung und Einklang in einer tieferen Schicht, die Distanz zueinander, sind kein Ergebnis schlechten Willens oder sogar „sträflicher" Unterlassungen in den letzten beiden Jahrzehnten, als nach dem Zusammenbruch des Kommunismus eine Öffnung in den deutsch-polnischen Beziehungen überhaupt erst möglich wurde. Es geht auch nicht nur um das Überwinden von negativen Stereotypen, sondern um eine tiefgehende Unvergleichbarkeit der grundlegenden Geschichtsnarrative beider Gesellschaften und ein Aufeinandertreffen von Diskursen, bei dem vor allem Missverständnisse entstehen und kaum Verständnis füreinander entwickelt wird. Der Dialog und die Konfrontation zwischen den kulturellen Gedächtnissen beider Gesellschaften gehen mit spürbaren Veränderungen dieser Geschichtsnarrative einher.

Auf polnischer Seite rufen Veränderungen im deutschen Erinnerungsdiskurs die Befürchtung hervor, dass die Deutschen sich aus der Akzeptanz ihrer Verantwortung für die Tragödie des Zweiten Weltkrieges stehlen und zur „Vergangenheit" zurückkehren möchten. Fast intuitiv nimmt man das deutsche Narrativ von der „friedlichen Revolution" als Konkurrenz zum polnischen „Solidarność"-Narrativ und das von den „deutschen Opfern" als eine Relativierung des Gefühls deutscher Schuld wahr. Diese beiden Geschichtserzählungen werden nicht in einem größeren Zusammenhang gesehen, und noch weniger werden andere bemerkt, die eine entscheidende Rolle bei der Gestaltung oder Evolution des deutschen Geschichtsnarrativs spielen. Die Perzeption der deutschen Erinnerung ist in diesem Sinne eindimensional, denn indem sie die Notwendigkeit eines Gefühls der Schuld und Verantwortung für den Zweiten Weltkrieg voraussetzt, bedient sie sich lediglich eines einzigen Urteilskriteriums, nämlich eben der Frage, ob jenes Schuldgefühl stark genug ausgedrückt und nicht etwa relativiert wird.

Auf deutscher Seite wiederum fehlen sowohl die Kenntnis der Veränderungen im polnischen Erinnerungsdiskurs wie auch das Verständnis für sie. Die Debatte über den Abschied vom „Romantik-Paradigma", ohne deren Kenntnis man das, was heute in Polen geschieht, nicht verstehen kann, wurde in Deutschland kaum wahrgenommen.[22] Vom Streit zwischen den „Traditionalisten" und den „Modernisten",[23] von der Teilung in „zwei Polen" erfuhr man in Deutschland nichts. Die Deutschen scheinen Polen noch immer recht antiquiert zu sehen, unabhängig davon, ob sie diese nun als freiheitsliebende Romantiker und unheilbare Träumer oder als politisch unvernünftig und unzurechnungsfähig einschätzen.

Mit der hier nötigen Vereinfachung lässt sich behaupten, dass polnische Geschichtsnarrative in der binären Opposition zwischen „tragischem Heldentum" und „historischen Niederlagen" aufgespannt sind. So lebt das Selbstbild oder Narrativ des „tragischen Heldentums", das in starkem Maße eine Fortführung des polnischen Romantik-Mythos ist, in den Erzählungen über den Warschauer Aufstand und die Geschichte der „Solidarność" weiter. Ihm steht das Selbstbild (Narrativ) der verschenkten Chancen gegenüber, ein selbstkritisches Nachdenken über die Ursachen der geschichtlichen Katastrophen, eine Kritik an Handlungen, die eine unnötige, ziellose Selbstopferung forderten.

Wichtig ist selbstverständlich auch die Frage, welche polnischen und deutschen Geschichtserzählungen aufeinandertreffen. Meines Erachtens ist die Befürchtung berechtigt, dass die Konfrontation der beiden polnischen Narrative des „tragischen Heldentums" und der „historischen Niederlagen" mit dem deutschen „Opfer"-Narrativ wie auch mit dem der „friedlichen Revolution" Missverständnisse hervorruft, die wiederum zur Quelle tiefer emotionaler Spannungen werden können.

---

22 Gemeint ist hier vor allem der aufsehenerregende Essay „Zmierzch paradygmatu" von Maria Janion aus dem Band „Czy będziesz wiedział, co przeżyłeś", Warszawa 1996, sowie das vielbeachtete Buch „Polska do wymiany. Późna nowoczesność i nasze wielkie narracje" von Przemysław Czapliński, Warszawa 2009.
23 Siehe Czapliński (wie Anmerkung 22).

Die Konfrontation des deutschen Strebens nach „Normalität" mit dem polnischen Geschichtsnarrativ des „tragischen Heldentums" und der „fast angeborenen Freiheitsliebe" stellt eine Herausforderung dar, die anzunehmen beide Seiten nicht in der Lage sind. Die polnische Geschichtserzählung zieht das deutsche Streben nach „Normalität" in Zweifel und ruft auf deutscher Seite alle Fragen auf, die es sich im Zusammenhang mit der eigenen Identität stellt. Dies könnte eine kritische und distanzierte Betrachtung des deutschen Strebens nach „Normalität" auslösen und einen Impuls geben, über das Verhältnis verschiedener Gesellschaften zur Idee und zum Wert der Freiheit nachzudenken. Eine andere Reaktion kann aber die Abwehr dieser selbstkritischen Reflexion und die Einschätzung des polnischen Narrativs vom „tragischen Heldentum" als Ausdruck von Nationalismus sein. Der aufgeklärten deutschen ‚Normalität', gestützt durch die deutsche Vergangenheitsbewältigung und die Zugehörigkeit zum Westen, wird dann der polnische Erinnerungsdiskurs mit einem angeblichen Mangel an Selbstkritik und dem Rückgriff auf Militärsymbolik gegenübergestellt, der zudem ständig ins Schlingern gerate – so bei der Diskussion um Jedwabne oder bei der Unfähigkeit, das eigene Vorgehen gegenüber den ausgesiedelten Deutschen wahrzunehmen.

Eben diese Verteidigungsposition scheint Helga Hirsch, eine hervorragende Kennerin der polnischen Problematik einzunehmen, wobei sie zugleich einige Komplexe offenlegt, die mit dem ‚Deutschsein' einhergehen:

Solange sich die Deutschen ausschließlich als Tätervolk begriffen und Polen und Tschechen als Opfervölker, ergänzten sich ihre Selbstbilder. Seitdem sich die Deutschen auch als Opfer sehen, kommen aus Polen und Tschechien die irritierten und aggressiven Nachfragen: Soll die Geschichte auf den Kopf gestellt werden? Wollen sich Deutsche etwa nach den Juden als die größten Opfer des Zweiten Weltkriegs stilisieren? Sollen Polen und Tschechen etwa als Täter angeprangert werden? Die Veränderung des deutschen Selbstbildnisses setzt Aggressionen frei in diesen Völkern, da sie als Nötigung zur Reflexion und Korrektur des eigenen Selbstbildes und als Anklage empfunden werden [sic!]. Und sie führt – zumindest vorübergehend – zum Rückzug auf verhärtete Positionen [...].[24]

---

24 Akademiegespräch vom 02.03.2005: Dr. Helga Hirsch „Flucht und Vertreibung – Erinnerung und Gegenwart", http://www.bayern.landtag.de/de/2010_3066.php (Zugriff v. 05.07.2013)

Die Konfrontation mit der polnischen selbstkritischen Erzählung von der „historischen Unfähigkeit" kann dagegen viele Elemente des negativen Polenbildes bestätigen, das in Deutschland überliefert ist. Danach sind es ja die Polen selbst, die zu sagen scheinen, was sie für Dummköpfe sind, die ihr eigenes Martyrium verlachen usw.[25]

Auf diese Weise entgehen der jeweils anderen Seite die Probleme, die beide Gesellschaften mit der eigenen Geschichte, Erinnerung und Identität haben. Wie die Eintragungen ins Gästebuch der Ausstellung *Tür an Tür. Polen – Deutschland. 1000 Jahre Kunst und Geschichte*[26] zeigen, war diese für die deutsche Öffentlichkeit kaum verständlich. Der Spott über die Schlacht bei Grunwald oder Artur Żmijewskis Inszenierung *Berek* [*Hasch mich*] in der Gaskammer konnten nicht verstanden werden, denn sie erwuchsen aus einer hermetischen Beschäftigung mit den eigenen Traumata. Der Versuch, sie dem deutschen Betrachter zu erklären, wurde gar nicht erst unternommen.

Das deutsche Streben nach „Normalität" bringt ebenso wie die Veränderung des kulturellen Gedächtnisses in Polen nicht selten neue Quellen für einen deutsch-polnischen Antagonismus der Erinnerungsdiskurse hervor, der – wie es schien – bereits verabschiedet war. Die Ursache dafür ist nicht die Existenz einer grundsätzlichen Differenz in der Beurteilung der Vergangenheit, schon gar nicht in Historikerkreisen, sondern eine kaum reflektierte Kommunikation mit Hilfe von Geschichtsnarrativen, die zu einem emotionalen Konflikt führen.

Auf beiden Seiten leben als Ergebnis unerfüllter ‚Freundschaft' Komplexe und alte Stereotypen auf. Das bedroht die politischen Beziehungen keineswegs in spektakulärer Weise, steht aber im Widerspruch zu dem positiven Umbruch, der sich in ihnen vollzogen hat.

---

25 Das Stereotyp (Narrativ) der „polnischen Misserfolge" nutzt der Club der polnischen Versager (Klub Polskich Nieudaczników) in Berlin auf ungewöhnlich interessante Weise. Indem die Organisatoren des Klubs sich auf das Negativstereotyp beziehen, es direkt aufrufen und gewissermaßen in Anführungszeichen setzen, bewirken sie eine paradoxe Umkehrung der Bedeutungen. Der Klub erfreut sich großer Beliebtheit bei jenem Teil der elitären Berliner Öffentlichkeit, der mit Polen sympathisiert; in gewisser Weise imponiert der Mut der Polen, über sich selbst zu lachen.

26 Die Ausstellung wurde vom 23. September 2011 bis 9. Januar 2012 im Martin-Gropius-Bau in Berlin gezeigt.

Resümee

Krzysztof Skubiszewskis These von der „deutsch-polnischen Interessengemeinschaft" aus den 1990er Jahren lässt sich trotz manchmal nicht zu vermeidender Spannungen in den gegenseitigen Beziehungen weitgehend aufrechterhalten. Polen und Deutschland nähern sich über gemeinsame Interessen einander an, was das Ergebnis einer grundlegenden Veränderung der geopolitischen Lage ist – im Verhältnis zu der Zeit jeweils vor den beiden Weltkriegen und während des Kalten Krieges. Die gegenwärtige und sich für mindestens ein Jahrzehnt ankündigende Krise in der Europäischen Union scheint der Intensivierung der deutsch-polnischen Beziehungen eher günstig als abträglich zu sein, obwohl sie an sich beunruhigend, ja gefährlich ist.[27]

Die Meinungen sowohl der Polen über die Deutschen wie auch umgekehrt der Deutschen über die Polen haben sich verbessert. Antrieb dieser positiven Veränderungen sind die gemeinsamen Interessen. An der deutsch-polnischen „Freundschaft" jedoch muss noch gefeilt werden.

Beide Gesellschaften sind weiterhin geteilt – durch Geschichtsbilder, durch völlig verschiedene Prozesse der Nationsbildung, auch durch unterschiedliche Bedingungen der Modernisierung. Ablehnung und Misstrauen in den Tiefenstrukturen der Gesellschaften sind heute nicht das Ergebnis eines organisierten bösen Willens, sondern ein Erbe, das in kurzer Zeit nur sehr schwer zu überwinden ist.

Von deutsch-polnischer Freundschaft zu sprechen, hat dennoch Sinn, und die Kreise, die sich um ein solches freundschaftliches Verhältnis bemühen, erfüllen eine wichtige Aufgabe. Das Anregen einer solchen Freundschaft, die politisches Handeln grundieren könnte, verlangt aber immer mehr Wissen und Können. Guter Wille allein genügt nicht.

Übertragen von Marion Brandt

---

27 Vgl. den Titel „Die ganze Welt will unser Geld. Was Deutschland leisten kann und was nicht" sowie den Kommentar von Josef Joffe unter dem Titel „Hau den Primus. Für die Einheit Europas soll Angela Merkel die Geldschleusen noch weiter öffnen – auch wenn das falsch ist", beide erschienen in: Die Zeit, 14. Juni 2012, S. 1 f.

Zu den Autorinnen und Autoren

MARION BRANDT, Dr. habil. Professorin am Institut für Germanistik der Universität Gdańsk. Ausgewählte Buchpublikationen: *Schweigen ist ein Ort der Antwort. Eine Analyse des Gedichtzyklus "Das Wort der Stummen" von Gertrud Kolmar*. Berlin 1993; *Für eure und unsere Freiheit? Der Polnische Oktober und die Solidarność-Revolution in der Wahrnehmung von Schriftstellern aus der DDR*, Berlin 2002 (pln. *Polacy potrafiq. Polski Październik i Solidarność w oczach pisarzy wschodnioniemieckich*, Wrocław 2010); (Hg.) *Grenzüberschreitungen. Deutsche, Polen und Juden zwischen den Kulturen (1918-1939)*. München 2006, *Sand in den Schuhen Kommender. Gertrud Kolmars Werk im Dialog*. Göttingen 2012 (zusammen mit Chryssoula Kambas). Zahlreiche Veröffentlichungen zur deutschen Literatur im 20. Jahrhundert, zu deutsch-polnischen Literaturbeziehungen und zur Literatur in Gdańsk/Danzig.

GABRIELA BRUDZYŃSKA-NĚMEC, Dr., studierte von 1992-1997 Germanistik an der Universität Toruń in Polen. Nach Forschungs- und Studienaufenthalten an den Universitäten Heidelberg und Freiburg wurde sie im Jahr 2005 mit ihrer Arbeit über *Polenvereine in Baden. Hilfeleistung süddeutscher Liberaler für die polnischen Freiheitskämpfer 1831-1832* (erschienen im Universitätsverlag Winter Heidelberg) promoviert. Sie lebt und arbeitet in der Tschechischen Republik, z.Z. am Projekt: *„Ungesagtes vor Augen". Sprache der Kunstliteratur im 18. Jahrhundert*. Weitere Publikationen zu deutsch-polnischen Beziehungen im 19. Jahrhundert in Politik und Kultur sowie zum Thema Ästhetik und deutsche Kunstliteratur um 1800.

MARIA GIERLAK, Dr. habil., Germanistikstudium an der Universität Warschau, seit 1982 am Lehrstuhl für Germanistik an der Nikolaus-Kopernikus-Universität in Toruń, Leiterin der Abteilung für Interkulturelle Germanistik. 1991 Promotion über Gustav Landauers Kunstverständnis, Habilitationsschrift: *Deutschunterricht und Politik. Das Deutschlandbild in den Lehrbüchern für Deutsch als Fremdsprache in Polen (1933-1945) vor dem Hintergrund der deutsch-polnischen Beziehungen*, Toruń 2003. Publikationen zur deutschen Literatur und Kultur um die Jahrhundertwende und in der ersten Hälfte des 20. Jahrhunderts, zu Kulturkontakten zwischen Polen und Deutschland und deutsch-polnischer Imagologie.

LUDWIG MEHLHORN (1950-2011), Bürgerrechtler in der DDR. Nach dem Studium der Mathematik von 1974 bis zum Berufsverbot im Jahr 1985 als Programmierer am Rechenzentrum der Hochschule für Ökonomie in Berlin tätig, danach als Hilfspfleger für geistig behinderte Kinder in der Stephanus-Stiftung Berlin. Seit 1969 Mitarbeit in der Aktion Sühnezeichen, seit 1975 in Menschen- und Bürgerrechtsgruppen; Herausgeber und Autor illegaler Publikationen u.a. über Polen und Übersetzer aus dem Polnischen. Seit 1985 Leiter des Anna Morawska-Seminars in Berlin; Mitbegründer der Bürgerbewegung „Demokratie Jetzt" im September 1989, Mitinitiator und Mitarbeiter der Stiftung Kreisau für Europäische Verständigung, ab 1992 Studienleiter für den Bereich Osteuropa in der Evangelischen Akademie Berlin. Ausgewählte Publikationen: (Hg.) *Oder. Literarische Texte* (zusammen mit Michael Bartoszek und Joachim Zeller), Berlin 1987; *In der Wahrheit leben. Texte von und über Ludwig Mehlhorn*. Hrsg. von Stephan Bickhardt. Leipzig 2012.

KARINA PRYT, Dr., studierte Germanistik an der Universität Warschau sowie Geschichte und Germanistik an der Universität Freiburg i. Br. Dort promovierte sie in Geschichte zum Thema *Befohlene Freundschaft. Die deutsch-polnischen Kulturbeziehungen 1934-1939* (erschienen in Osnabrück: Fibre Verlag 2010). Anschließend lehrte sie an der Universität Warschau und veröffentlichte wissenschaftliche Beiträge, u.a. „Nationale Mythen. Heimatvorstellungen der multikulturellen Warschauer Filmbranche. Junger Wald (1934), Der Dibbuk (1937)". In: *Der polnische Film. Von seinen Anfängen bis zur Gegenwart*. Hrsg. v. Konrad Klejsa, Schamma Schahadat, Margarete Wach, Marburg 2013, S. 62-68. Ihre Arbeitsschwerpunkte sind deutsch-polnische und polnisch-jüdische Beziehungen, transnationale Geschichte, Film- und Kinogeschichte, visual history.

ISABEL RÖSKAU-RYDEL, Dr. habil., Studium der Geschichte Ost- und Südosteuropas, der Slavischen Philologie und Baltologie in München, Mainz und Krakau. Promotion an der Universität München. 2001-2004 wissenschaftliche Mitarbeiterin am Forschungsprojekt zu Akkulturations- und Assimilationsprozessen in deutsch-polnischen Grenzgebieten im 19. und 20. Jahrhundert (Deutsches Historisches Institut Warschau). Seit 2005 wissenschaftliche Mitarbeiterin am Neuphilologischen Institut der Pädagogischen Universität in Krakau. 2012 Habilitation an der Humanistischen Fakultät und seit WS 2013/14 Professorin und Leiterin der Abteilung Deutsche Sprache und Kultur. Forschungsschwerpunkt: deutsch-polnische und polnisch-österreichische Kulturbeziehungen. Ausgewählte Publikationen: *Kultur an der Peripherie des Habsburger Reiches. Die Geschichte des Bildungswesens und der kulturellen Einrichtungen in Lemberg von 1772 bis 1848*, Wiesbaden 1993, (Hg.) *Galizien – Bukowina – Moldau*, Berlin 1999, *Niemiecko-austriackie rodziny urzędnicze w Galicji 1772-1918. Kariery zawodowe – środowisko – akulturacja i asymilacja* [Deutschösterreichische Beamtenfamilien in Galizien 1772-1918. Karrieren – soziales Umfeld – Akkulturation und Assimilation], Kraków 2011.

KRZYSZTOF RZEPA, Dr. habil., Professor am Institut für Geschichte der Adam-Mickiewicz-Universität Poznań. Redakteur der *Studia Historica Slavo-Germanica*. Forschungsthemen: Neuere Geschichte und Zeitgeschichte Polens (besonders Großpolens). Ausgewählte Publikationen: „Narodowa Partia Robotnicza w Wielkopolsce" (Die Nationale Arbeiterpartei in Großpolen). In: *Działalność Narodowego Stronnictwa Robotników i Narodowej Partii Robotniczej w Wielkopolsce w latach 1917-1937*. Hrsg. v. Cz. Demel, J. Krawulski u. K. Rzepa, Poznań 1980; *Socjaliści polscy w Niemczech do 1914 r.* (Polnische Sozialisten in Deutschland bis 1914). Grudziądz 1988; *Od utopii do pragmatyzmu, od sekty do milionowej partii: socjaldemokracja niemiecka przed 1914 r.* (Von der Utopie zum Pragmatismus, von der Sekte zur Millionenpartei: die deutsche Sozialdemokratie vor 1914). Poznań 1998; *Zbąszyń na dawnej pocztówce* (Zbąszyn/Bentschen auf alten Postkarten), Nowy Tomyśl 2012.

KAROL SAUERLAND, Prof. Dr. habil., Literaturwissenschaftler und Philosoph, Lehrstuhlleiter an den Universitäten Warschau (1977-2005) und Toruń (1979-2003), lehrt derzeit am Lehrstuhl für Deutsche Philologie der Akademia Pomorska in Słupsk. Zahlreiche Gastprofessuren (Zürich, Frankfurt am Main, Hamburg, Rosenzweigprofessur in Kassel, FU Berlin), Fellow am Wissenschaftskolleg in Berlin, Träger des Humboldt-Preises. Forschungsschwerpunkte: Philosophie, Ästhetik und deutschsprachige Literatur seit dem 18. Jahrhundert, deutsch-polnische Beziehungen und Vergleiche in Literatur und Politik. Ausgewählte Buchpublikationen: *Diltheys Erlebnisbegriff. Entstehung, Glanzzeit und Verkümmerung eines literaturhistorischen Begriffs*. Berlin, New York 1972; *Einführung in die Ästhetik Adornos*. Berlin, New York 1979; *Od Diltheya do Adorna. Studia z estetyki niemieckiej*. Warszawa 1986; *Polen und Juden zwischen 1939 und 1968. Jedwabne und die Folgen*. Hamburg 2004; (Hg.) *Kulturtransfer Polen Deutschland. Wechselbeziehungen in Sprache, Kultur und Gesellschaft*. Bd. 1-3, Bonn 1999, 2001 u. 2004. *Dreißig Silberlinge. Das Phänomen der Denunziation*. Frankfurt am Main u.a. 2012; etwa 300 wissenschaftliche Artikel, Publikationen zu aktuellen Fragen in der NZZ, FAZ, SZ und andernorts.

FRANK M. SCHUSTER, Dr. habil., geb. 1971 in Bukarest/Rumänien, ist Osteuropahistoriker, Literatur- und Kulturwissenschaftler und Professor an Universitäten in Lodz. Neben Forschungen zum Ersten Weltkrieg, zur Regional- und Stadtgeschichte richtet er sein Interesse vor allem auf die Phänomene Multikulturalität und Erinnerung beziehungsweise Gedächtnis in Mittel- und Osteuropa sowie auf den Zusammenhang zwischen Geschichte, Literatur und Medien (insbesondere Fotografie und Film). Ausgewählte Publikationen: *Zwischen allen Fronten. Lebenswelten osteuropäischer Juden während des Ersten Weltkriegs. 1914 bis 1919*. Köln, Weimar, Wien, 2004. (Lebenswelten Osteuropäischer Juden. Hrsg. von Heiko Haumann. Bd. 9) (= Dissertation. Basel 2003); *Lodz – Geschichte einer multikulturellen Industriestadt*. Publikation in Vorbereitung (= Habilitation. Gießen 2013). Zusammen mit Volker Caysa: „Auf den Spuren von Karola Bloch in Lodz – Versuch einer Erkundung". In: *Karola Bloch – Architektin, Sozialistin, Freundin. Eine Neuentdeckung des Wirkens der Bauhaus-Schülerin*. Hrsg. von Irene Scherer, Welf Schröter. Mössingen 2010. (sammlung kritisches wissen 28), S. 100-118.

BARBARA WIDAWSKA, Dr., wissenschaftliche Mitarbeiterin am Lehrstuhl für Deutsche Philologie der Akademia Pomorska in Słupsk. Studium der Geschichte und Germanistik. Forschungsschwerpunkte: deutsch-polnische Verflechtungsgeschichte im 19. Jahrhundert, Korrespondenznetzwerke, Kulturtransferforschung, Wissenstransfer, deutsch-polnische Erinnerungsorte, Literatur-und Landeskundedidaktik. Veröffentlichungen u.a.: *Landeskundliches Lernen im DaF-Unterricht. Landeskundliche Inhalte und ihre Relevanz in ausgewählten Lehrwerken für Deutsch als Fremdsprache.* Słupsk 2009; „Bikulturelle Übersetzer polnischer Dichtkunst als Vermittler im polnisch-deutschen Kulturtransfer in der zweiten Hälfte des 19. Jahrhunderts". In: *Zweisprachigkeit als Herausforderung und Chance.* Hrsg. von Maria Katarzyna Lasatowicz u. Dennis Scheller-Boltz. Berlin 2012; „Informationstransfer in den deutsch-polnischen Korrespondenznetzwerken der zweiten Hälfte des 19. Jahrhunderts. Zum Briefwerk von Albert Zipper (1855-1936)". In: *Studia Germanica Gedanensia* Nr. 25 (2011), S. 128-143.

KAZIMIERZ WÓYCICKI, Dr., war in den 1970er und 1980er Jahren Mitarbeiter von Tadeusz Mazowiecki an der Monatszeitschrift *Więź*. Er unterhielt enge Kontakte zur Aktion Sühnezeichen und zu Oppositionellen in der DDR. In den Jahren 1985-87 lebte er in der Bundesrepublik, danach beschäftigte er sich intensiv mit den deutsch-polnischen Beziehungen; 1988/89 war er Sekretär des Bürgerkomitees von Lech Wałęsa. Im September 1989 begleitete er Wałęsa bei seinem ersten Besuch in der Bundesrepublik Deutschland. Er war Direktor der Polnischen Institute in Düsseldorf und Leipzig und ist Autor zahlreicher Publikationen über Deutschland und die deutsch-polnischen Beziehungen, u.a. *Polen im Gespräch mit Deutschland. Zur Spezifik des Dialogs und seinen europäischen Herausforderungen* (zusammen mit Waldemar Czachur). Mit einem Vorwort von Gesine Schwan und Heinrich Oberreuter. Wrocław 2009.

Dieses Buch wurde herausgegeben mit finanzieller Unterstützung der

ADAMAS
Stiftung Götz Hübner
für interkulturelle Studien
am griechisch-deutschen und polnisch-deutschen Beispiel

Die Stiftung wurde am 3. September 1996 in Schorndorf bei Stuttgart, Bundesrepublik Deutschland, gegründet.

ZIEL DER STIFTUNG
„Anknüpfend an die Parteinahme für die Sache der Polen und Griechen im Deutschen, vorab Schwäbischen, zur Zeit der polnischen Freiheitsbewegung und des griechischen Freiheitskampfes, soll die Stiftung einen Beitrag leisten zur Völkerversöhnung vor dem Hintergrund des von Deutschen an Polen und an Griechen begangenen Unrechts während der Zeit des Nationalsozialismus."

STIFTUNGSZWECK
Es sollen wissenschaftliche und literarische Vorhaben initiiert und gefördert werden, die das wechselseitige Verhältnis zwischen

– der deutschen und polnischen sowie
– der deutschen und griechischen **Literatur** zum Thema haben.

Schwerpunkte dieser Vorhaben bilden **literarische Repräsentationsformen**

– von Geschichte im allgemeinen,
– der Einzelgeschichte der jeweils beteiligten Länder und
– der geschichtlichen Wechselbeziehung dieser Länder.

Der zeitliche Akzent soll dabei gelegt werden auf

– die Zeit vor, während und nach der Französischen Revolution und
– gegenwärtige Bemühungen zur Gewinnung einer neuen europäischen Identität nach den Geschichtsbrüchen des 20. Jahrhunderts.

FINANZIELLE UNTERSTÜTZUNG
Ein vornehmliches Anliegen der Stiftung ist die Förderung des wissenschaftlichen Nachwuchses. Gefördert werden die wissenschaftlichen und literarischen Vorhaben durch Beihilfen

– zu Reise- und Aufenthaltskosten, bedingt durch das jeweilige Vorhaben,
– zur Publikation der erzielten Ergebnisse,
– zu weiteren zweckgebundenen und sachlich unumgänglichen Maßnahmen.

Es sollen besonders Quellenstudien, z.B. in Archiven, unterstützt werden, deren Aufenthaltsdauer sechs Monate nicht überschreiten sollte.
Der monatliche Förderbetrag beläuft sich zur Zeit für

– Postgraduierte auf höchstens 700,– € und
– Promovierte oder Wissenschaftler mit äquivalentem Universitätsabschluß auf höchstens 1000,– €.

Die finanzielle Beihilfe erfolgt nur, soweit die Finanzierung nachweislich anders nicht gesichert werden kann.

ANTRÄGE UND ADRESSE
Anträge sind zu richten an die jeweilige Vorsitzende oder den jeweiligen Vorsitzenden des Stiftungsrates. Name und Adresse sind der Homepage der Stiftung zu entnehmen:
www.stiftung-adamas.de

www.ingramcontent.com/pod-product-compliance
Lightning Source LLC
Chambersburg PA
CBHW032038300426
44117CB00009B/1103